존 스튜어트 밀의
윤리학 논고

대우고전총서
Daewoo Classical Library

053

존 스튜어트 밀의
윤리학 논고

「벤담」, 「콜리지」, 「'자연을 따르라'는 윤리」

On Bentham, On Coleridge, On Nature

존 스튜어트 밀 | 박상혁 옮김

아카넷

차례

· · · · · · · · · · · · · · · · · · ·

이 책은 존 스튜어트 밀(1806-1873)의 「벤담(On Bentham)」, 「콜리지(On Coleridge)」, 「'자연을 따르라'는 윤리(On Nature)」를 엮어 번역한 것이다. 역자가 이들을 엮어 번역한 이유는, 이 에세이들이 공리주의의 선구자인 제러미 벤담(1748-1832)의 공리주의와 공리주의의 개혁자인 밀의 공리주의의 차이를 잘 보여줌으로써, 밀의 공리주의의 특징을 잘 파악할 수 있도록 해주기 때문이다.

통상적으로 공리주의는 벤담에 의해 체계화되었고, 밀에 의해 계승 발전되었다고 알려져 있지만, 밀이 벤담의 공리주의를 어떤 면에서 계승하고 어떤 면에서 발전시켰는지, 벤담의 공리주의와 밀의 공리주의의 차이가 무엇인지는 잘 이해되지 않고 있다. 벤담과 밀의 공리주의의 차이에 대해 우리가 통상 듣게 되는 얘기는 벤담이 양적 공리주의를, 밀이 질적 공리주의를 주장했다는 것이다.

벤담의 양적 공리주의에서는 모든 쾌락이 질적 차이가 없기 때문에 오직 쾌락의 양만 고려하면 되는 데 반해, 밀의 질적 공리주의에서는 쾌락들 사이에 질적 차이가 있어서 고급 쾌락과 저급 쾌락이 있는데, 이런 쾌락의 질이 고려되어야 한다는 것이다. 그래서 벤담의 양적 공리주의에서 워즈워드의 시를 읽는 것과 아이들이 즐겨 하는 푸시핀 놀이를 하는 것이 동일한 양의 쾌락을 산출한다면 두 가지 쾌락은 같은 가치가 있는 것들로 고려되는 데 반해, 밀의 질적 공리주의에서는 워즈워드의 시를 읽는 고급 쾌락이 푸시핀 놀이를 하는 하급 쾌락보다 더 가치 있는 것으로 고려되어야 한다는 것이다.

물론 이런 양적 공리주의와 질적 공리주의의 구별은 밀 자신이 『공리주의』에서 명백히 밝힌 것이기에 중요하기는 하지만, 이 구별은 벤담과 밀의 공리주의의 차이점 중 일부만을 보여줄 뿐이고 보다 중요한 많은 차이점들을 보여주지 못하는데, 이런 중요한 차이점들을 잘 보여주는 것이 여기 엮은 세 편의 에세이들이다.

우리는 밀의 『자서전』에 근거해서 공리주의자로서 밀의 인생을 성장기, 전환기, 성숙기로 나누어볼 수 있을 것이다. 성장기 동안에 밀은 자신의 아버지 제임스 밀과 벤담에 의해서 영재 교육을 받아 벤담주의자(Benthamite)가 되었고, 10대 후반에 이미 공리주의 선전가로서의 입지를 굳혔다. 전환기는 밀이 20대 초반에 겪은 정신적인 위기로부터 시작되는데, 밀은 공리주의가 여전히 옳다고 믿고, 공리주의가 가장 좋은 의미에서 자신의 종교이기도 하지만, 자신이 지금까지 원했던 모든 공리주의의 이상이 실현된다 하더라도 자신은 행복하지 않을 것이라고 고백하고 있다. 밀은 이런 정신적 고갈 상태에서 벗어나기 위해 자신의 정신세계를 넓히게 되는데, 워즈워드와 괴테의 문학, 미슐레, 기조 같은 역사학과 헤르더의 역사철학, 그리고 콩트와 토크빌의 사회정치철학, 그리고 칼라일, 콜리지 및 프랑스 이론가들을 통해 간접적으로 알게 된 독일 철학이 이에 포함된다. 이런 전환기에 나온 대표적인 저술이 「벤담」과 「콜리지」이며, 비록 「'자연을 따르라'는 윤리」는 그의 사후에 출판되기는 했지만 이 시기의 문제의식을 담고 있다.

「벤담」에서 밀은 벤담의 철학적 방법론이 진정으로 위대했지만, 벤담의 인간 본성에 대한 이해가 너무 제한되어 벤담의 실천철학 내용은 법철학 분야를 빼놓고는 윤리학이나 사회철학에서는 빈약하다고 평가하며, 벤담의 공리주의를 넘어 적절한 공리주의를 향한 발전 방향을 시사하고 있다. 콜리지는 낭만주의 시인이기도 했지만 당대에 유명한 정치평론가, 정치철학자, 종교철학자인데 밀은 진보주의적인 공리주의에 반대한 콜리지의 보수주의철학에 대해 평가하고 있다. 밀은 자신도 진보주의자이고 이런 진보주의가 절반의 진리를 가지고 있지만, 콜리지의 보수주의 철학은 진보주의자들이 보지 못한 다른 절반의 진리를 가지고 있으며, 진보주의자들은 이런 절반의 진리를 받아들여야 한다고 촉구하고 있다. 밀의 이런 주장은 밀이 벤담의 공리주의와 그와 대척점에 있는 보수주의 철학을 '지양'하려 한다는 것을 잘 보여준다.

밀의 「자연을 따르라'는 윤리」는 자연, 윤리, 종교의 관계를 다루는데, 벤담이 전투적으로 반종교적이었는 데 반해 밀은 콩트를 비판적으로 연구하며, 종교의 주장이 문자 그대로 진리가 아니라 하더라도 인간적 진리를 담고 있다고 보았고, 콩트가 제시한 인간성의 종교(religion of humanity)를 조건부로 수용했다. 이 에세이에서 밀은 '자연을 따르라'는 도덕원리를 주장하는 여러 윤리 이론이나 종교 이론을 비판하는데, 특히 당대 영국에서 영향력이 컸던 이신론적(deist) 도덕주의에 비판을 집중한다. 이신론자들은 자연에 신성이 깃들어 있기 때문에 자연을 따르는 것이 올바른 행동의 규칙이라고 주장했다. 밀은 이런 이신론적 도덕주의에 반대해서, 만일 신이 존재한다면 신은 전능하지 않아서 세계를 인간에게 가장 좋은 세계로 디자인하지 않았기 때문에, 인간이 자연을 따르는 것은 비합리적이거나 비도덕적이며, 오히려 인간이 해야 할 바는 신을 도와 자연과 인간 본성을 개선해 나가, 세계를 보다 정의롭고 행복한 곳으로 만드는 것이라고 주장한다.

밀은 자신을 폭넓게 성장시킨 이런 전환기를 거쳐 성숙기에 이르는데, 이런 성숙기의 대표적인 저작들이 『자유론』, 『공리주의』, 『여성의 종속』, 『대의정부론』 등이다. 그런데 이런 성숙기의 저작들에는 전환기의 경험이 반영되어 있어서, 이런 성숙기의 저작들을 적절히 이해하기 위해서는 전환기의 저작에 대한 이해가 필요하다.

지금까지 역자는 이 책에 실린 에세이들의 가치를 설명하려 했는데, 사실 이 에세이들의 가치는 영어권에서는 익히 인정받고 있다. 저명한 문학평론가 리비스(F. R. Leavis)가 서문을 붙여 출판한 『밀의 벤담·콜리지론(論)(*Mill on Bentham and Coleridge*)』(Cambridge University, 1950)은 인문학도들의 필독서이며, 「'자연을 따르라'는 윤리」는 영어권의 많은 윤리학 독본에 발췌 수록되어 있다.

역자는 이 책이 위대한 학자이며, 자신을 끊임없이 발전시켜 나갔다는 의미에서 위대한 인간인 존 스튜어트 밀에 대한 한국 독자들의 이해를 깊게 하는 데 도움이 되기를 소망하며, 이 책을 번역할 기회를 준 대우재단에 감사한다.

1

「벤담」

최근 작고한 두 사람에게 우리 영국은 지식인들 사이에 논의되어 온 많은 의견들뿐만 아니라, 탐구하는 방식 일반에 있어서의 혁명적인 발전에 대해서도 빚을 지고 있다.[1] 이 두 사람은 거의 모든 면에서 달랐지만, 이들은 스스로의 환경과 성격 때문에 세상 사람들과 별다른 교류 없이 연구에만 몰두했다. 그리고 그들 둘은 그들 삶의 오랜 기간 동안, 그들이 주장하는 바를 우연히 알게 된 여론을 주도하는 사람들에 의해 경멸에 가까운 감정을 가지고 취급되

---

1) 벤담은 1832년에, 콜리지는 1834년에 작고했다. 이 글은 원래 1838년에 『제러미 벤담 전집(*The Works of Jeremy Bentham*)』(ed. by John Bowring)의 처음의 네 부분(사실은 1권과 4권)에 대한 서평으로 출판되었고, 1859년에 수정을 거쳐 Dissertations and Discussions, Volume I(1859)에 재출판됐으며, 1867년에는 제2판을 위해 조금 더 수정됐다.

었다. 그러나 그들은 모든 시대의 인류에게 주어져 왔지만 언제나 무시되어 온 교훈을 새롭게 할 운명을 가지고 있었는데, 피상적인 사람들에게는 현실의 일이나 목전의 이익과 관련 없는 것으로 보이는 사변적 철학이 사실은 현실에서 그들에게 가장 영향을 미치는 것으로, 사실 장기적으로 보면 모든 다른 영향력을 능가한다는 교훈이다. 우리가 지금 말하는 두 저술가는 그들 저작의 극히 적은 일부분을 제외한다면 많은 사람들에 의해서 읽히지 않았고, 거의 독자가 없었다고 할 수 있다. 그러나 그들은 스승 중의 스승이다. 영국의 정신세계에서 조금이라도 중요성을 가진 사람 중에, 그가 비록 나중에 어떤 의견을 가지게 되었다 하더라도, 처음에 이 둘 중 한 명으로부터 생각하는 방법을 배우지 않은 사람은 없다. 이 두 사람의 영향력이 비록 이런 간접적인 경로를 통해 사회로 확산되었지만, 이미 지식인들 사이에서 논의되는 중요성을 가진 어떤 출판물들도, 만일 이 두 사람이 존재하지 않았더라면 지금의 그것과 달라지지 않을 수 없었던 출판물은 거의 없다. 이 두 사람은 그 시대에 영국의 두 위대한 사상의 원천인 제러미 벤담과 새뮤얼 테일러 콜리지이다.

여기서 우리는 탁월한 이 인물들의 정신이나 영향을 비교하려고 의도하지 않는다. 그것은 이들 각자를 따로 고려해서 각자에 대한 완전한 판단이 형성되지 않고서는 불가능하다. 이번 기회에 우리는 다만 이들 중 한 명에 대한 평가를 하려고 한다. 아직 그의 저술들에 대해 완전한 편집이 아직 진행되고 있지 않지만, 모든 저자를 진보파와 보수파로 나눈다고 할 때 그는 우리 자신과 같은 진영, 즉 진보파에 속하는 사람이다. 비록 이 두 사람이 진보파나 보수파라는 용어로 지칭하기에는 너무 거대한 인물이지만, 그래도 기본적으로 벤담은 진보적 철학자이고 콜리지는 보수적 철학자이다. 벤담의 영향력은 진보적인 사람들의 정신에 주요한 영향을 미쳐왔고, 콜리지의 영향력은 보수적인 사람들 사이에 그러했다. 그들의 영향력에 의해 사상의 바다에 퍼져나가기 시작한 두 동심원의 체계들이 이제야 서로 마주치기 시작했다. 두 사람의 저작은 각각 자신들 편의 사람들이 습관적으로 범하는 많은 실수와 잘못에 관한 비판적인 가르침을 포함하고 있다. 그렇지만 그들 저작의 주된 목적은, 벤담에게는 현존하는 이론들과 제도들에 있는 것과는 다른 진리들을 찾아내는 데 있고, 콜리지에게는 현존하는 이론과 제도 안에 있지만 무시되고 있는 진리들을 찾아내는 데 있다.

세계에 관해 아주 해박한 지식을 가지고 있고, 당대 공직자들 사이에서 그의 실무적 능력과 총명함으로 인해 명성이 높았던 사람이, 비록 그 자신은 벤담의 추종자도 아니고 어떤 다른 학파에 속하는 사람도 아니었지만, 언젠가 우리에게 벤담에 관해 말해 준 것이 있다. 즉 그가 관찰한 바에 의하면 이 시대에 영향력을 넓혀왔고, 아주 중요한 결과를 산출한 '의문을 던지는 정신'의 원천, 즉 모든 것에 대해서 왜냐고 묻는 경향의 원천이 다른 누구에게가 아니라 벤담에게 있다는 것이다. 벤담이 의문을 던지는 정신의 원천이라는 주장은 검토하면 할수록 더욱더 진실이라는 것이 드러난다. 벤담은 진실로 이 시대와 국가에서 기존에 확립되어 있는 것들에 대한 위대한 질문자였다. 벤담의 저작에 드러나는 사고방식에 영향을 받은 사람들이 기존의 권위의 멍에에 대해 의문을 제기하고, 이전에는 전통에 근거해 있기 때문에 논쟁의 여지없는 것으로 받아들여졌던 많은 견해들에 대해 의문을 제시했고, 따라서 그런 기존 질서 속에 있는 사람들은 자신들의 의견을 방어하고 설명하도록 요구되었다.

벤담 이전에 누가 영국의 헌법이나 영국 법에 대해 명시적인 언어로 존경심 없는 태도로 발언했는가? 벤담은 명백히 그랬다. 그리고 그의 논변과 그의 예는 다른 사람들로 하여금 그렇게 하도록 격려했다. 우리는 그의 저작이 1832년 선거개혁법(the Reform Act)을 만들었다거나,[2] 그가 1833년 아일랜드 교회법의 자금전용조항(Appropriation Clause)의 아버지라고 말하는 것은 아니다.[3] 우리의

---

2) 1832년 선거법개정은 신흥 부르주아의 요구를 받아들여 유권자의 수를 당시의 기준으로 보면 획기적으로 늘린 법령이다. 영국에서 유럽을 휩쓴 1848년 혁명이 일어나지 않았던 이유가 이 선거법 개혁 때문이라고 주장하는 학자들도 적지 않다.

3) 아일랜드 교회의 자금을 국가가 다른 공공목적을 위해 전용할 수 있도록 한 법률의 한 조항. 이 조항은 콜리지에 관한 논문에서도 중요한 역할을 하는데, 기본적으로 콜리지와 밀은 교회가 종교적이라기보다는 학문을 전파하는 역할을

현존하는 제도와 관련해 지금까지 만들어진 변화들과 앞으로 만들어질 더 큰 변화들은 철학자들의 작업이 아니라 최근에 힘이 증가된 사회의 많은 부분들(계급들)의 이익과 본능의 작업이다.[4] 그러나 벤담이 그런 이익과 본능들을 가진 사람들에게 목소리를 주었다. 그가 말하기 전까지는 우리의 제도가 자신들에게 적합하지 않다는 것을 발견한 사람도 감히 그렇게 말하지 못했고, 감히 의식적으로 그렇게 생각하지도 못했다. 그들은 교육받은 사람들이나 뛰어난 지성을 가진 사람들이 그런 제도들의 탁월성을 비판하는 것을 들어보지 못했다. 교육받은 사람들의 집단적 권위에 저항하는 것은 교육받지 않은 사람들의 본성에 있지 않다. 벤담이 이런 주박(spell)을 깨뜨렸다. 벤담이 그의 저작을 통해 그렇게 한 것은 아니다. 그것은 그의 저작에 의해 영향을 받은 지식인들의 정신과 그들의 펜을 통해서, 그의 정신의 영향을 받은 세상과 보다 직접적인 접촉이 있는 사람들을 통해서 그렇게 된 것이다. 만일 조상의 지혜에 대한 미신이 파괴되었다면, 만일 대중들이 그들의 법과 제도의 많은 부분들이 지성과 미덕의 소산이 아니라 과거의 야만에 근대의 오염이 덧붙여진 것이라는 생각에 익숙해진다면, 만일 가장 어

하기를 원했다.
4) 새로 떠오른 부르주아 계급과 지식인들을 말한다. 이런 계급은 콜리지도 변화를 촉진하는 세력으로 인정했다. 「콜리지론」 169쪽 참조.

려운 혁신이 그것이 혁신이라는 이유 때문에 더 이상 기피되지 않는다면, 기존의 제도가 그것이 이미 존재하기 때문에 신성한 것으로 여겨지지 않는다면, 공중의 마음을 이런 혁명적인 생각에 익숙하게 한 사람들은 그것을 벤담의 학파로부터 배운 것이고 과거의 제도에 대한 공격은 대부분 벤담의 무기를 가지고 행해져 왔다. 사상가들 혹은 어떤 종류의 사상가들이 개혁운동의 선봉에 있는 사람들 사이에서 눈에 띄게 발견되지 않는다는 것은 중요하지 않다. 직접적으로 혁명적인 운동을 제외한 모든 사회운동은 그런 운동을 원래 시작한 사람이 아니라 옛 의견과 새로운 의견을 가장 잘 절충시킬 줄 아는 사람들이 앞장서게 되는 것이다. 이론과 제도 양면에서 영국 개혁의 아버지는 벤담이다. 그는 그의 시대와 국가의 위대한 전복적인(subversive), 대륙 철학자들의 용어를 따르자면 비판적인 (critical) 사상가이다.

그러나 우리는 '전복적 사상가' 혹은 '비판적 사상가'라는 것이 그의 명성에 대한 최고의 타이틀이라고 생각하지 않는다. 그것이 전부라면 그는 정신세계의 영향력 있는 사람 중 최하의 단계인 부정적이거나 파괴적인 철학자에 속할 것이다. 부정적이거나 파괴적인 철학자는 무엇이 거짓인지를 볼 수 있지만 무엇이 진리인지는 볼 수 없고, 사람들의 마음을 전통에 의해 신성화된 의견과 제도의 비일관성과 부조리에 눈을 뜨게 할 수는 있지만 그것들을 제거해 버린 곳에 다른 아무것도 대체할 수 없다. 우리는 그런 사람들이 행하는 봉사의 가치를 과소평가하고자 하는 의도는 전혀 없다. 인류는 그들에게 많이 빚지고 있다. 그리고 너무나 많은 잘못된 것들이 진실인 것으로 믿어지고, 지금까지는 진실이었지만 그것들이 더 이상 진실이 아니게 된 후에도 오랜 동안 진실로 믿어지는 이 세계에서 그들이 할 일은 많다. 그러나 그런 비정상을 교정하고 대체할 진실을 보지 못한 채 그런 비정상을 바라보는 것에만 적절한 재능은, 여러 재능 중에서 아주 희귀한 것은 아닐 것이다. 가장 피상적인 사람이라도, 그가 상당한 정도로 전통에 대한 존경심을 가지고 있지 않은 반면에, 용기, 언어적 정확성, 논증 능력, 대중적인 문체를 가지고 있다면 그는 상당히 중요한 부정적인 철학자가 될 수 있을 것이다. 그런 종류의 사람들은 야만의 시기에는 없었을 수 있겠지만, 그래도 상당한 문화의 시기에는 절대 없었던 적이 없다. 벤담이 세상에 관한 자신의 첫인상을 형성해 가던 시기, 즉 청소년 시기는, 인간 정신의 보다 고귀한 산물들을 산출할 수 없었던 불모한 시기였는데, 그런 불모함에 비례해서 그런 부정적 철학자들이 왕성하게 활동한 시기였다. 교회는 형식주의에 빠지고 국가는 타락한 시대,[5] 전통적인 교설들에 대해 습관적으로 기계적인 믿음을 유지하고 있는 사람들의 마음에서조차 그 교설들의 의미의 가장 가치 있는 부분들마저 사라져가는 시대는 모든 종류의 회의적

---

5) 교회의 타락에 대해서는 「콜리지」 참조.

철학을 배양하는 시기인 것이다. 따라서 프랑스에서는 볼테르와 그를 따르는 부정적인 학파가 있었고, 영국, 오히려 스코틀랜드에는 유사 이래 혹은 인간의 기록이 남아 있는 이래, 가장 심오한 부정적인 사상가인 데이비드 흄이 있었다. 그의 정신의 독특한 성질들이 그로 하여금 증명의 오류, 논리적 일관성의 결여를 찾아낼 수 있게 했는데, 프랑스 회의주의자들은 분석과 추상 능력이 상대적으로 약했기 때문에 그것을 제대로 이해하지 못했고, 독일의 철학자들만이 그것을 제대로 이해하거나 경쟁하고자 할 수 있었다.

만일 벤담이 단지 흄의 작업을 계승했다면, 그는 철학에서 이름을 얻지 못했을 것인데, 그는 흄이 가진 능력 면에서 흄보다 훨씬 못했으며, 탁월한 형이상학자가 될 소질을 가지고 있지 않았다. 우리는 그의 지적인 특질 중에 섬세함이나 치밀한 분석의 능력을 찾으려 해서는 안 된다. 섬세함이라는 특질과 관련해서 위대한 사상가 중에 그런 특질이 결여된 사람들은 거의 없었다. 벤담의 정신과 유사한 사상가 중에서 치밀한 분석의 특질을 상당한 정도로 가진 사람으로 작고한 [나의 아버지] 제임스 밀을 들 수 있다.[6] 그는 18세기 위대한 형이상학자들의 위대한 특질과 다른 종류의 특질들을 결합해서 가지고 있었는데, 이런 특질들 때문에 그는 그런 형이상학자들의 작업을 완성하고 교정할 수 있었다. 벤담은 이런 특별한 재능

---

6) 제임스 밀은 1836년에 작고했다.

을 갖지는 못했지만, 그보다 열등하지 않으며 그 이전의 사상가들이 갖지 못한 다른 특질들을 가지고 있었는데, 이런 특질들이 그를 그들의 영향력을 훨씬 넘어 다가올 세대의 빛의 원천이 되게 했으며, 전복할 것들이 이미 오래전에 사라진 시대의 대표적인 '전복적 사상가'가 되도록 했다.

먼저 그를 부정적인 철학자라고 말하는 것, 즉 비논리적인 논변들을 논파하고, 궤변을 폭로하며, 모순과 부조리를 탐지하는 부정적인 철학자라고 말하는 것에 관해서도, 흄이 건드리지 않고 남겨둔 그를 위한 넓은 영역이 있었지만, 그가 선례를 찾아볼 수 없을 정도로 업적을 이룬 영역이 있는데, 그것은 실천적 오용의 영역이다. 이것이 벤담의 특별한 영역인데, 그는 그의 모든 기질에 의해 이 영역에 끌렸고, 실천적인 영역에서의 부조리에 대한 전쟁을 수행했다. 그의 정신은 본질적으로 실천적이었다. 그의 마음을 사변으로 이끈 것은 이런 실천적인 문제들, 그를 위해 선택된 직업, 법률가의 직업의 문제들이었다. 그 분야에서 특정한 실천적 악습이 그의 마음에 충격을 주었고, 그가 그런 악습으로부터 놀라서 뒷걸음질치자, 악습의 거대한 산이 흔들거렸다. 그 악습이란 바로 대법원 서기의 사무실에서 의뢰인에게 1회 출석했는데도, 3회 출석에 해당하는 보수를 지불하게 하는 관습이었다. 조사를 해보니 그는 이것뿐만 아니라 사법계가 이런 일로 가득 차 있다는 것을 발견하게 되었다. 그렇지만 그가 이런 발견을 한 최초의 사람인가? 그렇지 않다. 모든 변호사와 모든 판사가 그것을 알고 있었고, 그 이전이나 그 이후에도 오랜 동안 그것들은 이런 학식 있는 사람들의 양심에 어떤 명백한 불편함도 일으키지 않았고, 그들로 하여금, 책이나, 의회에서나, 법정에서나, 기회가 있을 때마다, 영국의 법이 이성의 완성이라는 것을 주장하는 것을 막지 않았다. 그렇게 많은 세대 동안, 각 세대에 교육받은 수천 명의 젊은이들이 벤담 같은 위치와 기회를 가졌지만, 벤담만이 충분한 도덕적 감수성과 자신감을 가지고, 이런 것들이 얼마나 법률가들에게 이익이 되는지는 모르지만 본질적으로는 사기이며, 그들과 자기 사이에는 엄청난 거리가 존재한다고 스스로에게 말했다. 벤담이 성취한 모든 업적은 이런 자신감과 도덕적 감수성의 희귀한 결합으로 인한 것이다. 아주 어린 열다섯 살에 아버지에 의해서 옥스퍼드에 보내진 벤담[7]은 입학을 위해 영국 국교의 교리문답의 핵심 내용인 39조에 대한 신앙을 고백하도록 요구되었는데, 그는 그것을 검토할 필요가 있다고 느꼈다.[8] 그런 검토 결과 그는 그것들이 도덕적으로 옳지 않은 것으로 생각되어, 양심의 가책을 느끼게 하는 것들에 대해 의문을 제기했는데, 그가 기대한 대답 대신에 그와 같은 소년이 교회의 위

---

7) 사실 벤담은 열두 살에 옥스퍼드에 입학했으며, 열다섯 살에 학사학위를 받았다.
8) 39조항은 영국 성공회가 채택한 교리문답의 내용이다. 국교도로 인정받으려면 이들 39조에 대한 신앙을 고백해야 한다.

대한 지도자들에 대해 판단하는 것이 옳지 않다는 말을 들었다. 고민 끝에 그는 39조의 신앙을 믿는다는 문서에 서명했다. 그러나 자신이 비도덕적인 행동을 했다는 느낌은 그를 결코 떠나지 않았다. 그는 그 자신이 거짓을 범했다고 생각했으며 평생을 통해서 그런 거짓을 요구하는 모든 법률과 그런 것들에 대해 보상을 하는 모든 제도에 대한 분노에 찬 비판을 누그러뜨리지 않았다.

만일 벤담이 다른 아무것도 하지 않고, 단지 실천적인 악의 영역에서 비판과 논박의 전쟁, 거짓과 부조리에 대한 투쟁만을 계속했다는 것만으로도, 그는 지성사에서 중요한 위치를 차지했을 것이다. 그는 중단 없이 전투를 계속해 나갔다. 그의 가장 비판적인 글들뿐 아니라, 그의 모든 저작 가운데 가장 완성된 것 중 일부도 이런 목표에 집중한 것들로, 「대금업의 옹호(Defense of Usury)」, 「오류론(Book of Fallacies)」, 처음에는 익명으로 출판된 당대 영국 법의 권위를 상징했던 블랙스톤에 대한 전면적인 공격인 「정부에 관한 단상(Fragments on Government)」을 포함한다. 벤담은 나이가 들어가면서 그 문체 때문에 조롱을 받게 되지만, 익명으로 발표된 벤담의 첫 번째 저작인 「정부에 관한 단상」은 그 사상뿐만 아니라 문체에 대해서도 최고의 찬사를 받았는데, 사람들은 그 저작이 당대 법률가 중 유명한 문장가인 맨스필드 경이나 캠든 경 등이 쓴 것으로, 당대의 유명한 문학가인 존슨 박사는 그 책이 당대의 법률가 중에서 최고 문장가의 한 명으로 꼽히던 더닝이 쓴 것이라고 주장했다.[9]

이런 벤담의 저작들은 전체적으로 독창적이었는데, 부정적인 학파에 속하기는 하지만 이전의 부정적인 철학자들이 저술한 어떤 것과도 닮지 않았기 때문에, 근대 유럽의 전복적인 사상가 중에서 벤담에게 자신만의 독특한 위치를 확보하기에 충분했을 것이다.

하지만 벤담과 다른 부정적인 철학자들 사이에 진정한 차이를 만드는 것은 이런 저작들이 아니다. 그것보다 더 깊은 차이가 존재하는데, 그들이 순전히 부정적인 사상가들인 데 반해 벤담은 긍정적인 사상가라는 것이다. 그런 부정적인 철학자들은 실수를 공격했지만, 벤담은 그런 실수를 대체할 수 있는 진리를 생각하기 전까지는 그런 실수를 공격하지 않는 것이 양심적인 것이라고 여겼다. 그들의 성격은 전적으로 분석적이었지만 그의 성격은 종합적이었다. 그들은 어떤 주제에 있어서 받아들여진 의견을 그들의 출발점으로 삼고, 그 의견으로부터 나오는 논리적 함축들을 검토한 후에, 그것의 기초에 문제가 있다고 선언하고 그것을 비판했다. 벤담은 새로운 것으로부터 출발했는데, 그는 자신의 기초를 깊고 튼튼하게 구축하고, 그 위에 자신의 구조물을 건립하고, 사람들로 하여금 그 둘을 비교하도록 했다. 그는 그 자신이 문제를 해결하거나 그

---

9) 벤담의 저작이 출판되던 1876년에 맨스필드 경, 맨스필드 초대 백작, 머리 (William Murray)는 유명한 판사였고, 로드 캠든, 초대 캠든 백작, 찰스 프랫 (Charles Pratt)은 대법원장(Lord Chancelor)이었으며, 더닝(John Dunning), 초대 애슈버턴(Ashburton) 남작은 지도적인 하원의원이었다.

자신이 문제를 해결했다고 생각했을 때에만 모든 다른 해결책이 문제가 있다고 선언하였다. 따라서 그들이 산출한 것은 오랜 동안 살아남지 못하고, 그것들이 폭로한 실수들과 함께 사라질 것이며 이미 많은 부분 사라졌다. 그렇지만 벤담이 제시한 것은 그 자체로서 가치를 가지며, 그것이 비판한 모든 실수가 사라지더라도 남게 될 것이다. 비록 우리는 자주 그의 실천적인 결론을 기각해야만 하지만, 그가 결론을 이끌어낸 사실과 관찰의 모음인 그의 전제들은, 철학적 재료의 한 부분으로 영원히 남을 것이다.

따라서 벤담에게는 지혜의 거장 중 한 사람, 인류의 위대한 교사이며 인류의 지성사를 빛나게 장식한 사람 중 한 명으로서의 자리가 부여되어야 한다. 그는 불멸의 재능으로 인류를 풍부하게 만든 사람 중 한 명이다. 비록 이런 재능들이 모든 다른 재능을 뛰어넘는 것도 아니고, 무식한 사람들이 벤담에 대해 퍼붓는 무시와 경멸에 대한 자연스런 반작용으로 그를 숭배하는 많은 사람들이 그러하듯 그에게 "그리스, 로마의 모든 명성을 넘어서는"[10] 영예를 누릴 자격을 부여하지는 않는다 할지라도, 그가 어떤 사람이 아니었다는 것 때문에 그가 어떤 사람이었는지에 대한 공정한 인정을 거부하는 것은 무식한 사람들에게는 용서가 되지만 교육받고 교양 있는 사람들에게는 더 이상 허용되지 않는 나쁜 실수이다.

---

10) Alexander Pope, "The Epistle of the Second Book of Horace," 1. 26.

만일 우리가 가장 간략하게, 인류에 대한 위대한 지적인 시혜자 중 한 사람으로 벤담의 위치를 말하도록 요청받는다면, 즉 그가 누구인지, 누구가 아닌지, 그가 진리를 위해 어떤 종류의 봉사를 했는지 하지 않았는지를 말하도록 요청받는다면, 우리는 그가 위대한 철학자는 아니었지만, 철학에서 위대한 개혁자였다고 말할 것이다. 그는 철학이 절실히 필요로 하고, 그것이 결여되어 있었기 때문에 철학이 정체 상태에 있도록 만든 것을 철학에 제공했다. 이런 역할을 한 것은 그의 교설의 내용이 아니라 그런 교설에 이르게 된 그의 방법론이다. 그는 도덕과 정치에 과학의 이념에 본질적인 습관과 탐구의 방법론을 도입했는데, 이런 것들의 부재가 이런 탐구 분야를 베이컨 이전의 물리학이 그랬던 것처럼 끝없는 논쟁의 영역으로 만들었다. 간략하게 말하자면 벤담이 한 것의 혁신과 가치를 이루는 것은 그의 견해가 아니라 그의 방법론이다. 비록 우리가 그의 견해 전체를 부정하더라도(사실 우리는 의심의 여지없이 많은 부분을 부정해야 하지만), 그의 방법론은 모든 것을 뛰어넘는 가치를 가지고 있다.

벤담의 방법은 전체를 그 부분들로 분리하고, 추상들을 구체적인 것들(things)로 분해하며, 집합(classes)과 일반성(generalities)을 그것들을 구성하는 개별자들로 구별하고, 모든 질문을 해결하기 전에 그 질문들을 부분으로 나누어 처리하는 방법인데, 이 방법은 '구체적 분석의 방법(method of detail)'이라고 간략하게 기술될 수

있을 것이다.[11]

이 방법이 어느 정도 독창적인지는, 예를 들어 물리학의 방법과 어느 정도 관련이 있는지, 혹은 벤담 이전의 베이컨, 홉스, 혹은 로크의 작업과 어느 정도 관련 있는지는, 여기에서 우리가 본질적으로 고려해야 할 사항이 아니다. 그의 방법론에 어느 정도의 독창성이 있건, 벤담의 위대함은 그가 그 방법을 적용한 주제들에, 그리고 그 방법을 엄격하게 적용한 데에 있다. 이 방법으로부터 그의 끝없는 분류가 기원하고, 그리고 자명한 것으로 인정되는 진리에 대해서도 정교한 증명이 기원한다. 그는 살인, 방화, 절도가 범죄라는 것을 증명 없이는 당연한 것으로 받아들이지 않았다. 그는 어떤 것이 아무리 자명해 보이더라도 그것이 왜, 그리고 어떻게 그런지를 가장 엄격한 정확성을 가지고 이해하려 했다. 그는 어떤 범죄가 1등급, 2등급, 3등급이든, 이들 범죄의 모든 해악을 다음과 같이 세 가지로 구별했다. 첫째, 피해자와 그와 개인적으로 관계 있는 것들에 가해지는 악, 둘째, 범죄의 예로부터 발생하는 위험과

---

11) 사실 이 방법은 분류와 분석의 방식이라고 할 수 있을 것이다. 벤담은 자신의 방법과 반대되는 방법 혹은 방법의 결여를 단지 일반화라고 부른다. 논리학에서 일반화는 특수화와 반대된다. 예를 들어 사람이라는 용어와 남자, 여자 등의 관계는 앞에서 뒤로 가면 특수성이 높아지는 단계이고, 뒤에서 앞으로 가면 일반성이 높아진다고 할 수 있다. 역자는 '구체적 분석'이 일상어나 철학적인 용어의 의미를 가장 잘 전달한다고 본다.

그로 인한 불안전 때문에 생기는 두려움 및 고통스런 감정, 셋째, 그런 두려움으로부터 발생하는 산업(industry)과 유용한 일들에 대한 의욕 감소, 그리고 그런 위험을 막기 위해 필요한 수고와 자원들이다. 이런 것들을 열거한 후에 그는 인간 감정의 법칙으로부터 이들 악 중에 첫 번째, 직접적인 희생자의 고통이 평균적으로 범죄자가 누리는 쾌락보다 훨씬 클 것이며 다른 모든 악이 고려된다면 더욱더 그럴 것이라고 증명한다. 그는 어떤 범죄에 대해서 이렇다는 것이 증명되기 전까지는 그 범죄에 대해 처벌을 부과하는 것이 정당화되지 않는다고 주장한다. 많은 사람들은 이런 것을 공식적으로 증명하는 수고를 해야 하는 이유에 대해 의문을 제기할 터인데, 벤담은 이런 증명을 해야 하는 이유를 다음과 같이 말한다. "어떤 진리들은 이미 진리로 인정되어 있음에도 불구하고 증명할 필요가 있는데, 그 자체를 위해서가 아니라, 그 진리에 의존하는 다른 진리들을 사람들이 수용하는 데 도움이 되기 때문이다. 우리가 첫 번째 원리를 납득시키기 위해 사용하는 이런 방식이 사람들에게 받아들여진다면, 모든 다른 진리가 받아들여질 수 있는 길을 준비하는 것"이고[12] 이에 더해서 이보다 더 복잡하고 더 의심스러운

---

12) [원주] [Part I and Vol. I], of the Collected Edition. [역주] 그런데 벤담의 이 구절은 밀 자신의 『자유론』에서 사상과 의견의 자유가 안전히 보장되어야 하는 이유 가운데 하나를 연상케 한다. 밀은 사상과 의견의 자유가 허용되어야 하는 이유 중 하나는 진리를 발견하기 위한 것일 뿐만 아니라 인간 정신을 활발하게

문제들을 분석하기 위해 정신을 훈련시킬 수 있다.

사실 이것은 모든 치밀한 사상가가 건전한 규칙이라고 생각했지만 벤담 이전에 누구도 그처럼 일관성 있게 적용한 적이 없는 규칙이다. 즉 실수는 일반화에 숨어 있다는 것, 즉 인간의 마음은 복잡한 전체를 한꺼번에 파악할 수 없다는 것, 즉 마음은 그 전체가 이루어지는 부분들을 살펴보고 목록으로 만들기 전에는 그 복잡한 전체를 파악할 수 없다는 것, 추상화는 그 자체 실재가 아니고, 사실들을 축약적으로 표현하는 방법이라는 것, 따라서 그런 것들을 다루는 유일한 실제적인 방법은 그것들을 (그것이 경험 혹은 의식에 관한 것이건) 사실들에까지 추적하는 것이다.

이 원리에 따라서 벤담은 일상적인 도덕과 정치적 추론 방식을 간단하게 비판한다. 그가 보기에 이런 도덕과 정치적 추론 방식은 그 근원에까지 추적해 가면, 대부분 어떤 문구(phrase)로 끝이 났다. 정치에서는 '자유', '사회 질서', '헌법', '자연법', '사회계약' 등의 눈길을 끄는 문구들(catch words)이다. 윤리학에도 이와 유사한 문구들이 있다. 도덕과 정책의 가장 중요한 문제들이 논의될 때 제시되는 논증들은 이런 문구들에 기반하는데, 이런 문구들은 이유

하기 위해서인데, 이미 널리 알려진 진실을 다시금 토론하고 증명하는 것은 새로운 진리를 찾는 것은 아니지만, 우리 인간의 정신의 능력을 활발하게 유지하게 하며, 그런 진리를 새롭게 음미할 수 있도록 한다고 말한다.

가 아니라 인류의 어떤 일반적인 감정에 호소하는 표현이거나, 참일 수도 참이 아닐 수도 있지만 그 한계에 대해 비판적으로 검토한 적이 없는 익숙한 규칙에 대해 호소하는 표현에 불과하다. 다른 사람들은 이런 것에 만족했겠지만 벤담은 그렇지 않았다. 그는 어떤 견해에 대한 이유로서 견해 이상의 것을 요구했다. 그가 어떤 것에 대한 찬반 논변에서 그런 문구를 발견할 때마다 그는 그것이 무엇을 의미하는지, 즉 그것이 어떤 기준에 호소하는지, 혹은 그 질문에 관련된 어떤 사실을 가리키는지 설명할 것을 끈질기게 요구했다. 만일 그 문구가 어떤 기준에 호소하거나, 어떤 사실을 가리키지 않는다면 그는 논쟁자가 자신의 주장을 위한 이유를 제시하지 않고 논쟁자 자신의 개인적인 감정을 다른 사람들에게 강요하는 것이라고 간주했다. 즉 "어떤 외부적 기준에 호소해야 하는 의무를 피하고 독자에게 저자의 감정이나 의견을 그것을 받아들일 이유로, 게다가 그 자체 충분한 이유로서 받아들이게 하려는 억지로 짜맞춘 것이나 책략"으로 보았다. 벤담은 그의 첫 번째 체계적인 작품인 『도덕과 입법의 원칙에 대한 서론』의 구절에서 이 문제에 대해 설명하는데 우리는 그의 철학 방식의 강점과 약점을 이보다 잘보여주는 구절을 찾을 수 없다.[13]

---

13) 벤담, 『도덕과 입법의 원칙에 대한 서론』, 강준호 옮김, 아카넷, 각주 3) 75–77쪽.

인간이 우연히 발명한 가지각색의 발명품을 관찰하는 것은 흥미롭다. 그러나 매우 일반적이어서 충분히 용납할 만한 자만심을 세인들에게 숨기고, 또 가능하면 자기 자신에게도 숨기기 위하여 사람들이 제안한 가지각색의 문구를 관찰하는 것도 충분히 호기심을 끈다.

(1) 어떤 사람은 무엇이 옳고 그른지를 자신에게 말해 줄 목적으로 만들어진 무언가를 가지고 있다고 말한다. 그것은 **도덕감**(moral sense)이라고 불린다. 그리고 그는 편안하게 일하러 가서, 이런 것은 옳고 저런 것은 그르다고 이야기한다—왜? "왜냐하면 내 도덕감이 그렇다고 말해 주니까."

(2) 또 어떤 사람이 나와서 위의 구절을 바꾼다. **도덕**을 빼고 그 자리에 **상식적**(common)을 집어넣는다. 그런 다음 그는 자신의 상식(common sense)이 앞사람이 주장한 도덕감이 그랬던 만큼 확실하게 무엇이 옳고 그른지를 자신에게 가르쳐준다고 말한다. 그에 따르면, 상식은 모든 인류가 소유하는 감각을 의미한다. 이 말은 자기의 감각과 동일한 감각을 소유하지 못한 사람들의 감각은 고려할 가치가 없다는 인상을 준다. 이 고안품이 분명 앞의 것보다 더 낫다. 새로운 것인 도덕감에 대하여, 어떤 사람은 그것을 발견할 수 없으면서도 한동안 자신을 더듬어 찾으려 할 수도 있다. 그러나 상식은 천지창조만큼이나 오래된 것이다. 누구도 자신의 이웃만큼 상식을 갖고 있지 못하다고 여겨지는 것을 부끄러워하지 않을

수 없다. 그것은 또 하나의 큰 장점을 가진다. 그것은 힘을 공유하는 것처럼 보임으로써 질투를 감소시킨다. 왜냐하면 어떤 사람이 자기와 의견을 달리하는 사람을 몰아내기 위하여 이런 근거에서 시작할 때, 상식은 "내가 이렇게 원해서 이렇게 명령한다.(*sic volo sic jubeo.*)"고 하지 않고 "너도 네가 원하는 대로 명령하라.(*velitis jubeatis.*)"고 하는 것이기 때문이다.

(3) 또 어떤 사람은 도덕감에 대하여 자신이 과연 그런 것을 갖고 있는지 알 수 없다고 말한다. 그러나 그는 같은 역할을 수행하는 **오성**(understanding)을 갖고 있다고 말한다. 그는 오성이 옳음과 그름의 기준이라고 말한다. 그것은 그에게 이렇다 저렇다 하고 말해준다. 모든 선하고 현명한 사람은 그가 이해하는 방식대로 이해한다. 만약 다른 사람들의 오성이 어떤 점에서든 그의 오성과 다르다면 그들의 오성은 그만큼 더 나쁜 것이고, 이는 그들의 오성이 결함이 있거나 타락했다는 확실한 신호이다.

(4) 또 어떤 사람은 영원불변하는 **옳음의 규칙**이 있다고 말한다. 이 규칙은 이렇게 저렇게 하라고 명령한다. 그리고 그는 맨 먼저 생각난 것에 대하여 자신의 감정들을 말하기 시작한다. (당신도 옳다고 여겨야 할) 이 감정들은 영원한 옳음의 규칙에서 나온 수많은 가지들이다.

(5) 또 어떤 사람은, 혹은 (누구라도 상관없지만) 십중팔구 바로 이 사람이, 어떤 관행은 **사물의 합목적성**에 일치하고 다른 관행은 일

치하지 않는다고 말한다. 그런 다음 그는 느긋하게 어떤 관행이 일치하고 어떤 관행이 일치하지 않는지를 당신에게 말해 준다. 마치 그가 우연히 어떤 관행을 좋아하거나 싫어하게 된 것처럼.

(6) 많은 사람들이 **자연법**(Law of Nature)에 대하여 계속 말하고 있다. 그들은 무엇이 옳고 그른지에 대한 자신들의 감정을 당신에게 말해 준다. 당신은 그가 말하는 감정들이 자연법의 수많은 장과 절이라는 것을 알게 될 것이다.

(7) 자연법을 대신하여 때로는 **이성의 법**(Law of Reason), **올바른 이성**(Right Reason), **자연적 정의**(Natural Justice), **자연적 형평성**(Natural Equity), **좋은 질서**(Good Order) 등의 문구들이 사용된다. 이 문구들은 모두 같은 역할을 수행할 것이다. 맨 마지막 문구는 정치학에서 가장 많이 쓰인다. 마지막 세 문구가 다른 문구들보다 훨씬 더 괜찮다. 왜냐하면 이 세 문구는 그것들이 단순한 문구 이상의 것이라고 명백히 주장하지 않기 때문이다. 그리고 그것들은 그 자체로 의미를 지닌 적극적 기준들로 간주되기를 오직 약하게 주장하며, 문제의 사안이 경우에 따라 적절한 기준에 일치함을 표현하는 문구로 간주되는 것에 만족하는 것처럼 보이기 때문이다. 그러나 대부분의 경우 그 기준은 **공리**라고 말하는 편이 더 나을 것이다. 보다 명백히 고통과 쾌락을 언급할 경우, **공리**가 더 분명하다.

(8) 어떤 철학자는 거짓말을 제외하면 세상 어떤 것도 해롭지 않

다고 말한다. 그래서 예를 들어 당신이 당신 아버지를 살해하려 했다면, 이는 단지 그가 당신의 아버지가 아니라고 말하는 특별한 방식일 뿐이다. 물론 이 철학자가 자신이 싫어하는 무언가를 볼 경우, 그는 이것이 거짓말하기의 특별한 방식 중 하나라고 말할 것이다. 이것은 **진정으로** 그 행위를 해서는 안 되는 경우에 그것을 해야 한다거나 할 수도 있다고 말하는 셈이다.

(9) 위의 모든 사람 중 가장 당당하고 솔직한 사람은 자신이 선민의 한 사람이라고 터놓고 이야기하는 부류이다. 무릇 신이 직접 선민에게 무엇이 옳은지를 조심스럽게 일러준다. 이는 선민들이 무엇이 옳은지 알 뿐만 아니라 열심히 노력하여 그것을 실천하게 만드는 데 매우 좋은 효과가 있다. 따라서 누군가 무엇이 옳고 그른지 알고 싶다면, 그저 나에게 오기만 하면 된다.

여기서 벤담이 이렇게 다양한 문구를 사용한 사람들의 의도를 완전히 공정하게 표현하고 있다고 주장하는 사람들은 거의 없겠지만, 그런 문구들이 정당한 이유를 제시하지 않고 개인적 감정에만 기초하기 때문에 논증이 없다는 것이 참이며, 벤담이 이 점을 처음으로 지적했다는 영예를 받아야 한다는 데에 동의할 것이다.

철학에서 벤담의 독창성을 이루는 것은, 그리고 그를 도덕과 정치철학의 위대한 개혁자로 만드는 것은 인간 행위의 철학에 이런 구체적 분석의 방법—전체들이 부분으로 분해되기 전까지는 전체에 대해 추론하지 않고 추상들은 그것들이 구체적인 것으로 번역되기 전까지는 추론하지 않는 이런 실천—을 도입한 것이다. 그가 '완전한 분류의 방법'이라 부르는 것은 이런 보다 일반적인 방법의 한 가지인데, 그는 자신의 독창적인 모든 것을 이 방법에 귀속시키고 있다.

그의 방법론과 달리 그의 철학의 일반적인 내용은 새로운 것이 거의 없거나 전혀 없다. 일반적 효용이 도덕의 기초라는 이론, 즉 공리주의 이론을 어느 누군가에게 귀속시키려 하는 것은 철학사나 일반적인 학문이나 문예, 그리고 벤담 자신의 저작에 대한 전적인 무지를 드러내는 것이다. 벤담 자신이 밝힌 것처럼 그는 공리주의라는 아이디어를 프랑스 철학자 엘베시우스(Helvétius)로부터 얻었다. 그리고 그것은 영국, 특히 스코틀랜드에서 리드(Reid)나 비티(Beattie) 이전 시대의 종교철학자들이 지녔던 견해이기도 했다. 사실 공리주의 원리를 가장 잘 옹호하는 책은 비록 지금은 거의 읽히지 않지만 섀프츠베리 백작의『성격론』에 제시된 견해를 논파하기 위해 존 브라운이 쓴 섀프츠베리의『성격론』에 관한 논의이다.[14] 솜 제인스(Soame Jenys) 책에 대해 존슨 박사가 유명한 논평을 썼는데, 공리주의 이론은 저자와 논평자가 공통으로 지지하는 이론으로 제시된다.[15]

---

14) John Brown, *Essays on Characteristics*.

에피쿠로스의 시대 이후뿐만 아니라 그보다 이전에도 철학사의 모든 세기에서 여러 학파 중 하나는 공리주의학파였다. 이 이론이 벤담에게서 그의 특별한 방법과 결합하게 된 것은 단지 우연에 의해서였다. 벤담 이전의 공리주의 철학자들은 공리주의의 반대자들만큼이나 그 방법이 자신들의 것이라 주장할 수 없다. [고대의 공리주의 이론이라 할 수 있는] 에피쿠로스의 철학을 예로 들어보자.[16] 고대의 가장 위대한 학자인 키케로가 밝힌 에피쿠로스 철학의 도덕 부분에 대한 가장 완전한 견해에 따라, 우리는 그의 철학적 저작들, 예를 들어 『최선과 최악에 관하여(*De Finibus Bonorum et Malorum*)』를 읽은 사람에게 에피쿠로스의 논증들이 스토아주의나 플라톤주의 논증만큼이나, 결정적인 논증 대신에 당시 널리 통용되는 개념들에 의존하고 있음을 볼 수 있다. 이런 개념들은 별다른 주의를 기울이지 않고 선택된 것들이고, 만일 그것들이 참이라면 어떤 의미에서, 그리고 어떤 제한 내에서 참인지를 주장하기 위해 규정되지 않은 개념들인데, [이런 여러 학파들의 논증들도] 이런 개념들에 대한 수사학적 호소만으로 이루어지는 것이 아닌가 하는 의문이 제기될 수 있다. 윤리 문제에 대해 진정한 귀납적 철학을 적용한다

---

15) 존슨은 제인스의 "A Free Enquiry into the Nature and Origin of Evil"을 *Literary Magazine*(1757)의 세 호에서 논평하고 있다.
16) 밀은 자신의 『공리주의』의 첫 문단에서 에피쿠로스를 고대의 공리주의 이론의 주창자로 소개하고 있다.

는 것을 다른 학파만큼이나 에피쿠로스학파의 도덕철학자들도 알지 못했다. 그들은 질문을 부분으로 분해하지 않았고, 구체적인 점에 대해 논의하지 않았다. 벤담은 구체적 분석 방법, 비유적으로 말하자면 체로 치고 해부하는 방법을 에피쿠로스주의자로부터 배우지 않았다.

벤담은 이 방법을 철학에 최종적으로 확립했으며, 그 방법을 모든 학파의 철학자가 반드시 사용해야 하는 것으로 만들었다. 그 방법을 통해 그는 벤담 자신의 견해를 처음부터 전혀 받아들이지 않거나, 그의 이론을 받아들였다가 버린 사상가들의 경우에도 그들의 지성을 형성하는 데 기여했다. 그는 그 방법을 그의 학파에 가장 반대되는 학파의 사람들에게도 가르쳤는데, 만일 그들이 자신들의 이론을 구체적 분석의 방법에 의해서 시험하지 않는다면 그들의 반대자들이 그렇게 할 것이라는 것을 깨닫게 만들었다. 벤담이 도덕과 정치철학에 사고의 정확성을 도입했다는 점은 아무리 강조해도 지나치지 않다. 이제 철학자들은 자신들의 의견을 직관이나, 단지 개략적인 견해에 근거하고, 너무 모호한 언어들로 표현되어 그것이 참이거나 거짓이라고 정확하게 말하기 불가능한 전제들로부터 추론하는 것에 의존하는 대신에, 서로를 이해하고, 그들 명제들의 일반성을 분석하고, 모든 논쟁에서 정확한 문제를 논하도록 요구되었다. 이것은 철학에서 혁명이다. 이런 효과는 모든 종류의 견해에 관한 영국 사상가들의 저술에서 점차적으로 명백해지고 있으며, 벤담의 저술이 더 널리 퍼지고, 그 저술들이 영향을 미치는 사람들의 수가 늘어날수록 점점 더 그렇게 될 것이다.

이렇게 철학 분야에서 벤담이 위대한 개선을 이루었다고 할 때, 우리는 자연스럽게 벤담이 이런 개선의 결과로서 얻은 결실 중 최소한 일부는 자신의 몫으로 수확했으리라 추정할 것이다. 즉 그가 그런 강력한 방법론으로 무장하고 단일한 목적을 위해 강력하게 휘둘렀기 때문에, 즉 실천철학의 영역에서 이전 사람들에 의해서 채택되지 않은 그 자체 옳은 방법을 가지고 단일한 목표를 위해 중단 없이 진력했기 때문에, 벤담이 그 자신의 탐구로 상당히 중요한 무엇인가를 성취했음에 틀림없을 것이라고 추정할 수 있을 것이다.

앞으로 알게 되겠지만, 사실 벤담은 상당히 중요할 뿐만 아니라 비상한 것을 성취해 냈다. 그러나 그럼에도 불구하고, 그가 실제적으로 거둔 성취는 그가 성취하지 않고 남겨놓은 것에 비교하면 얼마 안 되고, 그의 활달하고 거의 소년적인 상상력이 자신이 성취했다고 믿게 만들었던 것과 비교하면 아주 많이 모자라는 것이었다. 그의 독특한 방법은 사상가 자신이 가진 만큼의 재료와 관련된 한에서 그 사상가를 명료하고 확실한 사상가로 만드는 데에 효과적이었지만, 그런 재료들을 포괄적으로 완전하게(complete) 하는 데에는 같은 효과를 갖지 않았다. 그것은 정확성을 보장하는 것이었지 포괄성(comprehensiveness)을 보상하는 것이 아니었다. 아니, 더 정확히 말하자면, 그것은 한 종류의 포괄성을 보장하는 것이었지만 다른 종류의 포괄성을 보장하는 것은 아니었다.

벤담이 그의 주제를 제시하는 방법은 한 종류의 좁고 편파적인 견해들에 대한 방부제로서 경탄할 만한 것이었다. 그는 특정한 질문에 관해 연구할 때, 그 특정한 질문이 속하는 탐구 영역 전체를 자기 앞에 놓은 다음에 자신이 찾는 것에 도달하기까지 그 전체를 계속해서 나누어 나갔고, 계속적으로 찾고 있는 것이 아닌 다른 모든 것을 제거해 나가면서, 점차적으로 그것이 무엇인지에 대한 정의를 도출해 냈다. 그가 소진의 방법(exhaustive)이라 부른 이 방법은 철학 자체만큼 오래된 것이다. 플라톤은 이 방법에 전적으로 의존하고 이 방법으로 모든 것을 해냈다. 베이컨은 플라톤이 대화편에서 사용한 그 방법이 고대철학에서 진정한 귀납적 방법에 가장 근접한 접근법이라고 주장한다.[17] 유감스럽게도 이런 베이컨의 논리적 언급은 그의 저작에 흩어져 있는데, 이런 대단히 중요한 논리적 언급들에 대해 그의 제자인 척하는 사람들 대부분이 주의를 기울이지 않고 있다. 벤담은 자신의 모든 것이 기초하고 있다고 선언한 그 방법을 플라톤이 선취했다는 것을 아마도 알지 못했을 것이다.

벤담이 그 방법을 실천함으로써, 그의 사변은 체계적이고 일관적이 되었다. 그에게는 어떤 질문도 다른 질문들로부터 격절되어

---

17) Francis Bacon, *Novum Organon*, I. cv.

있는 것이 아니었다. 그는 모든 주제를 그 주제와 관련되어 있으며 그 주제와 구별하는 것이 필요한 다른 모든 주제와의 관련성 내에서 파악했다. 벤담은 자신이 연구하는 주제에 대해 그가 아는 모든 것을 그 앞에 질서정연하게 배치했기 때문에, 그는 이런 방법보다 느슨한 방법을 쓰는 사람들과 달리, 어떤 것을 어느 순간에 잊거나, 지나치다가 다른 순간에 그것을 기억한다거나 하는 법이 없었다. 따라서 그렇게 넓은 범위를 다룬 철학자 중에서 벤담처럼 논리적 비일관성을 적게 범한 철학자는 아마도 없을 것이다. 만일 그가 보지 못했던 진리 중에 어떤 것을 보게 되었다면, 그는 그것을 그의 체계의 어디에서나, 그리고 언제나 기억해서 그의 전체 체계를 그것에 맞도록 조정했을 것이다. 이것이 사고의 훈련을 받은 지식인 중 최고의 지식인들에게 깊은 인상을 남긴 벤담의 또 다른 감탄할 만한 특질이었다. [벤담처럼 논리적 일관성을 습관화한] 이런 종류의 지식인들은, 만일 그들이 새로운 진리를 받아들이는 데 개방적이라면, 그런 새로운 진리를 받아들이자마자 소화한다.

그러나 벤담의 이 체계는 사상가의 마음에 그가 아는 모든 것을 유지하게 하는 데에는 탁월하지만, 그로 하여금 그가 이미 아는 것을 넘어서 더 충분히 알도록 하지는 못한다. 그것은 한 사물의 속성 중 어느 것에 대한 지식을 그 사물의 전부를 알게 하기에 충분한 것으로 만들지 못하고, 복잡한 대상을 오직 여러 국면 중의 한 국면에서만 비록 주의 깊기는 하지만 개관하는 뿌리 깊은 습관을 그 대상을 전체 국면에서 고려하는 힘을 가지도록 만들지 못한다. 대상을 전체 국면에서 고려하는 힘을 가지기 위해서는 다른 성질들이 요구되는데, 벤담이 이런 다른 성질들을 가지고 있는지 이제 살펴보겠다.

이미 우리가 말한 바와 같이 벤담의 정신은 종합적이었다. 벤담은 그의 모든 연구를 그 주제에 대해 아무것도 알려진 것이 없다고 전제하고 시작하며, 그의 모든 철학을 그 이전의 철학자들의 의견을 참조하지 않고 처음부터 시작한다. 그러나 철학을 건설하기 위해서든 다른 것을 건설하기 위해서든, 먼저 재료가 있어야 한다. 물체에 관한 철학의 경우에, 그 재료들은 물체의 속성들이고, 도덕철학과 정치철학의 경우에는 인간의 속성과 세계에서 인간의 위치에 관한 성질들이다. 어느 연구자가 이런 속성들에 관해서 가지는 지식이 도덕철학자나 정치철학자로서, 그의 정신의 힘이 어느 정도이건, 그 이상은 도달할 수 없는 한계를 규정한다. 어떤 사람의 종합도 그의 분석보다 완전할 수 없다. 만일 그가 인간 본성과 삶을 개관할 때, 그가 어떤 요소를 제외한다면, 어느 곳에서 그 요소가 어떤 영향을 미치든, 그의 결론은 그것을 적용할 때 크든 작든 실패하게 될 것이다. 만일 그가 매우 중요한 많은 요소들을 제외하게 된다면, 그의 노력의 결과는 매우 값지고, 다른 여러 진리들에 의해 보충되고 교정되면 실천적 진리를 이룰 수 있을 부분적 진리에 기여하는 바가 많을 수도 있겠지만, 그 자체로 적용한다면 매우 제한적인 범위에만 적용할 수 있을 것이다.

인간 본성과 인간의 삶은 광범위한 주제이고, 그것들에 대한 완전한 지식을 요구하는 일에 뛰어들고자 하는 사람이라면 누구나, 그 자신이 스스로 도울 수 있는 것과 공급할 수 있는 것뿐만 아니라, 다른 사람들이 도울 수 있는 것과 공급할 수 있는 것도 필요하다. 그래서 그의 성공을 위한 자격 여건은 두 가지에 비례할 것이다. 그 자신의 본성과 환경이 자신에게 인간 본성과 환경에 대한 정확하고 완전한 상을 제시하는가의 정도와 다른 사람들의 마음으로부터 빛[도움]을 끌어낼 수 있는 능력이다.

벤담은 다른 사람들로부터 빛을 끌어오는 데 실패했다. 그의 저작은 자신의 사상을 제외하고는 다른 학파의 사상에 대한 어떤 정확한 지식의 흔적을 거의 포함하고 있지 않으며, 다른 학파의 사람들은 그에게 알 만한 가치가 있는 어떤 것도 가르칠 수 없다는 그의 신념에 대한 많은 증명만을 포함하고 있다. 그 이전의 몇몇 유명한 사상가들에 대한 그의 경멸은 터무니없는 것들이었다. 비록 벤담의 저작으로 알려져 있지만 사실은 그렇다고 할 수 없는 『의무론(Deontology)』에서, 벤담의 주장이라는 것이 확실한 거의 유일한 구절에서, 그는 소크라테스와 플라톤을 존경하는 사람들에게 분노를 일으킬 만한 방식으로 그들을 논하고 있다.[18] 벤담이 소크라테스와 플라톤 같은 사람들을 이해하는 능력을 결여하고 있다는 것은 사실 벤담의 정신의 일반적 습관과 완벽하게 조화를 이룬다. 그는 그의 방법이 적용되지 않은 모든 도덕적 사변이나 공리주의를 도덕적 기준으로 인정하는 견해(그는 두 가지를 같은 것으로 보았는데)에 대해 그것들에 대한 자신의 평가를 표현하는 어구를 가지고 있었는데, "모호한 일반화(vague generalities)"라는 것이다.[19] 그에게 그렇게 보이는 것을 그는 주의를 기울일 가치가 없는 것으로 간주하거나, 만일 그것에 주의를 기울인다면 그것을 부조리한 것으로 비판하기 위해서만 그렇게 했다. 그는 이런 모호한 일반화가 인류의 모든 분석되지 않은 경험을 포함하고 있다는 것을 인식하지 못했다. 아니, 오히려 그의 정신의 본성이 그에게 그런 생각이 떠오르는 것을 막았다고 할 수 있다.

만일 논리학자가 인류에게 무엇을 가르쳐주기 전까지 인류는 아무것도 몰랐다고 할 수 없다면, 만일 인류의 공통된 필요와 공통된 경험의 기반 위에서 공통된 지성이 서투른 노력에 의해서 찾으려고 한 도덕적 진리가 형이상학적으로 정확한 표현을 얻기 전까지는 아무것도 아니라고 주장할 수 없다면, [벤담의 경우에서처럼] 독립적으로 생각할 수 있는 독창성과, 그렇게 할 수 있는 용기가 과거의 사상가들과, 인류의 집단적인 정신에 대한 깊은 존경보다 철

---

18) 존 보링(John Bowring)이 벤담의 단편적인 언급들을 모아서 이 책을 편찬했는데, 밀은 이 책을 태어나지 않았어야 할 불행한 책이라고 한다.

19) [원주] *The Book of Fallacies*(1824), Part IV, ch III.

학적 사상가에게 보다 필요한 특질이라고 말할 수 없다. 인류의 견해였던 것은 모든 기질과 경향의, 모든 부분성과 선입관의, 지위와 교육, 그리고 관찰과 탐구의 기회에 있어서 다른 사람들의 의견인 것이다. 한 명의 연구자가 이 모든 것일 수는 없다. 모든 연구자는 젊거나 늙었거나, 부유하거나 가난하거나, 아프거나 건강하거나, 결혼했거나 결혼하지 않았거나, 관조적이거나 활동적이거나. 시인이거나 논리학자이거나, 고대인이거나 근대인이거나, 남자이거나 여자이다. 그리고 만일 사고하는 사람은 이 외에도 그의 개인적인 사고의 방식에서 우연적인 특이성을 가진다. 한 인간의 삶에 특징을 주는 모든 환경은 그것과 함께 독특한 편향성을 가진다. 그는 어떤 것들은 쉽게 지각하지만 다른 것들을 놓치거나 잊어버린다. 그러나 자신과 다른 관점으로부터 다른 것들이 지각될 수 있다. 자신이 보는 것을 보지 못하는 사람들만큼 자신이 보지 못하는 것을 볼 가능성이 많은 사람들은 없다. 인류의 일반적인 의견은 그들의 가장 선택적이고 가장 복잡한 사고를 제거한, 그리고 뒤틀림과 편향성으로부터 해방된 모든 마음의 결론들의 평균인 것이다. 그 결과는 모든 사람의 특별한 관점이 대표되지만 아무의 관점도 다른 사람들의 관점을 압도하지 않는 것이다. 집단적인 마음은 표면 아래까지 관통하지는 않지만, 그것은 모든 표면을 본다. 그에 반해 깊이 있는 사상가들은 그들의 깊이 있음 때문에 종종 이런 모든 표면을 보지 못하는데, 사물을 어떤 국면에 한정해서 강렬하게 바라

보는 그들의 관점이 다른 국면들에 대해 그들이 주의를 기울이는 것을 막기 때문이다.

따라서 벤담같이 자신보다 앞선 사람들의 실수와 당대의 사고의 부정확성을 가장 잘 찾아내는 사람, 개인적 판단의 자유를 가장 열심히 주창하는 사람이 모든 시대와 국가에서 인류의 의견들과 자기 자신의 사고와 가장 반대되는 사고방식의 철학자들의 사변을 연구함으로써 자기 자신의 지성의 약점을 보강할 필요가 가장 많은 사람이다. 바로 거기에서 그는 그 자신에게 거절된 경험들을 찾을 것이다. 그가 보기는 하지만 반만 보는 진리의 나머지 것, 그가 실수라고 찾아냈지만, 사실은 실수라기보다는 단지 과장된 진리를 보게 될 것이다. 만일 벤담처럼 진보된 탐구의 도구를 가지고 있는 사람이라면 그 도구를 기다리는 풍부한 금광맥을 발견할 것이다. 명료한 사고방식을 가진 사람들이 심각하게 실수를 저지르는 경우는, 그에게 명료하게 보이지 않는 것들은 존재하지 않는다고 상정할 때이다. 사실 그가 그런 것을 맞닥뜨릴 때, 그가 해야 하는 것은 안개를 제거하고 그 안개 속에 숨어 있는 모호한 형태의 윤곽을 확실하게 하는 것이다.

따라서 벤담의 다른 사상가들의 학파에 대한 경멸, 그 자신의 정신과 자신과 비슷한 정신에 의해서 제공되는 재료들로만 철학을 만들려는 결심이 철학자로서 결격 사유이다. 두 번째 결격 사유는 그의 정신이 보편적인 인간 본성의 대표로서는 포괄적인 면에서 불완전하다는 것이다. 인간 본성의 가장 자연스럽고 강한 감정 중에서 그는 공감 능력이 결여되어 있었고, 이런 공감 능력의 중요한 경험 중 많은 것들로부터 완전히 절연되어 있었다. 한 마음이 자기와 다른 마음을 이해하고, 다른 사람들의 감정에 자신의 감정을 이입하는 능력인 상상력이 그에게는 결여되었다.

그런데 주의할 것이 있는데, 벤담은 위에서 말한 상상력을 결여하고 있었지만, 이미지와 비유적 표현을 사용한다는 의미에서의 대중적인 의미의 상상력은 가지고 있었다. 시적인 문화의 결핍으로 인해, 그의 상상력(fancy)이 그에게 제공하는 이미지들은 거의 아름답지는 않았지만, 진기하고 유머러스하거나 대담하고 강력하고 강렬했다. 우리는 그의 글에서 다른 철학자들이 거의 능가할 수 없는 장난스러운 아이러니와 열정적인 웅변이 있는 구절들을 인용할 수 있다. 그에게 결여된 상상력은 현대의 최고의 저술가들이 일반적으로 상상력이라 부르는 것으로, 우리로 하여금 자발적인 노력에 의해서 없는 것을 마치 있는 것처럼, 상상적인 것을 거의 실재하는 것처럼, 그리고 만일 그것이 실재한다면 불러일으켰을 감정으로 그것을 꾸미는 것이다. 사람이 다른 사람의 마음과 환경에 들어갈 수 있게 하는 힘이 상상력이다. 시인이 시인인 것은 자신의 진짜 감정을 운율에 실어 말해서가 아니라, 이 힘 때문이다.[20] 전적으로 극작가를 이루는 것도 그 힘이다. 이런 상상력은 역사가를 구성하는 것 중 하나이다. 그것을 통해 우리는 다른 시대를 이해하고,

그것을 통해 기조(Guizot)는 우리에게 중세를 해석해 주고 니자르(Nisard)는 후기 로마의 시인들에 관한 아름다운 연구를 통해 우리를 제정시대의 로마로 데려가는 것이다. 미슐레(Michellet)는 역사의 사실로부터 인류의 다른 종족들과 세대들의 구별되는 특징들을 찾아냈다. 만일 상상력이 없다면 우리는 자기 자신의 본성조차도, 환경이 실제로 그것을 시험하고 호출하는 것을 넘어서는 이상으로는, 그리고 다른 사람들의 본성에 대해서도, 그들의 밖으로 드러난 행위의 관찰에 대한 일반화를 넘어서는 정도로까지는 알지 못할 것이다.

따라서 이런 제한들로 인해, 인간 본성에 대한 벤담의 지식은 제한되어 있었다. 그것은 전적으로 경험주의적이었는데, 그의 경험주의는 경험이 거의 없는 사람의 경험주의이다. 그는 내적인 경험도 외적인 경험도 없었다. 그의 삶의 조용하고 평탄한 기조와 그의 마음의 건강함이 양쪽 경험을 갖지 못하게 했다. 그는 풍요, 고난, 정열, 만족도 몰랐다. 그는 병이 초래하는 경험도 가지지 못했다. 어린 시절부터 84세에 이르기까지 그는 소년처럼 건강했다. 그는 실의도 마음의 무거움도 몰랐다. 그는 인생이 고통이며 부담스러운 것이라고 느끼지 않았다. 워즈워드로부터 바이런, 괴테로부터

---

20) 밀 자신이 정신적 위기를 겪는 시기에, 낭만파 시인 워즈워드를 읽으며 그런 위기로부터 벗어났고, 상상력의 중요성을 알게 되었다.

샤토브리앙에 이르기까지 우리 시대 천재들의 영혼의 소리(다이몬)이고, 이 시대의 즐겁거나 슬픈 지혜가 의존하는 자의식이 그에게는 일깨워지지 않았다.[21] 인간 본성의 어느 만큼이나 그의 안에서 잠들어 있는지 그는 몰랐고, 우리도 알 수 없다. 그는 그 자신에게 가해지거나 그의 동료 인간들에게 가해지는 보이지 않는 영향력들을 의식하지 못했다. 다른 시대와 다른 나라로부터 그는 아무것도 배우려 하지 않았고, 단지 그런 시대나 나라가 사실들을 얼마나 알았는지, 그리고 공리의 원리에 대해 올바른 견해를 가지고, 다른 모든 대상을 공리의 원리 안에 결합하는 능력을 가지고 있었는지 하는 단일한 기준에 의해서 평가했다. 벤담 자신은 영국사에서 [상상력과 창조적 능력이] 가장 빈약하고 황량한 세대에 태어났고, 그런 면에서 벤담의 세대보다 나은 세대가 출현했을 때 그는 이미 노인이었다. 그래서 그는 가장 속된 눈이 볼 수 있는 것 외에는 별다른 것을 보지 못했고, 달리는 사람이 읽을 수 있는 정도 외에는 성격의 다양성을 보지 못했다. 인간 감정에 대해 거의 알지 못했던 그는 그런 감정들을 형성하는 영향력들에 대해서는 더욱 몰랐다. 마음이 그 자신에게 하는, 그리고 외부의 사물이 마음에 하는 보다 섬세한 작용을 그는 알지 못했다. 아마도 상당한 정도로 문명화된 세대에서 벤담보다, 인간이 실제로 하는 행위에 영향을 미치는 행

---

21) 소크라테스의 마음속에서 들렸다는 양심의 소리이다.

위 주체성(agencies)과 인간이 마땅히 해야 하는 행위에 영향을 미치는 행위 주체성에 대해, 더 제한된 개념을 가지고 모든 인간의 행동에 규칙을 제정하려고 시도한 사람은 없었을 것이다. 이것이 벤담에 관해 우리가 가지고 있는 생각이다. 그는 철학을 위해 엄청난 재능을 가진 사람인 동시에 엄청난 결점을 가진 사람이었다. 그는 전제로부터 정확할 뿐만 아니라 실천적이기 위해 충분히 정밀하고 구체적인 결론을 이끌어내는 데 거의 모든 사람보다 탁월했지만 인간 본성과 삶에 대한 그의 일반적인 개념은 그에게 아주 빈약한 전제만을 제공했다. 그런 사람에 의해 무엇이 성취될지는, 즉 그렇게 재능 있고 그렇게 결점 있는 사상가가 철학을 위해 무엇을 할지는 명백하다. 그는 치밀하고 정확한 논리를 가지고 절반의 진리로부터 나오는 결과를 끌어내고 그것을 실천적으로 적용했는데, 이전에 그런 예가 없을 정도의 위대함과 정밀한 스케일로 그렇게 했다. 이것이 아마도 후세가 판단할 벤담의 성격이다.

벤담의 철학에 대한 우리의 숙고된 판단은 다음과 같다. 벤담의 긍정적인 주장들에서 진리가 아닌 것은 거의 없다. 그의 실천적 결론이 참이 아닌 경우에도, 우리가 보기에는 자주 그런데, 그 이유는 그가 고려하기를 촉구하는 사항들 그 자체가 비이성적이거나 타당하지 않기 때문이 아니라 그가 지각하지 못하는 보다 중요한 원리가 그런 고려 사항들을 압도하고, 저울을 뒤집기 때문이다. 그의 글쓰기에서 나쁜 부분은 자신이 보지 못하는 것들이 진리라는 것을 완전히 부정하고, 오직 자신이 보는 것만을 진리로 인정하는 데에 있다. 이로 인해 그는 자신의 시대에 나쁜 영향을 미쳤다. 인류사에서는 언제나 자신들이 의식하지 못하는 자연적 감정이나 정신 상태를 부정하거나 경멸하는 자연적 성향을 따르는 부정하는 사람들(deniers)의 학파가 존재해 왔다. 따라서 벤담이 이런 부정하는 사람들의 학파를 만들지는 않았지만, 벤담이 이 학파 사람들의 자연적 경향에 지성의 외피를 씌움으로써, 이 학파에 철학적 권위를 부여하게 되었다. 이런 부정하는 사람들의 학파가 언제나 벤담 같이 위대한 학자를 그 옹호자로 갖는 것은 아니기 때문에 벤담은 [의식하지는 않았지만] 스스로를 이 학파의 우두머리로 놓은 것이다.

벤담이 인정하지 않은 진리들, 벤담의 철학이 설명하지 않고 있는 진리들은 많고 중요하다. 그러나 그가 그런 진리들을 인정하지 않는다고 해서 그런 진리들이 사라지는 것은 아니다. 그런 진리들은 여전히 우리와 함께 있고 우리에게 남겨진 상대적으로 쉬운 과업은 그런 진리들과 벤담의 진리를 조화시키는 것이다. 벤담 자신이 인정하지 않은 반쪽의 진리를 무시했기 때문에 벤담이 인정한 반쪽의 진리를 부정하는 것은, 벤담이 범한 잘못을 저지르는 것이다. 그것도 벤담의 경우에는 변명의 여지라도 있지만 우리에게는 그런 여지가 없다. 우리 입장에서 보자면, 외눈만을 가진 사람의 외눈이 날카롭게 꿰뚫어 보는, 즉 통찰력 있는 눈일 때, 만일 그가 더 많은 것을 보고자 하면 그렇게 날카롭게 보지 못하고 그렇게 열심히 한 연구를 집중해서 할 수 없다고 할 때, 우리는 외눈을 가진 사람에 대해서 훨씬 더 수용적일 수 있다. 거의 모든 독창적이고 놀랄 만한 사변의 풍부한 동맥은 체계적인 절반의 진리를 보는 사상가들에 의해 열렸다. 그러나 이런 절반이 진리인 새로운 사상들이 다른 절반의 것들을 몰아냈는지, 아니면 평화롭게 그 위에 부가되었는지는 이 반쪽의 사상가들이 간 길을 포괄적인 사상가들이 따랐는지 여부에 달려 있다. 우리는 인간 본성과 인간 삶의 영역에 대해 이미 너무 많은 연구가 행해졌다거나 그것들이 나아갈 수 있는 너무 많은 방향으로 나아갔다고 말할 수 없다. 이들에 대한 우리의 앎은 불완전하다. 모든 온전한 진리는 모든 부분적인 진리의 관점을 결합하는 방법에 의해서가 아니라면 가능하지 않고, 모든 각각의 부분적인 진리 각각이 할 수 있는 것들 전체가 완전히 보여지기 전까지는 불가능하다.

벤담의 부분적 진리들이 무엇을 할 수 있는지를 보여주기 위해서는 그의 철학을 검토(review)하는 것 외에 더 좋은 방법은 없다. 그런 검토가 짧고 일반적이겠지만 시도할 필요가 있다.

어느 철학자와 관련해서 해야 할 첫 번째 질문은 인간 삶에 대한 그의 이론이 무엇인가 하는 것이다. 사실 많은 철학자들의 마음속에서는, 그들이 인간 삶에 대해 어떤 이론을 견지하건 그런 이론이 주로 잠재적으로 있어서, 다른 사람들이 그 이론이 무엇인지를 지적해 주면, 그 저자들에게는 그것이 계시처럼 다가온다. 사실 그들은 무의식적으로 자신의 이론의 다른 부분들을 자신이 가진 인간 삶에 대한 이론에 맞게 형성한다.[22] 그러나 벤담은 언제나 그 자신의 전제를 알았으며 그의 독자들로 하여금 알게 했다. 그의 실천적 결론의 이론적 기초를 추측에 맡겨두는 것은 그의 습관이 아니었다. 위대한 사상가 중에서 벤담만큼 확실성을 가지고 인간의 삶에 대해 정확한 이론을 제시한 사람은 거의 없었다.

벤담에 의하면 인간은 쾌락과 고통을 느끼는 존재로서, 인간의 모든 행동은 (1) 부분적으로는 자기 이익의 다른 양상들과 통상적으로 이기적으로 분류되는 정념들과, (2) 부분적으로 다른 사람들에 대한 동정심이나 종종 반감에 의해 영향을 받는다. 인간 본성에 대한 벤담의 이론은 여기서 멈춘다. 그는 종교를 배제하지는 않는데, 신에 의한 보상과 처벌의 전망을 자기와 관련된 이익의 항목 아래, 그리고 신에 대한 헌신의 감정을 신과 관련된 동정심의 항목 아래 포함한다. 그러나 그가 인정하는 행동을 촉구하는 원칙이나 행동을 억제하는 원칙들은, 현세이건 내세이건, 자기에 대한 사랑이거나 다른 유정적(sentient) 존재에 대한 사랑이나 미움이다. 자신이 이 주제에 대해 생각한 것에 대해 우리로 하여금 의심의 여

---

22) 성서에서 신이 자신의 형상대로 인간을 만든 것처럼, 철학자들의 생각에서 인간 삶에 대한 이론과 다른 부분의 관계가 그러한 것이라는 주장이다. 즉 인간 삶에 대한 이론이 가장 중요한 이론적 핵심이라는 것이다.

지가 없도록 하기 위해, 그는 "행동의 원천들의 표"를 만들었다. 이 표에서 벤담은 인간이 행동하는 동기들을 명시적으로 열거하고 분류하며, 그런 동기들을 찬양할 만한 동기, 비판할 만한 동기, 중립적인 동기라고 기술하고 있다. 벤담의 철학을 이해하고자 하는 사람들은 그의 전집의 1부에 나오는 이 표를 연구하라고 우리는 권한다. 벤담은 사람을 그 자신의 내면적 양심의 원천이 아닌 다른 원천으로부터 나오는 선에 대한 희망이나 악에 대한 두려움 없이, 오직 내면적 양심으로부터 영혼의 완전성을 그 자체로서 추구하거나, 자신의 인격을 자신이 가진 탁월성[덕]의 기준에 일치시키고자 바랄 수 있는 존재로서 결코 인정하지 않았다.[23] 양심을 보다 제한적인 것이라고 이해하더라도, 벤담은 인간 본성에 이런 위대한 면이 있다는 사실을 인식하지 못했다. 그의 저술에서 그가 인류애와 구분되고, 신이나 인간에 대한 사랑과도, 이 세상과 다음 세상에서 자기 이익과 구분되는 것으로서 양심의 존재를 전혀 인정하지 않고 있다는 것보다 더 흥미로운 것은 없다. 그의 저술에 인용되는 다른 사람들의 경우에도 그런 사실을 인정하는 구절들이 전혀 없다.[24] 만일 우리가 그의 행동의 원천의 표에서 "양심, 원칙, 도덕적 순

---

23) 여기서 덕 혹은 탁월함은 명백히 그리스 윤리학의 아레테를 의미하는데, 밀이 인간 행복에 대해 아리스토텔레스적인 완전주의적 견해를 가지고 있었다는 것이 학계의 정설에 가깝다.

일성, 도덕적 의무" 등의 단어들을 발견한다면 그것은 "명성에 대한 사랑"의 동의어들 사이에 있는데, 앞에서 말한 양심, 원칙과 어느 정도 관련되어서, 그 단어들은 또한 종교적 동기 혹은 동정심의 동기와 동의어로 취급되고 있다. 그는 적절한 의미에서 우리 자신이나 다른 사람들에 대한 도덕적 승인(approbation) 혹은 불승인(disapprobation)의 감정에 대해 그 존재를 알지 못하는 것으로 보인다. 자기존경심(self-respect) 혹은 그 단어가 적용될 수 있는 관념은 그의 모든 저작에서 단 한 번도 나오지 않는다.

그가 간과한 것은 엄격한 의미에서 인간 본성의 도덕적 부분—완전성을 위한 바람이나 승인의 감정, 양심의 가책—만이 아니다. 그는 인간 본성의 사실로서 도덕적 이상이 아닌 다른 이상적인 목적 자체를 추구하는 것도 오직 약하게만 인정했는데, 이런 목적들로 다음과 같은 것들을 예로 들 수 있다. 명예의 감정과 개인적 존엄성, 즉 다른 사람들의 의견으로부터 독립적으로 혹은 그것에 반해서 작용하는 본인 스스로가 자신에 대해 느끼는 찬양과 저급하다는 감정, 예술가의 정열인 미에 대한 사랑, 모든 것에 있어서 질

---

24) [원주] 증거(evidence)에 관한 그의 책 마지막 권의 한 구절과 아마도 한 군데 혹은 두 군데에 있는 구절에서 벤담은 정의에 대한 사랑(love of justice)이 거의 모든 인류에게 내재된 감정이라고 말하고 있다. 그의 일반적인 철학의 기조와 너무나 비일관된 이런 주의 깊지 않은 표현이 어떤 의미를 가지고 있는지는, 지금은 들을 수 없는 벤담 자신의 설명이 없다면 알아내는 것이 불가능하다.

서, 어울림, 합목적성에 대한 사랑, 다른 사람들에게 작용하는 제한된 형태의 힘이 아니라 우리 자신의 의지를 효과적으로 만드는 추상적인 힘에 대한 사랑, 운동과 활동을 위한 갈증, 행동을 위한 사랑, 인간사에서 그 반대보다 영향력이 덜하지 않은 원칙으로 휴식에 대한 사랑 등이다.

벤담은 이런 인간 본성의 강력한 구성 요소 중 어느 것도 "인간 행동의 원천들"에 넣을 가치가 있다고 생각하지 않았다. 벤담의 저술 중 어느 한 구석에서 그런 것들의 존재가 인정되지 않는다는 것을 보이는 것은 불가능하겠지만, 설사 그가 그런 것을 인정한다 하더라도 그는 어떤 결론도 그로부터 도출하지 않았다.

가장 복잡한 존재인 인간이 그의 눈에는 단순한 존재였다. 그는 동정심이라는 항목에서조차도 동정심 중 보다 복잡한 감정인 사랑하는 행위 자체에 대한 사랑, 공감적 지지의 필요 혹은 숭배와 경외의 대상의 필요와 같은 감정은 포함시키지 않고 있다. 만일 그가 인간 본성의 어떤 보다 깊은 감정 중 어느 것을 생각했다면, 그것은 인간의 독특한 취향에 관해서인데, 이런 독특한 취향 중 어떤 것들이 범죄로 이끌 가능성이 있는 것을 금지시켜야 한다는 면을 제외하고는 법률가보다 도덕 이론가가 그 취향에 대해 걱정할 필요는 없다. 어떤 사람이 어떤 것에 기쁨을 느끼거나 그러지 말아야 하고, 다른 것에서 쾌감이나 불쾌감을 느껴야 한다고 말하는 것은 그에게는 정치적 통치자의 경우에서나 도덕가에게서나 독재 행위로 보였다.

마음이 좁고 광적인 반대자들이 그런 것처럼, 인간 본성에 대한 벤담의 이론이 벤담 자신의 본성으로부터 복사한 것이라고, 즉 모든 인간성의 구성 요소 중 그가 그의 동기의 표에서 제외한 것들이 그의 가슴으로부터 나왔다고 폄하하는 것은 벤담에 대해 부정의를 행하는 것이다. 그가 젊은 시절 가진 덕에 대한 그의 강렬한 감정인 부정의에 대한 혐오는 우리가 보아온 것처럼 그의 모든 사변의 첫 번째 원인이었다. 도덕에 대한 고귀한 감정, 특히 정의에 대한 고귀한 감정이 그의 모든 사변을 이끌고 모든 사변에 스며 있다. 그렇지만 일찍이 그의 마음에 인류의 행복(오히려 모든 유정적 존재의 행복)이 그 자체로 바람직한 유일한 것이고, 다른 모든 것을 바람직한 것으로 만드는 것이라고 믿는 게 습관이 되어서, 벤담은 자신의 마음속에 있는 사심 없는(disinterestedness) 감정을 일반적 행복에 대한 바람과 혼동했다. 이런 면에서 그는, 덕을 인간들이 사랑할 수 있는 한 가장 사랑하는 일부 종교적인 작가들이 습관적으로 그들의 덕에 대한 사랑을 지옥에 대한 두려움으로 혼동하는 것과 유사하다. 벤담이 오랜 습관에 의해서 같은 방향으로 움직여온 두 가지 감정들을 서로 구분하기 위해서는 벤담 자신이 소유한 섬세함보다 훨씬 더한 섬세함이 필요했을 것이다. 그러나 그는 상상력의 결핍으로 인해서, 다른 사람들의 경우에는 충분히 구별할 수 있었던 두 가지 감정 사이의 구별을 할 수 없었다.

그러나 벤담에게 지적으로 빚을 지고 있어 그의 제자들로 간주될 수 있는 유능한 사람 중 누구도 벤담이 범한 이런 큰 실수를 범하지 않았다. 그들은 그의 공리의 원리를 받아들이거나, 도덕감이 옳고 그름의 시험 기준이 아니라는 그의 주장을 따랐을 것이다. 그러나 비록 그들이 도덕감이 옳고 그름의 기준이라는 것은 거부했지만, 그들은 하틀리를 따라 도덕감을 인간 본성에 대한 하나의 사실로서 인정했으며, 그것을 심리학적으로 설명하려 했고, 그 법칙을 부과하려 했다.[25] 또한 그들은 우리 본성의 이 부분을 과소평가하거나 그것을 그들의 사변의 중심 주제가 아니라 뒤편으로 밀어놓으려 하는 경향을 가졌다는 혐의를 받을 수 없다. 만일 벤담의 도덕감을 부정하는 중요한 실수의 영향이 그들에게까지 연장된다면, 그것은 순환적으로, 그리고 벤담의 마음의 다른 부분들이 그들의 마음에 미친 영향을 통해서였다.

---

25) 도덕감 이론가들은 원래 도덕감을 인간이 가진 일종의 인식 능력, 비유적으로 시각과 같은 인식 능력으로 보았다. 공리주의자들, 그리고 하틀리는 이런 의미로 존재하는 도덕감의 존재를 부정하지만, 이런 도덕감 같은 심리 능력이 있음을 심리적으로 설명하고자 한다. 특히 로크의 인식론적 이론이 심리학적으로 이런 도덕감 이론을 부정하는 함축을 갖는 것 같았기 때문에 이것이 심리학적으로 어떻게 가능한지 밝힐 필요가 있었는데, 그 대표적인 이론이 하틀리의 이론이다. 밀은 자신의 부친인 제임스 밀의 심리학 이론이 하틀리 이론보다 훨씬 낫다고 보며, 『공리주의』 5장에서 정의감이 어떻게 가능한지를 그 자신이 심리학적으로 설명하고 있다.

동정심은 벤담이 인정한 유일한 사심 없이 무관심한 동기인데, 그러나 그는 동정심이 아주 제한적인 경우를 제외하고는 도덕적인 행동을 보장하는 동기로는 충분치 않다고 생각했다. 어떤 사람의 다른 사람에 대한 개인적 사랑이 제3자에게 해를 끼치기 쉬우며, 따라서 다른 모든 감정과 같이 통제되어야 한다는 것을 벤담은 잘 알고 있었다. 인류 일반에 영향을 미치는 동기로 간주되는 일반적인 인류애의 동기의 진정한 가치에 대해, 그는 만일 그런 동기가 의무의 감정과 분리된다면, 모든 감정 중 가장 약하고 가장 일관되지 않는 감정이라고 평가했다. 따라서 인류에게 영향을 미치고, 인류가 선을 행하도록 이끌 수 있는 동기로는 오직 개인적 이익이라는 동기만이 남는다. 따라서 벤담에 의하면 세계란 개인들이 자신들의 각각의 이익이나 쾌락을 추구하는 곳인데, 이들이 서로가 피할 수 없는 이상으로 서로 충돌하는 것[상호 파괴적인 상황]을 방지하기 위해서는 법, 종교, 여론이라는 세 가지 원천으로부터 나오는 희망과 공포를 이용해야 한다. 그가 인간 행동에 제한을 가하는 이런 세 가지 힘을 제재(sanction)라고 명명했는데, 정치적 제재는 법률에 의한 보상과 처벌에 의해 작동하고, 종교적 제재는 우주의 주재자로부터 예상되는 보상과 처벌에 의해 작동되고, 그가 대중적 제재 혹은 도덕적 제재라고 부르는 제재는 다른 사람들의 호의나 불호의를 통해 생겨나는 고통과 쾌락을 통해 작용한다.

이것이 세계에 대한 벤담의 이론이다. 이런 이론을 옹호하거나 비난하기 위해서가 아니라 공정하게 평가하기 위해 우리는 인간 본성과 삶에 관한 벤담의 견해가 누구를 어느 정도 설득할 수 있을지─즉 그것이 도덕에서 얼마나 성취할 수 있을지, 정치철학과 사회철학에서 얼마나 성취할 수 있을지, 그리고 그것이 개인과 사회를 위해 무엇을 할 수 있을지 살펴보아야 한다.

그것은 개인에게 현실적 타산(prudence)의 아주 명백한 명령과 외적인 도덕적 행동과 자선을 넘어서는 이상을 하지 못한다. 벤담의 윤리 체계는 개인이 자신의 성격을 형성함에 있어서 도움을 준다고 주장하지 않는데, 이런 윤리 체계의 부족함은 아래에서 설명하듯 자명하므로 이에 대해 상세히 논할 필요는 없을 것이다. 벤담의 윤리 체계는 인간에게 있어서 자기 도야(self-culture)라는 바람을 인정하지 않으며, 인간에게 자신을 도야할 수 있는 그런 힘 자체가 인간 본성 안에 있다는 것을 인정하지 않는다고 말할 수 있다. 만일 벤담의 윤리 체계가 그것을 인정한다 하더라도, 그것은 인간 존재가 가질 수 있는 모든 종류의 정신적 감정의 약 절반을, 자기 자신의 마음의 상태가 그 직접적 대상이 되는 모든 감정을 포함하는 절반을 간과하기 때문에 자기 도야라는 위대한 의무에 거의 도움을 줄 수 없다.

도덕은 두 부분으로 이루어진다. 한 부분은 자기 교육 혹은 자기 도야로, 자기 스스로가 자신의 감정과 의지를 훈련시키는 것이다. 이 부분이 벤담의 체계에서는 전적으로 결여되어 있다. 동등하게 중요한 다른 부분은 자신의 외부적 행동을 규제하는 것인데, 하지만 이것은 첫 번째 부분이 없다면 단속적이고 불완전할 것이다. 왜냐하면 만일 우리가 우리 자신의 행동이 우리의 감정과 욕망, 혹은 다른 사람들의 감정과 욕망의 규제에 영향을 미치는가를 고려하지 않는다면, 어떻게 우리의 많은 행동이 우리의 이익이나 다른 사람들의 이익에 영향을 미칠지 판단할 수 있겠는가? 벤담의 원칙을 따르는 도덕가들은 "상해하지 말라.", "방화하지 말라.", "도둑질하지 말라." 등의 도덕 명령을 내릴 수 있는 자격이 있겠지만, 그것을 넘어서 인간 행동의 보다 섬세한 부분들을 규제하는, 혹은 인간의 삶에서 세상 상황에 어떤 영향을 미치는 것과 독립적으로 인간 성격에 영향을 주는 경향이 있는 사실들―예를 들어 성적인 관계나 가족 관계나 가족 관계가 아닌 다른 사회적이고 공감적인 관계 등 친밀한 종류의 관계에 대한 더 위대한 도덕을 제정하기 위한 자격 조건을 갖추고 있지 않다. 이런 종류의 도덕은 본질적으로 벤담이 결코 고려하지 않았던 것들에 의지한다. 그래서 벤담이 이런 종류의 도덕 문제에 관해 우연히 맞는 쪽에 있다면 그것은 언제나, 그리고 필연적으로 잘못되거나 불충분한 이유에서 그러했다.

벤담의 취향이 윤리학적 탐구가 아니라 사법의 영역에 있었다는 것은 세상 사람들을 위해서는 행운이었다. 사실 명백한 윤리학의 영역에서 그의 이름으로 출판된 것은 『의무론』을 제외하고는 없었다. 그러나 벤담을 존경하는 사람들은 『의무론』이 출판되었다는 데에 대해 깊은 유감을 표명하며, 그 책을 거의 언급하지 않는다. 우리는 벤담으로부터 윤리학에 관한 체계적인 견해나, 인간 감정에 관한 심오한 지식을 요구하는 질문들에 관한 훌륭한 논의를 기대하지는 않지만, 더 위대한 도전적 질문들이 대담하게 다루어지고, 최소한 관습적인 의견에 대한 치열한 비판을 기대한다. 우리는 일상생활의 작은 도덕들만의 주제를 다루고, 그것도 가장 현학적인 세세함을 가지고 다루고 있고, 상업을 규율하는 주고받기의 원칙 (quid pro quo) 위에서 다루는 것을 기대하지 않는다.

이 책의 문체는 완전히 다시 쓰여서 어느 것이 벤담의 글이고 아닌지를 판단하는 게 불가능하기 때문에, 벤담의 잘못된 사고방식으로부터 나오는 정당한 결과들을 진정으로 보여주는 가치조차 가지고 있지 못하다. 지금 편집이 진행 중인 벤담의 전집은 종교에 관한 그의 저술도 포함한다고 한다. 우리는 벤담의 이런 저술 대부분이 극히 미미한 가치만을 가지고 있다고 보지만, 그래도 그런 저술은 최소한 벤담 자신의 것으로, 세상 사람들은 그것들이 벤담의 정신의 구조를 아는 데 어떤 빛을 비추는지 볼 권리가 있다. 그러나 우리는 『의무론』을 벤담 전집에서 빼는 것은 전적으로 정당화되는 편집적 판단이라고 본다.

만일 벤담의 인간 삶에 관한 이론이 개인을 위해 거의 할 수 있는 것이 없다면 사회를 위해서는 무엇을 할 수 있을까?

그 이론은 한 사회가 어떤 상태의 정신적인 발전을 이루고, 그런 발전 상태를 유지하기 위한 수단들이 다른 방식으로 제공된다고 할 때, 그 사회로 하여금 그 사회의 물질적인 이익을 보호할 수 있는 규칙들을 명령하도록 할 수 있을 것이다. 그것은 사회의 정신적인 이익을 위해서는 아무것도 하지 못할 것이며, 그 자체로는 물질적 이익을 위해서도 충분하지 않을 것이다. 어떤 물질적인 이해가 존재하도록 하는 유일한 것, 그리고 사람들로 하여금 사회를 이루게 하는 것은 국민성(national character)이다. 국민성은 어떤 국가가 시도하는 것에 성공하게 하고, 어떤 국가가 시도하는 것에 실패하게 하며, 어떤 국가로 하여금 보다 고귀한 것들을 이해하고 성취하게 하며, 어떤 국가로 하여금 저열한 것들을 추구하게 하는 것으로, 그것은 어떤 국가의 위대함을 지속하게 하고, 어떤 국가를 짧은 시간에 빠르게 몰락하도록 하는 것이다. 영국, 프랑스 혹은 미국 사회가 적절히 어떻게 구성되어야 하는가를 가르쳐줄 수 있는 참된 스승은 영국, 프랑스, 미국의 국민성이 어떻게 향상될 수 있는지, 그리고 지금의 국민성이 어떻게 만들어져 왔는지를 지적할 수 있는 사람이다. 국민성의 철학에 기초하지 않은 법과 제도의 철학은 말도 안 되는 것이다. 그런데 국민성에 관한 벤담의 의견은 무슨 가치가 있을까? 그의 마음이 개인의 성격에 관해 그렇게 적고 빈약한 종류만을 포함하고 있는데, 그가 국민성에 관한 그런 높은 일반화를 할 수 있겠는가? 그가 할 수 있는 모든 것은 주어진 국민성의 상태에서, 사회의 물질적인 이익을 보호할 수 있는 수단을 알려주는 것이다. 하지만 그는 그런 수단을 사용하는 것이 국민성에 어떤 나쁜 영향을 미치는지에 대한 질문을 하지는 않았는데, 이 질문에 관해서는 다른 사람들이 판단해야만 할 것이다.

이제 우리는 벤담의 철학이 사회를 위해 무엇을 할 수 있는지를 평가할 시점에 이르렀다. 벤담의 철학은 사회에서 단지 비즈니스 부분을 조직하고 규제하는 수단들을 가르칠 수 있다. 그의 철학은 도덕적 영향을 고려하지 않고 이해할 수 있고, 행할 수 있는 것이라고 할 수 있다. 그러나 도덕적 영향력을 고려해야 하는 곳에서 그 이론은 잘못되었다. 그는 인간사의 비즈니스 부분이 인간사의 모든 것이라고, 최소한 입법가와 도덕가가 관심을 가져야 하는 모든 것이라고 혼동하는 실수를 저질렀다. 우리는 그가 도덕적 영향을 지각할 때 그런 것들을 모두 무시했다고 주장하는 것이 아니다. 그러나 그의 상상력 부족, 인간 감정에 대한 적은 경험, 다른 사람들과 잠정적인 교분이나 관계에 대한 무지로 인해, 그가 도덕적 영향을 지각하고 그것을 존중하는 경우는 아주 드물었다.

따라서 비즈니스 부분이 벤담이 성공적으로 다룬 인간사의 유일한 영역으로, 이 영역에서 그는 아주 많은 포괄적이고 빛나는 실천적 원칙들을 도입했다. 이것이 그의 위대함의 영역이고, 거기에서 그는 정말로 위대했다. 그는 과거 여러 세기 동안 생겨서 얽힌 거미줄들을 제거해 버렸는데, 여러 세대 동안 가장 유능한 사상가들이 풀어보려고 노력했음에도 불구하고 오히려 더 단단하게 묶인

매듭들을 풀어버렸다. 그 영역의 많은 부분에서 벤담이 이성의 빛을 던진 첫 번째 사람이라고 말하는 것은 결코 과장이 아니다.

이제 우리는 기쁜 마음으로 주제를 전환해서, 벤담이 할 수 없었던 것이 아니라 벤담이 실제로 해낸 것을 이야기할 것이다. 벤담처럼 인류에 큰 이로움을 준 사람에게 그가 왜 더 위대해지지 못했는지 책임을 지라고 요구하는 것은, 벤담은 (예외적인 영광스런 몇몇 경우를 제외하고는) 세상이 다른 사람들로부터 받은 것보다 더 많은 새로운 진리를 밝혀주고 훨씬 건전한 실천적 교훈을 준 인물인데, 그의 실수들을 강조하는 것은 배은망덕한 일이다. 이제 우리의 일에서 유쾌하지 않은 부분은 끝났다. 이제 우리는 벤담의 위대함을 보여주고자 한다. 주제에 대한 그의 확고한 지적인 장악력, 그 앞에 놓인 과업과 그것을 성취한 영웅적 용기와 힘을 보이고자 한다. 벤담이 한 일의 영역이 작기 때문에 그가 한 일이 작은 중요성만을 가진다고 말해서는 안 된다. 사람은 여러 갈래의 길을 조금 갈 것인지, 아니면 한 갈래의 길을 멀리 갈 것인지 선택해야 한다. 벤담이 일한 영역은 두 개의 평행선 사이에 있는 공간과 같아서, 한 방향으로는 극단적으로 좁지만 다른 방향으로는 무한에 이른다.

우리가 이미 본 것처럼, 벤담의 철학적 사변은 법률로부터 시작되었고, 그 영역에서 그는 가장 위대한 승리들을 거두었다. 그는 법철학이 혼돈 상태라는 것을 발견했고 그것을 과학으로 만들었다.[26] 그는 법률 실천이 아우게(Auge)왕의 마구간 같다는 것을 발견하

고, 그것에 강을 끌어들여 쌓여 있는 오물들을 쓸어버렸다.[27]

　볼테르는 "법률가들이란 과거의 야만적 언어 사용법을 보전하는 사람들"이라고 정의했는데, 벤담이 법철학을 시작할 당시 영국의 법률가들이 그런 정의에 들어맞는 사람들이었다. 당시의 적지 않은 사람들은 이런 상황에 대한 책임이 법률가들에게 있다고 하며 그들을 과장되게 비난하는데, 즉 사회의 모든 부분의 잘못을 한 부분의 잘못으로 비판하는데, 벤담도 때때로 그러했다. 그러나 우리는 법률가들 때문이 아니라 영국 역사의 여러 상황들이 영국의 법률가들을 그런 사람들로 만들었다고 말할 수 있다.[28] 영국 법의 기초는 봉건 체제이고 지금도 그렇다. 법으로 확립되기 전에 관습으로 존재했던 모든 체계처럼, 법률 체계도 그것이 자라 나온 사회의 요구에 맞도록 되어 있는 것이다. 여기서 법은 정복한 사람들을 복종시키고 약탈품을 서로 나눌 필요가 있는 야만스런 군인 종족의 필요에 상당한 정도로 맞도록 되어 있다. 그러나 문명이 진보함에 따라 이런 야만스런 전사들의 병영은 적이었다가 노예로 전락한

---

26) 로마 공화정 말기 삼두정치의 혼란을 끝내고 제정의 길을 연 아우구스투스 황제가 "나는 진흙으로 된 로마를 대리석으로 만든 로마로 만들었다."는 말을 바꾼 것이다.

27) 그리스 신화에 나오는 헤라클레스가 행한 과업 중 아우게왕의 마구간을 치운 얘기이다.

28) Voltaire, *La Princesse de Babylone*, ch. x.

사람들 사이에 위치해 있다가, 상업적이며 부유하고 자유로운 사람들 사이에 위치하게 되었다. 첫 번째 사회 상황에 적합했던 법들은 두 번째 사회 상황에 전혀 연결될 수 없었는데, 그 사회는 그 법들을 그 사회에 적응시키기 위해 무엇인가 행하지 않으면 존재할 수조차 없었다. 그러나 이런 법률의 적응은 사고와 디자인의 결과가 아니었다. 그것은 사회의 새로운 상태와 사회의 필요들에 대한 어떤 포괄적인 고려를 통해 생겨난 것이 아니었다. 오히려 법률의 적응은 오랜 야만과 새로운 문명 사이에서, 그들이 확립한 야만적인 체계를 고수하려는 정복자들인 봉건 귀족과 그들의 해방을 실현시키고자 하는 피정복자들 사이의 여러 세기에 걸친 투쟁에 의해 생겨난 것이었다. 피정복자들이 성장하는 세력이어서, 이들은 노예의 굴레를 부수려 했고, 굴레의 약한 부분들이 약화되어 가기는 했지만, 그 굴레를 부수기에는 충분히 강하지 않았다. 그래서 낡은 법률은 마치 어린이가 처음 학교에 갈 때 만들어진 옷을 계속해서 입어온 성인의 옷처럼 되었다. 옷의 띠들이 연이어 틀어지고, 틀어진 틈이 넓어짐에 따라, 저절로 떨어져 나가는 것을 빼놓고는 아무것도 제거하지 않고, 구멍을 깁거나, 가장 가까운 가게에서 가져온 새로운 법이라는 천조각을 터진 곳에 덧대었다. 따라서 영국사의 모든 시기가 영국 법에서 서로 만나게 되는데, 지구 표면이 수직으로 절단된 곳에서 지구의 여러 시기 중 이전 시기의 토양이 그다음 세대의 토양에 의해서 대체되는 것이 아니라 그 위에 쌓여 있기 때문에 지구의 여러 다른 시기를 읽을 수 있는 것처럼, 영국의 여러 시대의 산물들도 서로 섞여 있는 것이 아니라 층을 이루며 쌓여 있기 때문에 그런 것들을 동시에 볼 수 있다. 법률의 세계도 물리적 세계보다 덜하지 않게 여러 요소들의 소란과 갈등이 지층의 어떤 결절이나 비규칙성이라는 자취를 남긴다. 사회의 가슴을 찢는 모든 투쟁은 그 부분을 덮어놓은 법률 영역의 일관되지 않은 부분을 통해 명백히 드러난다. 아니, 서로 다투는 한 파당이 다른 파당을 위해 설치한 덫과 함정이 여전히 있으며, 하이에나의 이빨뿐만 아니라 여우와 모든 간교한 동물의 이빨이 이런 태고의 대홍수 이전의 동굴에서 발견되는 흥미 있는 사체들 위에 새겨져 있다.

그 이전에 로마법에서 그랬던 것처럼, 영국 법에서도 야만스런 법을 문명 사회의 성장에 적응시키려는 노력이 주로 은밀히 행해져 왔다. 그런 노력은 법정에 나온 사람과 사람들 사이의 사건에서 사람들의 필요를 읽을 수밖에 없었던 판사들의 법정에서 일반적으로 이루어졌다. 그러나 그런 새로운 필요를 위한 새로운 법률을 만들 권한이 없었던 판사들은 무식하고 편견이 심하고 대부분 야만적이고 전제적인 입법부의 질투와 반대를 피하기 위해 은밀히 할 수밖에 없었다. 이런 개선을 위해 가장 필요한 것 중 신탁 재산에 법의 힘을 부여하는 것(giving force of law to trusts), 한사상속을 못하게 하는 것(the breaking of entails) 같은 것들은, 실제로 영국 의회의 강력한 의지에 반하면서 실현되었다.[29] 의회가 계속해서 법률을 만들었지만, 법관들의 영리함에는 상대가 못 되어서, 법관들이 그런 법률을 효력이 없도록 만드는 책략을 부릴 수 없는 법률을 만드는 데에는 실패했다. 신탁 재산 논쟁에 관한 모든 역사는, 현 법무장관이 제출한 법안에 기초해 벌금에 의한 권리 회복이 폐지될 때까지 한사상속에 관한 다툼이 그랬던 것처럼, 양도 증서(conveyance)에 쓰인 말 속에서 읽을 수 있다. 그러나 법률 고객은 자신의 재산권 문제를 해결할 때마다 비싼 비용을 지불해야만 했다. 사회 제도들을 이런 방식으로 개선하는 것의 결과는 모든 새로운 것이 도입될 때 옛 방식 및 옛 이름과 일관되도록 도입되어야 한다는 것이다. 농업의 발전 과정에서 쟁기는 삽과 비슷하게 만들었을 때에야 비로소 도입될 수 있었고, 말 꼬리를 이용해 쟁기질을 하던 고대의 풍습이 새로운 마구에 의해 대체될 때, 그 형태를 위해 쟁기에 꼬리를 붙여놓는 것처럼, 법도 그와 같은 방식으로 개선된다.

갈등이 끝나고 혼란이 어느 정도 진정되고, 그런 상태가 법률가에게 매우 이익이 되고 편안한 것이 되자, 법률가들은 인간 정신의 자연적 경향에 따라 지금까지 내려온 법들에 대한 이론화를 시작하고, 필요에 따라 그것의 중요한 부분들을 간추리고 그것에 체

---

29) 한사상속은 상속인을 지적하여 상속하는 제도인데, 주로 남계 상속인에게 재산을 상속하기 위해 사용된다.

계적인 형태를 부여하려고 했다. 이들이 가진 법 중에서 질서나 체계에 접근한 유일한 부분이라고는 이미 절반 이상이 다른 것들에 의해 대체된 야만적인 부분이었는데, 이런 잡동사니로부터 영국 법률가들은 귀납과 추상화에 의해 그들의 법철학을 구축해야 했다. 그러나 영국 법학자들은 로마 제국의 법률가들이 동일한 과업을 수행하기 위해 사용한 논리적 관습과 일반적인 지적인 교양을 결여하고 있었다. 벤담은 영국에서 실제로 재판에 관여하는 법률가들이 만든 법철학이 다음과 같이 이해할 수 없는 단어들로 이루어진 쓰레기 더미라는 것을 발견했다. 영국 법에 있는 물적 재산(real property), 인적 재산(personal property), 법과 형평법(law and equity), 중죄(felony), 교황 존신죄(praemunire),[30] 범죄 은닉죄(misprison), 경범죄(misdemeanor) 등의 단어는 영국 제도에 관한 역사적 맥락을 모른다면 어떤 의미의 흔적도 찾을 수 없는 단어들로서, 마치 바다와 해안(seashore) 사이에 물결이 계속 치기 때문에 확정할 수 없는 해안선 같은 무의미한 기호들(idle mark)에 불과한데, 마치 이것들이 사물의 본성에 내재한 특징을 가리키는 용어로서 통용되고 있었다. 이런 단어들 속에서 법률가들은 모든 부조리와 돈을 벌기 위해 법률을 남용하기 위한 이유를 찾을 수 있었다.

---

30) 교황 존신죄는 교황의 권위가 영국 국왕의 권위보다 높다고 주장하는 죄이다. 영국의 종교 개혁으로 영국 왕이 영국 교회의 수장이 되면서 생긴 법이다.

그들은 법률을 이렇게 남용하는 이유가 편의 때문이라고 주장했지만, 사실은 과거의 야만적인 체계로부터 나오는 단순한 기술적인 이유에 불과했다. 법에 관한 이론이 이런 상태라고 할 때, 법이 실제로 소송에서 어떻게 쓰이는지를 정확하게 기술하기 위해서는 작가 스위프트(Jonathan Swift) 같은 사람의 재능이나 벤담 자신의 펜을 필요로 할 것이다.[31] 법률 소송의 진행은 법률가의 이익을 위한 일련의 책략으로 보이고, 그 안에서 소송 당사자들은 법률가들의 먹잇감으로 보인다. 만일 가난한 사람들이 질 오버리치 경(Sir Gilles Overreach) 같은 법률가들에게 속수무책으로 먹잇감이 되지 않는다면 그들은 법이 아니라 법에 관한 여론과 관습에 대해 감사해야 할 것이다.[32]

어떤 사람들은 벤담이 이 모든 것을 단지 부조리하다고 지적하고 그것이 그렇다는 것을 증명하는 쉬운 일을 했을 뿐이라고 생각할지 모른다. 그러나 그는 이런 투쟁을 젊은이로서 시작했고 그가

---

31) 걸리버 여행기의 저자로 널리 알려진 스위프트는 날카로운 사회비평가로서 당시의 영국을 비판하고 풍자하는 많은 글을 썼다.

32) A character in Massinger's A New Way to Pay Old Debts. 질 오버리치 경은 영국 르네상스 시대 극작가 필립 매신저(1584-1640)의 희곡 「묵은 빚을 갚는 새로운 방법」(1633)의 악한 주인공이다. 작중에서 오버리치 경은 노팅엄 지방의 상류층 사람인 웰본(Welborn)과 올워스(Allworth)에게 사기를 쳐서 웰본은 가난뱅이로, 올워스는 이 지방 귀족인 로벨 경(Sir Lovell)의 시종으로 전락시킨다.

어떤 추종자를 갖기 전에 이미 늙어 있었다. 벤담이 투쟁을 시작할 당시 사실상 영국 법이 이런 엉망진창인 상황에 있었음에도 불구하고, 영국 법을 훨씬 매력적인 것으로 묘사한 블랙스톤의 평가가 영국 법에 대한 정당한 평가로 통용되어서, 영국 법이 인간 이성의 수치가 아닌 인간 이성의 완성이기 때문에 이런 영국 법을 검토한다거나 의심해서는 안 된다는 강력한 미신이 존재했다.

이런 미신에 대해 치명적인 타격을 가한 영광이 벤담의 것이다. 그는 히드라를 죽인 헤라클레스이고 해로운 용을 죽인 성 조지이다. 이 영예는 온전히 그의 것이다. 그의 독특한 성격이 없었다면 이룰 수 없는 일이었다. 이 일을 이루기 위해서는 그의 지치지 않는 견인불발의 노력, 다른 사람들의 지지를 필요로 하지 않는 그의 강한 자신감, 그의 정신의 강한 실천적인 지향, 그의 종합하는 습관, 그리고 이 모든 것보다도 그의 독특한 방법이 필요했다. 모호한 일반화로 무장한 형이상학자들이 그 주제를 다루었지만 그들이 그것을 발견했을 때보다 더 진보된 상태로 남기지 못했다. 법률은 추상화의 문제가 아니라 수단과 방법이 고려되어야 하는 비즈니스 문제이다. 모호함은 모호함이 아니라 결정적인 것과 정확성에 의해 대응되어야 한다. 구체화는 일반화가 아니라 구체화로 대응되어야 한다. 그런 주제들과 관련해 단지 현재의 것들이 나쁘다는 것을 보여줌으로써는 어떤 진보도 이룰 수 없고, 어떻게 그것들이 좋아질 수 있는지를 보여주는 것이 필요하다. 우리가 책을 통해 알게 된 어떤 위대한 사람도 이 일을 하는 데 적합하지 않다. 오직 벤담만이 그 일을 하기에 적합한 자격 조건을 갖추고 있었고, 그는 이것을 한 번에 돌이킬 수 없도록 해냈다.

벤담이 성취한 구체적인 것들을 우리가 논의할 수는 없다. 그것에 관한 요약을 만들려고 하면 수백 쪽의 글이 필요할 것이다. 그래서 우리의 평가를 몇 개의 항목으로 요약해 보겠다. 첫째, 그는 법철학 영역에서 신비주의를 추방했고, 법을 실천적인 관점에서 어떤 결정적이고 정확한 목표에 대한 수단으로 보는 예를 확립했다. 둘째, 그는 법 일반과 법의 체계의 관념, 그리고 그것들에 포함되어 있는 여러 가지 일반적인 관념들에 붙어 있는 혼란스러움과 모호함을 제거했다. 셋째, 그는 법률들을 글로 확정하고 체계적으로 정리한 법전으로 만드는 성문화의 필요성과 실천 가능성을 증명했다. 그런데 벤담이 주장하는 성문화는 나폴레옹 법전같이 단하나의 정의도 없어서 기술 전문 용어의 의미를 확정하기 위해 이전의 선례들을 계속적으로 참고해야만 하는 법전을 만들자는 것이 아니라, 법전 그 자체에 해석을 위해 필요한 모든 것뿐만 아니라 그 자체의 보완과 개선을 위해 필요한 것을 항구적으로 공급할 수 있는 방법도 함께 포함한 법전을 만들자는 것이다. 그는 그런 법전이 어떤 부분들로 구성되는지, 그 부분들이 서로 어떻게 연결되는지를 보여주었다. 또한 그는 사신의 구분과 분류를 통해 명명법과 배열이 어떻게 되어야 하고 될 수 있는지 하는 것을 제시할 수 있는 많은 일을 했다. 그리고 그는 그가 하지 않고 남겨둔 것을 다른 사람들이 하기에 상대적으로 쉽도록 해놓았다. 넷째, 그는 민법이 제공되어야 할 사회의 요구와 그런 제공이 적절한지 시험되어야 할 인간 본성의 원칙들에 대해 체계적인 견해를 취했다. 이런 인간 본성에 대한 견해는 우리가 이미 앞에서 지적한 것처럼 어떤 나라의 정신적인 이익이 고려되어야 한다면 결점이 있는 것이지만, 어떤 나라의 물질적 이익을 보호하기 위해 고안된 법률의 많은 부분을 위해서는 탁월한 것이다. 다섯 번째, 처벌의 주제는 벤담 이전에도 상당한 정도로 개선이 이루어져 왔기 때문에 아무 말도 하지 않더라도, 벤담은 사법부의 설립 절차와 증거의 절차를 포함하는 사법적 절차가 법철학의 어떤 다른 분야보다 더 엉망인 상태에 있는 것을 발견하고 그것을 바로 거의 완전한 상태에 이르도록 개선했다. 그는 그것의 모든 원칙을 확립하고 실천적인 배열에 관한 제안에 있어서도 거의 더 이상 할 것이 없도록 만들어놓았다.

우리가 벤담에 대해 제시한 이런 주장들은 그것들을 판단할 능력이 있는 사람들의 손에 맡겨질 수 있을 것이다. 벤담에 대한 이런 주장들은 사법부의 가장 높은 자리에 있는 사람들에게도 지나친 것으로 보이지는 않을 것이다. 벤담이 주장한 원리들은 계속해서 그의 영향력에 가장 부정적이었던 사람들에게도 스며들고 있으며, 한 구석 한 구석에서 난센스와 편견들을 몰아내고 있다. 어느 나라에서 벤담의 원리에 따른 법의 개혁을 하려 하든 그런 개혁은 점진적일 수밖에 없고 오랜 시간이 걸려야만 성취될 수 있을 것이다. 그러나 그 작업은 진행 중이고, 의회와 판사들은 매년 그것을 진전시키기 위해 무엇인가를 하고 있는데, 그런 것들 중에는 무시하지 못할 만큼 중요한 것들도 적지 않다.

여기서 벤담과 성문화에 대해 제기되는 반론, 즉 성문화가 모든 시대와 모든 상태의 사회를 위해 이미 만들어진 법률로 이루어진 단 하나의 체계를 만들 것을 요구하기라도 한다는 것에 대해 제기되는 반론에 주의를 기울이는 것이 적절할 것 같다. 성문화 이론은 그 명칭이 내포하는 것처럼 법률의 내용이 아니라 형식에만 관련되어 있다. 그것은 법률이 어떤 것이어야 하는가에 대해서는 연관되지 않으며, 그것들이 어떤 것이든 체계적으로 조직되고 결정적인 용어로 확정되어야 한다고 주장한다. 만일 위의 반론이 벤담에게도 적용된다면 그의 전집에 있는 논문 중 한 편인 「입법의 문제에서 시간과 장소의 영향에 관해서」[33]가 그에 대한 완전한 답변이 될 수 있다. 물론 여기서도 인간 본성에 대한 그의 이론의 불완전성으로 인해 그의 모든 사변에 적용되는 제한들이 있기는 하지만, 이 논문에서 그는 서로 다른 국가가 각각 자기 나라의 필요에 따라 서로 다른 법이 필요하다는 것을 체계적으로 고려하고 있다. 우리가 이미 본 것처럼 벤담이 국민성이나 그것을 형성하고 유지하는

---

33) "On the Influence of Time and Place in Matters of Legislation."

원인들에 관해 거의 고려하지 않기 때문에, 그는 아주 제한된 정도 안에서만 한 나라의 법률을 국민 문화의 도구로서 고려할 수 있었다. 그것은 법의 가장 중요한 국면 중 하나이고, 마치 교사가 그의 학생이 교육에서 성취한 정도에 따라 다른 가르침을 제공하는 것처럼 법은 그 사회가 이미 성취한 문화의 정도와 종류에 따라 달라져야 할 것이다. 동일한 법률이 거친 독립성에 익숙한 우리 영국의 거친 선조들과 군사적 독재에 굴복하는 아시아 종족에게 맞지 않을 것이다. 동일한 법률이 일반 원리로부터 도출된 모든 것을 믿지 않는 영국인들과, 그런 방식으로 나타나지 않으면 아무것도 믿지 않는 프랑스인들에게 맞지 않을 것이다. 그리고 독일인들처럼 본질적으로 주관적인 국민과 본질적으로 객관적인 북부와 중부 이탈리아의 사람들은 다른데, 전자는 애정이 많고 몽상적인데 후자는 정열적이고 현세적이며, 전자는 믿을 만하고 충성스러운데 후자는 계산적이고 의심이 많으며, 전자는 충분히 현실적이지 않은 데 반해 후자는 지나치게 그러하며, 전자는 개인성을 원하는 데 반해 후자는 동포애를 원하고, 전자는 자신을 위해 충분히 요구하지 않는 데 반해 후자는 다른 사람들을 위해 충분히 양보하지 않는다. 이렇게 다른 국민성을 고려할 때, 이들의 본성의 완성을 위해 훈련시키거나 통일된 국가나 사회 정책을 구성하기 위해서는 아주 다른 제도들이 필요할 것이다. 벤담은 사회 제도들을 이런 주제들과 관련해서 살펴보는 것에 거의 익숙하지 않았다. 그가 이런 것들을 간과하고 있다는 것을 그의 사변 전체를 통해 볼 수 있지만, 그가 이런 것들을 간과함으로써 초래하는 실수가 민법과 형법의 많은 부분에서는 중요하다고 생각하지 않는다. 그런 것들은 헌법의 영역에서 근본적인 중요성을 갖는다.

벤담의 『정부론』은 최근에 큰 논란을 불러일으켰다. 그것은 급진적 철학 중에서 현저한 위치를 차지해 왔고, 그 정신에 있어서 급진적 사고방식이 다른 사고방식들보다 훨씬 더 많이 들어가 있기에, 많은 중요한 사람들은 벤담의 철학 외에 다른 현존하는 급진주의 철학은 없다고 생각한다. 그런 사람들이 자신들의 잘못을 찾는 것은 그들에게 맡겨두고, 우리는 간략하게 이 유명한 이론의 진실과 거짓을 구별해 보겠다.

정부와 관련해서 세 가지 큰 문제가 있다. 첫째, 국민들이 자신들의 이익을 위해 복종해야 하는 권위는 어떤 것인가? 둘째, 국민들이 그런 권위에 복종하도록 어떻게 유도될 수 있는가? 이들 두 가지 질문에 대한 대답은 어떤 국민에 의해 이미 이뤄진 문명과 문화의 정도 및 종류, 그리고 그들이 이런 것들을 더 원하는지에 따라 무한히 다양할 것이다. 그런데 세 번째 질문은 이런 권위의 오용이 어떤 방식으로 견제되어야 하는지인데, 이에 대한 답변은 그렇게 다양하지 않을 것이다. 이 세 번째 질문만이 벤담이 심각하게 고려한 것이며, 그는 그것이 허용할 수 있는 유일한 대답을 제시하는데 그것은 사람들에 대한 책임이다. 어떤 사람들에 대한 책임인가 하면, 그들의 명백하고 인정할 수 있는 이익이 그 목적인 좋은 통치와 일치하는 사람들이다. 이것을 받아들인다면, 다음에 물어야 할 것은 국민의 어떤 부분에서 그들의 이익과 좋은 통치의 동일성, 즉 그들의 이익과 전체 이익의 동일성이 찾아질 수 있을까이다.

벤담은 이런 사람들이 다름 아닌 수적인 다수(numerical majority)라고 말한다. 그러나 우리는 전체 공동체보다 작은 어떤 부분의 이익도, 심지어 수적인 다수의 이익조차도, 그들의 이익이 모든 때와 모든 국면에서 모든 사람의 이익과 일치하지 않을 것이라고 주장한다. 그러나 대의제 정부에 의해 모든 사람에게 주어진 권력은 사실상 다수에게 주어지기 때문에 우리는 세 가지 질문 중에 첫 번째 질문으로 돌아가게 된다. 즉, 국민들은 그들의 이익을 위해 어떤 권위에 복종해야 할까? 만일 이에 대한 답변이 국민 중 다수의 지배의 권위라고 한다면, 벤담의 체계에 대해 의문을 제기할 여지가 있을 수 없다. 만일 이 가정을 받아들인다면, 벤담의 '헌법전'은 경탄할 만하다. 한 번에 포괄적인 원칙을 포착하고 구체적이고 상세한 부분을 구상해 내는 벤담의 비상한 능력이 통치자를 수적 다수의 통제에서 벗어나지 못하게 하기 위한 수단을, 수적 다수로 하여금 그런 통제를 끊임없이 행사하기 위한 수단을, 수적 다수의 의지에 전적으로 복종하는 도덕적이고 지적인 모든 바람직한 재능을 가진 공무원을 공급하는 수단들을 고안하는 데 사용되었다.

그러나 벤담의 정치철학에서 이 근본적인 원리가 보편적인 진리인가? 모든 시기와 장소에 있어서 인류의 이익을 위해 인류가 수적 다수의 절대적 권위하에 있는 것이 좋은 것인가? 우리가 여기서 단지 정치적 권위가 아니라 권위라고 말하는 것은, 사람들의 신체에 대해 절대적인 권력을 가진 것이 그들의 정신도 지배하지 않으리라고, 즉 그 기준으로부터 벗어나는 의견들과 감정들에 관해 아마도 법적인 처벌이 아니라 사회적 처벌에 의해 통제하려 하지 않으리라고, 청소년들을 그 모델에 의해 교육시키지 않으리라고, 그것 자신의 정신과 다른 정신을 살아남게 하기 위한 목적을 가지려고 시도하는 모든 책, 학파, 그리고 사회에 대한 모든 개인의 연합된 행동들을 없애버리려 하지 않으리라고 가정하는 것은 터무니없는 것이다. 우리는 모든 세기와 국가에서 대중의 의견의 독재하에 있는 것이 인간의 적절한 조건이라고 말해야 하는가?

그런 원리는 근대 유럽의 귀족 정부에, 즉 소수 귀족의 이익과 편안함을 위해 공동체 전체의 이익을 희생하는 것에 기초한 정부에 대한 반작용의 시기에는 가장 고귀한 정신을 가진 사람들에게도 받아들여졌을 것이라고 생각될 수 있다. 유럽의 개혁자들은 수적 다수가 어디에서나 정의롭지 않게 압제당하고, 짓밟히고, 그보다 조금 나은 경우라 하더라도 정부에 의해 무시되는데도 불구하고, 수적 다수는 그들의 가장 심각한 문제들을 바로잡고, 그들의 정신적 문화를 위해 필요한 것들을 공급받지 못하고, 통치 계급의 아주 작은 금전적 이익을 위해 자신들에게 세금이 부과되는 것을 방지하기 위한 충분한 힘을 어디에서도 가지고 있지 못하다는 것을 보는 데에 익숙해 있었다. 이런 것들을 보고, 다른 여러 수단 중에서 보다 많은 정치적 권력을 수적 다수에게 줌으로써 이런 것들을 끝장내는 것이 바로 급진주의인 것이다. 이 시기에 아주 많은 사람들이 이런 소망을 가지고 있었고 그것을 실현하는 것이 그들의 인생을 헌신할 만한 가치가 있는 목적이라고 생각해 왔기 때문에 그들이 벤담의 「정부론」 같은 이론에 찬동하는 것이다. 그러나 비록 한 형태의 나쁜 정부로부터 다른 형태의 나쁜 정부로 가는 것이 인류의 일상적인 숙명이었지만, 철학자들은 한 종류의 중요한 진리를 다른 종류의 진리를 위해 희생하는 어리석음을 범해서는 안 된다.

어떤 사회든 수적 다수는 동일한 사회적 위치에 있고, 주로 동일한 직업을 가진 사람들, 즉 비숙련 육체 노동자들로 이루어진다. 우리는 그들을 폄하하려는 것이 아닌데, 왜냐하면 우리가 그들의 단점이 무엇이라 하건, 우리는 동일한 단점이 상점주들이나 신사들의 수적 다수에 대해서도 적용된다고 주장하기 때문이다. 사람들의 지위와 직업이 동일할 때 그들의 편파성, 정열, 편견의 동일성도 존재하는데, 어떤 한 종류의 편파성, 정열, 편견에 다른 종류의 편파성, 정열, 편견으로부터 나오는 균형추 없이 절대적인 권위를 주는 것은, 그것들의 어떤 불완전성을 고치는 것을 불가능하게 하고, 인간 본성 중 하나의 작고 평범한 타입을 보편적이고 영원한 것으로 만들며, 인간의 지적 본성과 도덕적 본성을 더 발전시킬 수 있는 모든 영향력을 없애는 것이다.

우리는 사회에는 어떤 최고의 권력이 있어야 하는데, 수적 다수가 그런 권력이어야 한다는 것이, 모든 것을 고려했을 때 전체적으로 보아서 옳다고 할 수 있다는 것을 안다. 그러나 그 이유는 그것이 자체로 정의로워서가 아니라, 수적 다수에 기초하지 않는 다른 권력보다 덜 부정의하다는 면에서 그러하다. 그러나 사회의 제도들은 어떤 형태로는 수적 다수의 의지에 대한 영속적이고 늘 준비된 반대를 유지할 수 있도록 해야 하는데, 이런 것이 수적 다수의 편파적 견해를 교정할 수 있는 수단이며, 생각의 자유와 성격의 개인성을 위한 피난처이다. 오랜 동안 진보를 계속하고 있거나, 지속적으로 위대한 모든 나라는 그 지배적 권력이 무엇이건, 그 지배적 권력에 대한 조직된 반대가 언제나 존재해 왔다. 귀족에 반대한 평민들, 왕에 반대한 성직자들, 성직자에 반대한 자유 사상가들, 귀족들에 반대한 왕, 왕과 귀족에 반대한 평민들이 그것이다. 역사상 거의 모든 위대한 사람 중 대부분은 그런 반대의 일부를 형성해 왔다. 그런 다툼이 계속되지 않는 곳에서는 어디에서나, 여러 개의 경합하는 원리 중에서 하나의 원리가 완전한 승리를 거두고, 새로운 경쟁이 옛날의 경쟁을 대신하지 않는 곳에서는 어디에서나, 사회는 중국 같은 정체성으로 경화되거나 해체되게 된다. 지배적 권력을 비판적으로 보는 모든 도덕적이고 사회적인 요소들이, 그런 요소들을 말살하고자 하는 지배 권력으로부터 보호를 받을 수 있는 저항의 중심이, 지배 권력이 계서제 사회이거나 귀족 사회인 사회에서와 마찬가지로 수적 다수의 의견이 최고의 권력을 가진 곳에서도 반드시 필요하다. 그런 저항의 중심으로의 거점이 존재하지 않는 곳에서, 인류는 반드시 퇴화하게 된다. 예를 들어 가장 상업적이고 가장 근면한 국가 중 하나인 미국이 또 다른 중국으로 전락할 것인가 하는 질문은 그런 저항의 중심이 점차적으로 출현할지 여부에 달려 있다.

이런 것들을 고려할 때 벤담이 왕이나 상원 없이 보편 선거에 의해 수적 다수를 주권자로 만드는 것에 만족하지 않고, 수적 다수의 여론의 굴레를 모든 공직자의 목에 두르고, 소수의 의견이나 공직자들 자신의 옳음의 관념에 따른 가장 약하거나 아주 일시적인 영향력의 모든 가능성마저 제거해 버리는 수단들을 고안하는 데 그의 모든 능력을 소진했을 때, 우리는 벤담이 자신이 가진 위대한 능력을 가장 유용한 방식으로 사용했다고 말할 수 없다. 어떤 권력이 최강의 권력이 되었을 때, 그것을 위한 충분한 것이 이미 행해졌다. 따라서 그런 강력한 권력이 다른 권력들을 모두 집어삼키지 못하도록 하는 주의가 필요하다. 한 사회 내 모든 권력이 한 방향으로 향하는 어느 사회에서나, 개인의 모든 정당한 주장은 극심한 위험에 처하게 된다.

다수의 힘은 공격적으로 쓰이는 것이 아니라 방어적으로 쓰일 때, 즉 다수의 힘이 개인의 개성을 존중하고 잘 교육된 지성인들의 의견을 우선적으로 존중하면서 행사될 때에만 좋은 것이다. 만일 벤담이 민주적인 제도들이 근본적으로 이런 두 감정들을 보전하고 강화하도록 하는 수단들을 고안하기 위해 자신의 탁월한 능력을 사용했다면 그는 보다 영구적으로 가치 있고 그의 위대한 지성에 보다 걸맞은 것을 성취할 수 있었을 것이다. 벤담이 하지 못한 것을 몽테스키외가 현대의 상황을 고려했다면 그렇게 했을 것인데, 우리는 우리 시대의 몽테스키외인 토크빌로부터 그런 혜택을 받을 수 있을 것이다.[34]

　그렇다면 우리는 벤담의 정치적 이론을 무용한 것으로 간주해야 하는가? 전혀 그렇지 않다. 우리는 그것을 단지 일면적이라고 생각할 뿐이다. 그는 완전한 정부의 이상적인 성질 중 하나인, 공동체로부터 통치할 권력의 위임을 받은 사람들과 공동체 사이의 이익의 동일화를 많은 혼란과 잘못된 관념으로부터 구해냈으며, 그것의 장점을 명백히 드러내고, 감탄할 만한 기술을 가지고 그것을 성취하는 최선의 수단을 고안해 냈다. 그러나 이런 이상적인 성질

---

34) 프랑스의 정치철학자. 귀족 출신의 판사였으며, 『미국의 민주주의』라는 저서로 유명하다. 이 저서에서 토크빌은 미국 민주주의가 다수의 전제로 흐를 수 있는 위험성을 지적하고 있다.

은 그 완성에 도달할 수 없고, 따라서 다른 요구 사항을 언제나 고려하면서 추구되어야 하고, 다른 모든 요구 사상은 그 이상적 성질을 언제나 고려하면서 추구되어야 한다. 이 이상이 어떤 다른 목적을 위해 잠시라도 희생된다면, 비록 때로 이런 것이 필요하기는 하지만, 나쁜 결과가 없을 수 없을 것이다. 벤담은 근대 유럽 사회에서 이런 이상에 대한 희생이 얼마나 전면적이었는지, 즉 왕이나 귀족 계급의 파당적인 이익이 지배 권력이었고, 이를 견제하는 유일한 것은 오직 다수의 의견뿐이었다는 것을 지적했다. 이런 상황에서 다수의 의견은 선의 근원으로 보였기 때문에, 그는 자연적으로 그것의 본질적 가치를 과장하게 되었던 것이다. 벤담은 이런 지배자들이 자신들의 파당적 이익을 위장하는 모든 방법을 폭로했으며, 특히 사람들이 파당적 이익을 추구함에도 불구하고 자신들로부터 그런 사실을 감추는 방법을 폭로했다. 보편적인 인간 본성의 철학에 대해 벤담이 가장 큰 기여를 한 것은 사람들이 자신들의 이익을 추구하는 것을 자신들이 사는 사회의 의무와 덕으로 만드는 공통된 경향이 있다는 것을 보여준 것인데, 그는 사람들의 이런 경향을 "이익으로부터 나온 편견(interest-begotten prejudice)"이라고 명명했다. 물론 이 개념이 벤담의 독창적인 것이라고 할 수는 없다. 사람들이 자신들의 이기적인 경향성을 좇을 때 자신들이 그런 경향성에 굴복한 것이 아니라고 자신을 설득하는 수단들은 모든 도덕가의 관심을 끌어왔고, 벤담보다 인간 감정의 깊이와 뒤틀림을 잘 알고 있던 종교적 저술가들이 벤담보다 더 깊이 이런 것들을 탐구해 왔다. 그러나 벤담이 명백히 보여준 것은 계급 이익의 형태로 나타난 이기적 이익과, 그런 이익에 기초한 계급 도덕이다. 서로 공통된 이익을 가지고 함께 어울리는 사람들은 그들의 공통된 이익을 그들이 사는 사회의 덕의 기준으로 만드는 경향이 있는데, 그런 경향으로부터 역사에서 종종 나오는 영웅적인 사심 없음과 가장 추악한 계급 이기심의 결합이 나온다. 이것이 벤담의 가장 중요한 개념 중 하나이고, 그가 역사의 해명에 기여한 거의 유일한 것이다. 이 개념이 설명하는 것 외에 역사의 다른 많은 것들은 그에게는 설명될 수 없는 것들이었다. 그는 이 개념을 엘베시우스로부터 얻었는데, 엘베시우스의『정신에 관해서』는 그 개념에 대한 여전히 적절하고 가장 정확한 탐구라고 할 수 있다. 엘베시우스의 이 개념과 다른 위대한 개념, 즉 환경이 국민성에 영향을 미친다는 개념이, 그와 동시대에 활동하던 프랑스 형이상학자들 대부분이 단지 문학사에서만 존재하는 데 반해, 그를 루소와 나란히 여전히 중요한 철학자로 만드는 것이다.

　지금까지 살펴본 벤담의 철학에 관한 간략한 검토에서, 다른 어느 것보다 그의 이름과 동일시되는 그의 철학의 첫 번째 원리인 공리의 원리, 혹은 그가 나중에 "최대다수의 행복"이라고 부른 것에 대해 거의 얘기하지 않았다는 것이 독자들을 놀라게 할 것이다. 이 주제는 그것을 논할 만큼 충분한 지면이 있거나, 만일 그것이 벤담

철학에 대한 정당한 평가를 위해 꼭 필요한 것이라면 더 많은 논의가 진행되어야 할 것이다. 도덕의 형이상학에 관한 논의를 위한 기회, 혹은 그런 추상적인 주제를 이해하는 데 필요한 설명을 할 수 있는 기회가 주어진다면, 우리는 그 주제에 대해 우리가 생각하는 것을 말할 준비가 되어 있다. 그런데 지금 우리는 원칙적으로는 벤담과 그의 원리에 동의하지만, 도덕의 구체적인 항목에 관한 모든 올바른 사고가 그 원리에 명백하게 의존해야 한다고는 생각하지 않는다는 것만을 말할 수 있다. 우리는 공리 혹은 행복이, 목적으로는 너무 복잡하고 구체적이 아니어서 직접적으로 추구될 수 없고, 공리나 행복이라는 1차적 목적은 오직 다양한 2차적 목적들을 통해서만 추구될 수 있다고 생각한다. 그런데 이런 2차적 목적들에 대해서는, 도덕의 궁극적인 기준이 무엇인가에 대해 의견이 다른 사람들 사이에도 합의가 있을 수 있거나, 실제로 종종 합의가 존재하며, 사실 지성인들 사이에는 도덕 형이상학의 중요한 질문들에 관한 서로 대립하는 차이들에도 불구하고, 훨씬 실질적인 의견의 일치가 존재한다. 인류는 비록 그들의 본성에 대한 하나의 견해에 대해 의견 일치를 보지는 못하지만, 사실 그들은 거의 동일한 하나의 본성을 가지고 있기 때문에, 베이컨 경이 말하듯이 그들은 1차 원리보다 그들의 중간 원리들에 더 쉽게 동의한다.[35] 인간의 행동

---

35) *Novum Organum*, I, civ. (vera illa et media axiomata)

이 중간 목적에 어떤 영향을 주는가를 평가하기보다, 그것이 궁극적 목적인 행복에 어떤 직접적 영향을 주는지를 평가하는 것을 주된 도덕적 평가 방법으로 삼으면, 사실은 그 행동의 가장 큰 영향력을 평가하기보다는, 가장 쉽게 식별할 수 있고, 구체적으로 지적할 수 있는 것에 가장 큰 중요성을 부여하게 된다.

공리주의 원리를 기준으로 받아들이는 사람들은 사실 그런 2차적인 원리들을 통하는 방법 외에는 그것을 거의 적용할 수 없다. 공리주의를 기준으로 거부하는 사람들은 일반적으로 그런 2차 원리들을 1차 원리라고 주장하는 것이라 할 수 있다. 오직 두 개 혹은 그보다 많은 2차 원리들이 충돌할 때에만 1차 원리에 대한 직접적인 참조가 필요하며, 그제야 비로소 공리주의를 둘러싼 논쟁의 실천적 중요성이 문제가 되기 시작하는 것이다. 그렇지만 사실 이런 논쟁은, 다른 면에서 보자면, 실천에 관련된 문제라기보다는 이런 2차 원리들 사이의 배열과 논리적인 관계와 관련된 이론적 문제로서, 과학적 관점에서는 도덕철학의 체계적인 통일성과 일관성을 위한 것이다.

[비록 위에서 벤담의 공리주의가 가지는 문제점들을 지적했지만] 우리는 벤담이 공리주의 원리에 관해 주장한 것은 적절한 한계 내에서는 원칙적으로 옳다고 본다. 벤담에게는 그가 자명한 것으로 받아들일 수 있고 그것에 그의 모든 다른 이론을 논리적 결과로서 귀속시킬 수 있는 제1원리를 찾아내는 것이 필요했다. 벤담에게서 체

계적인 통일성은 그가 자신의 지성에 대한 자신감을 가지기 위해 꼭 필요한 조건이었다. 더 언급되어야 할 것이 있다. 행복이 도덕을 평가하는 데 사용되어야 할 목적이건 아니건, 행복이 단지 모호한 감정이나 설명할 수 없는 내적인 확신의 영역이 아니라, [객관적인] 어떤 종류의 목적이라는 것, 행복이 단지 감정의 문제가 아니라 이성과 계산의 문제라는 것은 도덕철학이라는 개념 그 자체에 본질적인 것으로서 도덕적 문제에 대한 이성적 논증이나 토론을 가능하게 하는 것이다. 행동의 도덕성이 그런 행동이 산출하는 경향이 있는 결과들에 의존한다는 것은 모든 학파에 속한 합리적인 사람들이 견지하는 이론이다. 다만 그런 행동의 결과들의 좋고 나쁨이 쾌락과 고통을 산출하는 경향의 결과에 의해 측정된다는 것이 공리주의학파 이론의 모든 것이고 공리주의에 독특한 것이다.[36]

벤담이 공리주의를 받아들이며, 행동의 도덕성을 결정하는 요인인 행동의 결과에 주의를 기울이는 한에서, 벤담은 논쟁의 여지없이 올바른 길 위에 있다. 그러나 벤담이 그 길 위에서 방황하지 않고 더 가기 위해서는, 벤담이 가진 것보다 사람의 성격 형성에 대한 더 많은 지식과, 행위자의 행동이 그 자신의 정신에 영향을 미

---

36) 벤담의 공리주의는 쾌락주의를 한 구성 요소로서 가지고 있는데, 쾌락주의란 내재적 가치가 무엇인가에 관한 이론이다. 쾌락주의에 의하면 이 세상에서 내재적으로 가치 있는 것은 쾌락이고, 내재적으로 가치 없는 것은 고통이다.

치는 결과에 관한 더 많은 지식이 필요했다. 이런 종류의 결과들을 평가하기 위한 벤담의 능력 부족과, 그런 주제와 관련해서 다른 사람들이 가진 경험에 대해 가져야 할 적절한 존중심 결여가 그의 실천윤리학의 문제들에 대한 사변들의 가치를 아주 제한적인 것으로 만들었다.

그는 다른 실수를 저질렀는데, 이 실수보다 그를 인류의 공통된 감정에 반하는 사람으로, 그리고 그의 철학이 차갑고, 기계적이며, 친밀하지 않은 철학이라는 느낌, 벤담주의자에 대해 사람들이 통상적으로 가지는 느낌을 주는 것이 없기 때문에 이 실수를 빠뜨리는 것은 부적절할 것이다. 벤담의 이 실수, 아니 오히려 일면성이라 할 수 있는 것은 그가 공리주의자이기 때문에 범하는 실수가 아니라 직업적인 도덕주의자이기 때문에 범하는 실수로, 종교적이든 철학적이든 거의 모든 도덕주의자에게 공통된 것이다. 이 실수란 인간의 행동과 품성을 평가할 때 도덕적 관점을 그런 평가를 위한 유일한 관점으로 받아들이는 것이다. 그런데 인간의 행동과 품성을 평가할 때 도덕적 관점이 의심의 여지없이 가장 높고 가장 중요한 평가 방식이기는 하지만, 이런 도덕적 관점 외에도, 사실은 우리 인간의 본성을 완전히 파괴하지 않는다면, 인간에 대한 우리의 감정이 실질적으로 영향을 받을 수 있고, 받아야 하며, 받을 수밖에 없는 두 가지 다른 방식이 더 있는데, 그것은 미적인(aesthetic) 관점, 공감적(sympathetic) 관점이다.

따라서 사실 모든 인간 행동은 세 가지 국면을 가지는데, (1) 그 행동의 도덕적 국면 혹은 그것이 옳거나 그른 국면, (2) 그것의 미적인 국면 혹은 그것의 아름다움, (3) 그것의 공감적 국면 혹은 그것의 사랑받을 수 있는 능력이다. 도덕적 국면은 우리의 이성과 양심에 호소한다. 미적인 국면은 우리의 상상력에, 공감적 국면은 우리의 동포적 감정(fellow-feeling)에 호소한다. 도덕적 국면에 따라 우리는 어떤 행동이나 품성을 승인하거나 불승인한다. 미적 국면에 따라 우리는 어떤 행동이나 성격을 숭배하거나 경멸한다. 공감적 국면에 따라 우리는 어떤 행동이나 성격을 사랑하거나 동정하거나 싫어한다.

  행동의 도덕성은 그것의 예측할 수 있는 결과에 의존한다. 행동의 아름다움과 추, 그것의 사랑스러움과 그렇지 않음은 그런 것들에 관해서 증거가 될 수 있는 속성들에 의존한다. 따라서 거짓말은 잘못인데, 그 결과가 사람을 오도하고 그것이 사람들이 다른 사람에게 가지고 있는 신뢰를 파괴하는 경향이 있기 때문이다. 거짓말은 저열한데, 왜냐하면 거짓말은 진실을 말하는 것의 결과를 당당히 직면하지 못해서 나오는 비겁한 행동이거나, 자신의 목적을 정직한 수단으로 수행할 힘이 없다는 증거이기 때문이다.

  로마 공화정 초기의 브루투스가 자신의 아들들에게 사형 선고를 내린 행동은, 그의 나라의 자유를 지키기에 꼭 필요한 법을 의심할 여지없이 유죄인 자신의 아들들에 대해 집행하는 것이기 때문에 옳았다.[37) 그것은 보기 드문 애국심, 용기와 자기 통제력을 필요로 하는 것이기 때문에 찬양받을 만한 것이었다. 그러나 그 행동에 사랑할 만한 것은 없다. 그것 안에 사랑받을 만한 것이 있다는 추정도 그것이 결핍되어 있다는 어떤 추정도 허용하지 않는다. 만일 그의 아들 중 한 명이 다른 형제에 대한 사랑으로 인해 음모에 가담하게 되었다면 그의 행위는 도덕적이거나 찬양받을 만하지는 않지만 사랑받을 만한 것이었을 것이다.

어떤 궤변으로도 인간 행동이나 성품을 평가하는 이런 세 가지 방식을 혼동하게 하는 것은 불가능하지만, 이 중 하나만을 배타적으로 존중하고 다른 것들을 무시하는 것은 가능하다. 감상주의는 다른 두 가지 국면 아래 도덕적 국면을 두는 것이다. 일반적으로 도덕주의자들, 그리고 벤담의 실수는 미적·공감적 국면을 완전히 무시하는 것이다. 이것은 특히 벤담에게 현저하다. 그는 도덕적 기준이 가장 높은 것일 뿐만 아니라 (물론 그래야 하지만) 유일한 것

---

37) 로마가 타르퀸 왕가가 통치하던 왕정에서 공화정으로 바뀐 이후, 브루투스의 아들들이 타르퀸 왕가를 복권시키려는 음모를 꾸미다가 발각되어 재판을 받았는데, 아버지인 브루투스가 그들에게 사형 판결을 내렸다. 이 주제에 관해 프랑스 화가 다비드가 「브루투스의 아들들의 시체를 집으로 날라오는 형리들」이란 그림을 그렸고, 프랑스 혁명의 공화주의를 상징하는 그림이 되었으며, 서양 근대 사상 가장 유명한 그림으로 인정받고 있다. 밀이 이 글을 쓴 시점에 영국에서는 프랑스 혁명에 대한 많은 논의들이 진행되어 왔기 때문에, 이 그림도 영국에서 알려져 있었을 것이다.

이어야만 한다고, 그리고 도덕적 기준이 우리의 모든 행위에서도, 그리고 모든 감정에서까지도 유일한 주인이어야 한다고 주장했다. 그래서 그는 어떤 사람이 선을 산출하거나 해를 끼치지 않는 행동을 했을 때, 그 행동으로 인해 사람들이 그 사람을 숭배하거나 좋아하고 경멸하거나 싫어하는 것은 부정의이고 편견이라고 주장했다. 그는 이런 좋아함이나 싫어함은 근거가 없다고 생각해서, 그의 면전에서 이런 것이 표현되는 어구를 참지 못했을 정도였다. 이런 표현에 좋은 취미와 나쁜 취미라는 표현도 포함된다. 벤담은 취미의 문제에서 한 사람이 다른 사람을 찬양하거나 비난하는 것은 독단론의 한 종류라고 주장했는데, 어떤 사람이 무엇을 좋아하고 싫어하는 것이 그의 품성과 전혀 관련이 없다고, 어떤 사람의 취미가 그가 현명한지 어리석은지, 교양 있는지 무식한지, 온화한지 아니면 거친지, 감수성이 있는지 아닌지, 관대한지 아닌지, 이타적인지 아닌지, 양심적인지 아닌지를 보여주지 않는다고 생각했기 때문이다. 물론 우리는 이 면에서 벤담과 견해를 달리하며, 무엇을 좋아함과 싫어함, 그리고 사람의 취미가 그 사람의 품성이 어떤가를 말해 주기 때문에 근거가 있으며 중요하다고 본다.

이 주제와 관련된 것이 시에 대한 벤담의 독특한 견해이다. 사실 이상으로 그의 상상력의 즐거움과 예술에 대한 그의 경멸이 과장되게 주장되었다. 음악은 평생 동안 그가 좋아하는 오락거리였다. 회화, 조각 및 다른 시각 예술들을 경멸했다는 것은 사실이 아니며, 그는 때때로 그런 예술들을 중요한 사회적 목적들을 위해 사용될 수 있는 수단들로 인정했다. 그렇지만 인간 성격의 원천들에 대한 깊은 무지로 인해 벤담은 대부분의 영국인들처럼 그런 것들이 얼마나 깊게 인간의 도덕적 본성이나 개인과 인류의 교육에 영향을 미칠 수 있는지를 고려하지는 못했다.

그런데 좁은 의미에서의 시, 즉 단어들을 사용하는 예술인 시에 대해 그는 조금도 호의를 가지지 않았다. 그는 단어들이 정확한 논리적 진리를 표현하는 데 사용되지 않는다면 그것들의 적절한 임무로부터 벗어난 것이라고 생각했다. 그의 저술의 어느 곳에서 그는 "산출되는 행복의 양이 동일하다면 푸시핀 놀이도 시만큼 좋다."고 말했다.[38] 그러나 이것은 그가 가장 가치 있게 여기고 숭배하는 것들에 관해 말할 수 있는 것을 역설적으로 말한 것에 불과하다. 이 주제에 관한 그의 견해를 더 특징적으로 드러내는 그의 말은 "모든 시는 잘못된 재현(misrepresentation)"이라는 것이다. 그는 본질적으로 시라는 것은 그 효과를 위해 과장하는 것이라고, 즉 한 사물에 대한 어떤 한 견해를 매우 열정적으로 주장하며 그에 대한 모든 제한과 한정을 억압함으로써 효과를 과장하는 것이라고 생각했다. 벤담의 이런 성격의 특징은 칼라일이 "편협한 인간의 온전성"

---

38) *The Rationale of Reward*(1825), Book III, ch. I. 푸시핀은 아이들 놀이로, 참가자들이 상대방의 핀을 넘어 자신의 핀을 밀거나 뒤집는 것이다.

이라고 부른 것의 예인 것으로 우리에게는 보인다. 벤담은 그 자신의 작은 영역 내에서 행복한 철학자였다. 그는 자신은 본질적으로 부족한 인간 지성의 법칙, 한 번에 한 사물만을 잘 볼 수 있다는 그런 법칙으로부터 해방되어, 인간 지성의 불완전함을 모두 볼 수 있고 그런 것들을 금지할 수 있다고 스스로 자부했다.

진정으로 벤담이 시에서만 명제들이 정확하게 진실일 수 없고, 실제에 적용될 때 고려되어야 할 모든 한계와 제한을 포함할 수 없다고 상정했는가? 우리는 그 자신의 산문 명제들이 이런 유토피아를 실현하는 것으로부터 거리가 멀다는 것을 보아왔다. 아니, 그런 유토피아에 접근하려는 시도는 시만이 아니라 웅변과 모든 종류의 대중적인 글쓰기와 양립 불가능할 것이다. 어떤 면에서 벤담의 주장은 완전히 옳다. 사람들로 하여금 진리를 보게 할 뿐만 아니라 느끼게 하려는 모든 글쓰기, 한 번에 한 가지 점에 집중해서 그것을 강조하고 그것을 알아듣도록 하고, 그것을 독자나 청자의 마음속에 자리 잡게 하고 물들이려는 모든 글쓰기에 사실인 것이다. 그렇지만 이런 방식의 글쓰기는 만일 그렇게 강조하는 진리의 일부가 그 상황에 의해 요구되는 것이라면 정당화되는 것이다. 감정에 호소하는 모든 글쓰기는 과장하는 자연스런 경향이 있다. 그러나 벤담은 다른 많은 경우들에서와 같이 이 경우에도, 우리가 충분히 한다고 확신하기 위해 더 많은 것을 목표로 해서는 안 된다는 것을 기억해야 했다.

위와 같은 원칙으로부터 그의 후기 저작의 복잡하고 혼란스러운 문체가 나왔는데, 이로 인해 그의 후기 저작은 일반 대중이 아니라 학자들만을 위한 책이 되고 말았다. 그것은 그가 비현실적인 정확성을 끊임없이 추구하는 데서 기인한 것이다. 다행히도 그의 전기의 거의 모든 저술, 그리고 그의 후기 저술 중 많은 것들이 이미 우리가 본 것처럼 가볍고, 재미있고, 대중적인 문체의 모델로서, 애디슨(Josheph Addison)이나 골드스미스(Oliver Goldsmith)가 쓴 것만큼이나 가치가 있는 문구들로 이루어진 벤담 문장 모음집(Benthamiana)이 만들어질 수도 있을 것이다.[39] 그러나 그가 더 나이가 들고, 학식이 더 깊어진 후에, 그는 영어의 특질과 거리가 먼 라틴어나 독일어의 문장 구조로 빠져들었다.

그는 명료함과 독자의 편의를 위해 보통 사람들이 만족하는 것처럼 한 문장에서 진실 이상을 말하고 그다음 문장에서 그것을 고치는 것을 참을 수 없었다. 그는 그가 의도하는 모든 한정구(qualifying remarks) 전체를 그 문장 자체의 중간에 괄호로 끼워 넣는 것을 고집했다. 그래서 문장들의 의미가 너무 길게 연장되고, 그런 문장의 주된 개념을 적절히 이해하기 위해서는 그전에 부속적인 개념을 먼저 이해하는 것이 요구되어서, 독자들의 경우에 훈

---

39) 애디슨(1672-1719)은 영국의 평론가이며 시인이다. 골드스미스(1730?-1774)는 아일랜드 태생의 영국 시인, 극작가, 소설가이다.

련 없이는 필자의 생각의 흐름을 이해하는 것이 어렵게 되었다. 그의 가장 중요한 저술들의 많은 부분이 이런 결점으로부터 자유롭다는 것은 행운이다.

우리는 이것을 그의 시에 대한 반대를 논파하기 위한 귀류법으로 제시한다. 동일한 반대가 제기될 수 없는 방식으로 글을 쓰기 위해 그는 전적으로 읽을 수 없는 글을 쓸 수밖에 없었고, 그가 주장하는 바와 같이 불완전하고 일면적인 시인이나 감상주의자들의 글보다 나은 정확성을 얻을 수 없었다. 만일 그의 반대가 허용되어서 그의 시험을 통과하지 못한 모든 스타일의 글쓰기가 추방된다면 문학과 철학이 어떤 상태에 있을지, 문학과 철학이 대중들에게 영향을 미칠 얼마만큼의 기회가 있을지 판단해 보라.

우리는 여기에서 벤담과 그의 이론에 관해 짧고 불완전한 검토를 끝맺어야 한다. 여기에서 그 주제의 많은 부분들은 전혀 다루어지지 않았고, 다루어진 부분 중에 온전히 공정하게 다루어진 부분도 없지만, 최소한 그것은 그의 저작에 대한 아주 긴밀한 친숙함으로부터 나온 것이고 철학자로서 그의 성격과 세상에 대한 그의 작업의 결과에 공정한 평가를 하려는 거의 첫 번째 노력이라 할 수 있다.

우리가 벤담의 위대함을 경감하는 것을 되도록 삼갔는지 여부는 지금까지 보인 그대로이다. 그런데 그의 위대함에 대해 모든 경감이 이루어진 이후에도, 벤담은 논쟁의 여지없이 인류에게 위대한 지적인 은혜를 베푼 사람 중 한 명이다. 그의 저술은 실천적인 사상가들을 위한 최고의 교육에서 빼놓을 수 없는 부분을 형성할 것이며, 그의 전집은 그의 시대를 이해하려는 사람이나, 그 시대의 위대한 사업에 기여하고자 하는 사람의 손에 들려 있어야 한다.[40]

---

40) [원주] 이 논문이 처음 출판된 이후 벤담을 포함해 여러 인물들에 관한 브로엄 경의 일련의 스케치들이 출판되었다. 벤담의 성격에 관한 브로엄 경의 견해는 우리의 보다 정확한 평가 결과와 그 주된 포인트에서는 일치된다. 그러나 브로엄 경은 벤담이 사생활에서는 시기심이 많고 화를 잘 내는 성향을 가졌었다고 하는데, 그에 관해 우리는 사실이 아니라고 설명할 필요가 있다고 생각한다. 벤담과 세상과의 관계를 정확하게 평가하려면 그가 행한 추상적 사변을 제외하고 모든 것에서 그는 마지막까지 본질적으로 소년이었다는 것을 마음에 두는 것이 꼭 필요하다. 즉 신선함, 단순함, 신뢰, 생생함, 활동 등 소년기의 모든 즐거운 성질과 그 반대되는 성질로서의 약점들─사소한 것들에 대해 과도한 중요성 부여, 사물들의 실천적 의미와 가치에 대한 습관적인 잘못된 측정, 적절치 않은 원인에 대해 쉽게 기뻐하거나 화를 내는 것들이다. 이런 것들이 그가 어떤 사람들에게, 특히 브로엄 경의 사법 개혁의 주제에 대해 브로엄 경에 대한 공격의 일부에서 합당하지 않은 것의 진정한 원천이다. 그런 것들은 시기나 악의나 어떤 진정으로 사랑할 수 없는 성질의 결과가 아니라 어린 소년의 변덕 이상의 것이 아니며 비판이나 비평에 적합한 주제가 아니다.

2

「콜리지」

콜리지란 이름은 시대의 정신적인 작동 방식이 점점 더 외적 사실로서 발현해 나가는 정도에 비례해 더 자주 불리고, 보다 중요한 일들의 상징이 되어갈, 우리 시대 소수의 영국 이름 중 하나이다. 철학적 사고를 통해 영국 사회를 계몽시키고자 시도하는 사람들의 견해와 정신적 경향에 벤담을 제외하고 그만큼 깊은 영향을 미친 사람은 없었다. 베이컨이 주장한 것처럼, 만일 20대와 30대 사이의 사람들이 어떤 사변적인 견해들을 가지고 있는지를 아는 것이 미래 정치에 대해 예언을 하기 위해 중요한 원천이라는 것이 사실이라면 콜리지의 존재는 우리 영국의 미래에 확실한 흔적을 남길 것인데, 젊은 사람들 중에서 견해를 가졌다고 할 수 있는 사람들의 견해를 형성하는 데 누구도 그보다 더 많이 기여하지 못했기 때문이다.

벤담과 마찬가지로 콜리지의 영향은 그의 특수한 종교적 믿음이나 철학적 신념을 공유하는 사람들의 범위를 훨씬 넘어선다. 그는 영국 사회에 깔려 있는 전통적 견해의 한계 내에서 철학의 정신을 위대하게 각성시킨 사람이었다. 그는 벤담과 거의 마찬가지로 세상의 기존 질서에 대한 위대한 질문자였는데, 그 이유는 질문자가 반드시 적일 필요는 없기 때문이다. 다른 어떤 사람보다 벤담은 사람들로 하여금 과거의 견해 혹은 전통적인 견해에 관해 그것이 참인지 질문하도록 이끌었고, 콜리지는 그 의미가 무엇인지 질문하도록 이끌었다. 벤담은 전통적인 견해의 외부에 서서, 그리고 그런 견해에 대한 전적인 이방인으로서 그것을 검토했다. 콜리지는 그런 견해를 내부로부터 보았으며 그것에 대해 믿음을 가진 사람의 눈으로 보았다. 즉 그는 그런 전통적인 견해가 어떤 명백한 사실에 의해서 제일 먼저 시작되었고, 그것이 어떤 외관을 가지고 계속적으로 믿을 만한 것이 되어왔는지를, 그것이 세대를 이어서 사람들에게 자신들의 경험에 대한 충실한 해석으로 보여왔는지를 발견하고자 했다. 벤담은 어떤 명제를 그것이 그 자신의 탐구의 결과와 맞는지 안 맞는지에 따라 참인지 거짓인지로 판단하고, 그 명제가 그가 생각하는 참된 것을 의미하지 않을 때에는 그 명제가 의미하는 것이 무엇인지에 대해 호기심을 가지고 탐구하지 않았다. 그와 반대로 콜리지는 어떤 종교적·철학적 혹은 다른 종류의 교설을 사려 깊은 사람들이 믿어왔고, 그것을 어떤 세대의 국민들이나 사람들이 수용했다는 사실 자체가 우리가 이해해야 할 문제의 일부이고 설명해야 할 현상 중 하나라고 생각했다. 벤담은 모든 사회적 문제의 원인은 귀족들, 성직자들, 법률가들 혹은 다른 종류의 사기꾼들이 자신들의 이기적 이익을 추구하기 때문이라고 주장했는데, 벤담의 이렇게 간단하고 쉬운 방법은 인간 지성과 감정의 복잡함에 대해 훨씬 깊은 이해를 가지고 있던 사람을 만족시킬 수 없었다. 이에 반해 콜리지는 어떤 교설이 오랜 동안 혹은 광범위하게 유지되었다는 사실은 그 교설 자체가 전적으로 오류가 아니라는 것을, 비록 후대에 그런 교설을 단지 전통적이란 이유로 받아들인 사람 중 많은 사람들에게는 그렇지 않았겠지만 적어도 처음에 그런 교설을 제시했던 사람들에게 그것은 자신들에게는 실재(reality)였던 어떤 것을 언어로 표현한 노력의 결과였다고 생각했다. 그는 어떤 교설이 장기적으로 지속되었다는 것은 최소한 그 교설 안의 어떤 것이 인간 정신의 어떤 부분에 적응했다는 증거라는 것, 그리고 우리가 그 뿌리까지 파 내려가서 어떤 진리를 발견하지 못한다 하더라도, 그 교설이 만족시킬 수 있는 인간 본성의 어떤 자연적 필요나 요구를 찾게 될 것인데, 이런 필요 중에는 벤담이 주장하는 것처럼 이기심이나 쉽게 믿는 성향(credulity)도 자리를 잡고 있겠지만 그런 것들만 있는 것은 아닐 것이라고 생각했다. 두 철학자의 이런 관점 차이로부터, 그리고 각자는 자신의 관점을 아주 엄격하게 따랐기 때문에, 벤담은 전통적 의견 안에 있는 진리를 놓치고,

콜리지는 전통 밖에 있거나 전통들과 다른 진리를 놓칠 것으로 예상되겠지만, 오히려 각자는 다른 사람이 놓친 많은 것들을 찾거나 찾는 길을 보여줄 개연성이 높다.

벤담을 언급하지 않고서 동시대인들 사이에서 콜리지의 위치에 관해 말하는 것은 거의 불가능하다. 그들은 심리적 연상의 가장 밀접한 두 가지 연결 고리인 유사함과 상반됨에 의해서 연결되어 있다. 철학적으로 유명한 두 인물 중에 이들보다 서로 반대되는 사람들을 찾기는 어려울 것이다. 어떤 주제를 다루는 그들의 방법을 비교해 보면 당신은 그들이 다른 세계에 사는 사람들이라고 생각하게 될 것이다. 그들이 공통으로 가지는 어떤 원칙이나 전제는 없는 것으로 보인다. 각자는 거의 다른 사람이 보지 못하는 것만을 본다. 벤담은 자신이 철학하는 방식과 다른 방식으로 철학하는 사람을 대할 때 그가 보이는 특이할 정도의 유쾌한 경멸감을 가지고 콜리지를 대할 것이다. 콜리지는 자신과 다른 모든 유명한 사상가 대부분에 대해 보여준 그의 철학 방식의 장점이라고 할 수 있는 관대한 평가를 벤담에게는 적용하지 않을 것이다. 그러나 논리학자들이 말하듯이 정반대(corollaries)는 같은 종류의 것 중에서 서로 가장 멀리 있는 것들이다. 이 두 사람은 영국의 동시대 사람들에게 철학적 원칙과 그 예들을 가지고 철학의 필요성을 가장 강하게 느끼도록 한 사람들이라는 면에서 공통점을 가진다. 그들은 어떤 명제도 그 근거를 살펴보지 않고는 당연한 것으로 받아들이지 않앉고, 그 명제의 정당성을 판명할 적절한 증거들이 무엇인지를 모색하고, 올바른 제일원리가 무엇인지를 재검토하는 것을 그들 평생의 업으로 삼았다는 공통점을 갖는다. 그들은 건전한 이론이 건전한 실천을 위한 유일한 기초이며, 이론을 경멸하는 사람들은 그들이 어떤 지혜롭다는 외관을 갖춘다 하더라도, 스스로 사기꾼임을 증명하는 것이라고 생각했다. 만일 정치 이론에서 현실 정치만을 강조하는 학파들이 내세우는 주먹구구식 규칙(rule-of thumb)들이 현실적으로도 적절하지 않다는 주장과, 현실적인 사람들이 '경험'이라고 부르는 것이 실천적 목적을 위해서는 충분치 않다는 주장 중 최선의 것들만을 포함하는 책이 편집된다면, 그 책이 벤담이나 콜리지 중 어느 쪽에 더 많은 빚을 지고 있는지 판단하기 어려울 것이다. 그들은 또한 모든 철학의 기초 작업은 정신의 철학(philosophy of mind)이라고 생각했고, 이런 기초를 깊고 강하게 다진 후에 그 위에 건물을 세우는 것이 그들의 평생 목표였다. 사실 그들 서로는 대부분 다른 재료들을 사용했다. 그런데 그들의 재료는 진짜로 자신들이 행한 관찰들이었고, 진정한 경험의 산물들이어서 결과는 서로 적대적이라기보다는 서로 보완적이다. 그들의 철학하는 방법에 대해서도 같이 얘기할 수 있는데 그들의 방법은 달랐지만, 두 방법은 모든 정당한 논리적 과정이었다. 모든 면에서 두 사람은 서로를 "온전하게 하는 반쪽"이었다. 한 사람의 강점은 다른 사람의 약점에 상응했다. 누군가가 두 사람의 전제들을 숙지하고 두 사람의 방법을 결합한다면, 그는 자기 시대의 모든 영국 철학을 가지고 있다고 말할 수 있다. 콜리지는 모든 사람은 플라톤주의자로 태어나거나 아리스토텔레스주의자로 태어난다고 말했는데, 우리는 현재의 모든 영국인이 인간사에 대해 벤담이나 콜리지의 원칙에 따라 참일 수 있는 견해들을 가지고 있다는 점에서 콜리지주의자나 벤담주의자라고 말할 수 있다. 그러나 벤담과 콜리지의 평행선은 사실 어떤 면에서는 성립하지 않는데, 벤담은 그가 받아들인 철학의 체계를 아주 많이 개선하고, 새로운 것을 많이 첨가했기 때문에 그의 후계자들은 그를 거의 그 학파의 창립자로 간주한다. 반면에 콜리지는 그가 전파한 체계에 독창적인 사고력을 가진 어떤 정신이라면 남길 수밖에 없는 자신만의 흔적을 남겼음에도 불구하고, 그의 이론 중 모든 본질적인 것은 18세기 후반의 독일 철학자들이 먼저 주장했고, 그 후 뛰어난 프랑스의 해설자들과 추종자들이 계승해 왔다. 따라서 비록 콜리지가 영국인들에게 그 이론의 전형이고 주된 원천이지만 그 이론 자체의 창립자라기보다는 영국에 나타나게 된 그 이론의 형태를 만든 사람이라고 할 수 있다.

우리 시대의 지성에 대한 콜리지와 그의 영향력을 평가함에 있어서 의견이 합의되리라 기대하기에는 시간이 아직 충분히 지나지 않았다. 시인으로서 콜리지는 그의 지위를 확고히 하고 있다. 그가 전파하는 데 중요한 역할을 했던 보다 건강한 취미와 보다 지적인 시비평의 고전들은 그를 위대한 시인 중 한 명으로 자리매김했고, 만일 그가 실제로 성취한 것들의 양보다 그가 보여준 창조력을 감안한다면 우리 문학에서 가장 위대한 사람 중 한 명으로 자리 잡게 될 것이다. 그러나 콜리지를 철학자로서 판단하기 위해 그와 비교되어야 할 그런 종류의 철학자들이 아직은 출현하지 않았다. 영국의 제한된 철학적인 공중은 콜리지와 그가 전파하거나 방어한 견해를 철학의 모든 것이라고 생각하는 사람들과, 그것은 철학도 아니고 아무것도 아니라고 생각하는 사람들로 완전히 나뉘어 있다. 진정한 사상가는 그의 사상이 다른 학파에서 형성된 사람들 마음속에 들어가야만, 그의 사상과 다른 모든 참되고 관련된 사상과 일관성이 있도록 되어야, 서로를 부정하는 절반의 진실들의 소란스런 싸움이 가라앉아야, 서로 양립 불가능해 보이는 아이디어들이 사실은 상호 제한만을 요구한다는 것을 알게 되었을 때에만 정당하게 평가될 수 있다. 콜리지에 대해서 이런 때는 아직 오지 않았다. 영국에서 철학의 정신은, 종교의 정신과 마찬가지로 여전히 근본적으로 분파주의적(sectarian)이다. 보수주의자들과 자유주의자들, 선험주의자들과 홉스와 로크를 숭배하는 경험주의자들은 상대방을 철학적 담론의 영역 밖에 있다고 간주하고, 서로의 생각을 잘못된 것으로 간주해서, 그것을 공격하기 위한 경우가 아니라면 그것을 연구하는 것이 잘못된 것은 아니라 하더라도 무용한 것이라고 간주한다. 이는 케플러가 프톨레마이오스나 티코 브라헤가 지구의 주위를 태양이 돈다고 믿었기 때문에 그들의 올바른 관찰을 이용하지 않으려 한다거나 하는 것과, 프리스틀리와 라부아지에가 플로지스톤 이론에 대해 의견을 달리했기 때문에 서로의 화학 실험을 부정하는 것과 같은 정도의 실수이다.[1] 그것은 사실 위에 든 두 가지 예 중 어느 쪽보다 더 큰 실수이다. 왜냐하면 영국 사람 중에는 아직 거의 인정하는 사람들이 없지만, 대륙의 철학자들이 오래전부터 인정해 온 진리 가운데 하나는 현재 불완전한 상태에 있는 정신과학과 사회과학에서 대립적인 사고방식(antagonist modes of thought) 혹은 변증법적 사고방식의 중요성이다. 정치 체제에서 서로 견제하는 권력들이 필요한 것처럼, 사고에서도 이런 대립적인 사고방식이 서로를 필요로 한다는 것을 알게 될 것이다. 이런 사고방식이 필요하다는 것을 명백하게 이해하는 것이 사람들이 서로 다른 견해들에 대해 철학적으로 관대하기 위한 합리적이고 지속적인 기초이며, 서로 다른 견해들에 대한 관대함을 서로의 의견에 대한 무관심보다 낫게 하는 유일한 조건이다.

이토록 어려운 정신과학과 사회과학의 연구를 위한 첫 번째 요구 조건을 충족하는 사람들, 즉 그것의 어려움에 대해 적절한 느낌

---

1) 프리스틀리는 영국의 과학자로 산소의 발견으로 유명하다. 그는 과학자일 뿐만 아니라 삼위일체를 부정하고 신의 단일성을 주장하는, 즉 하느님만이 신이고 예수는 신이 아니라는 견해인 유니테리어니즘(unitarianism)을 옹호한 대표적인 인물 중 한 명이다. 라부아지에는 프랑스의 화학자로 프랑스 혁명기의 인물이다.

을 가지고 있는 사람들은 이런 연구를 할 때 끊임없이 경계해야 할 위험이 거짓을 진리로 받아들이는 데 있는 것이 아니라 진리의 일부를 진리의 전부인 것으로 받아들이는 데 있다는 것을 의식한다. 사회철학에서 과거와 현재의 거의 모든 주된 논쟁에서 양측은 그들이 부정하는 것에서는 틀렸지만 그들이 주장하는 것에서는 맞았고, 만일 그들이 자신들의 견해에 더해 상대방의 견해를 받아들였다면 그들 자신의 견해를 옳게 만들기 위해 그 이상은 별로 필요하지 않았을 것이다.

예를 들어 인류가 문명을 통해 얼마나 많이 진보했는지를 고려해 보자. 어떤 관찰자는 물질적 편안함의 증대, 지식의 진보와 확산, 미신의 쇠퇴, 상호 교류의 용이함, 예절의 순화, 전쟁과 개인적 충돌의 감소, 약자에 대한 강자의 독재에 대한 진보적인 제한, 다수의 협력에 의해 전 지구상에 성취된 위대한 일들에 강력한 인상을 받아서 그는 우리 시대에 아주 흔한 인물인 '우리 계몽된 시대'의 숭배자가 될 것이다. 다른 관찰자는 이런 혜택들의 가치가 아니라 그런 혜택을 받기 위해 지불해야 할 높은 가격에 주의를 기울이며, 예를 들어 개인적 정력과 용기의 약화, 자랑스럽고 자기 신뢰적인 독립의 쇠퇴, 인위적 필요에 대한 많은 사람들의 복속, 고통의 그림자만 보여도 도망치는 여성적인 공포, 지루하고 흥미롭지 않은 인생의 단조로움, 정열 없는 맥 빠짐, 사람들의 성격에서 두드러진 개인성의 부재, 정해진 규칙에 따라 정해진 일을 행하는 소비적 삶에 의해 산출되는 협소하고 기계적인 이해와, 그의 생존과 안전이 매 순간 그가 그때에 맞게 목적에 수단을 맞추는 능력에 의존하는 문명화되기 이전의 숲속의 인간의 다양한 힘과의 대조, 부와 사회적 지위의 큰 불평등으로 인한 사기의 저조, 야만인들보다 필요들이 더 잘 충족되지 않으면서도 야만인들을 위한 보상인 자유와 흥분 대신에 자유를 억압하는 수많은 수단을 가지고 있는 문명화된 국가의 대부분의 사람들이 겪는 고통에 초점을 맞춘다. 이런 것들에, 그리고 이런 것들에만 주의를 기울이는 사람은 야만의 삶이 문명의 삶보다 좋고, 문명화는 가능한 한 되지 않는 것이 좋다고 추론하며, 루소의 전제로부터 그의 사도인 로베스피에르의 실천적인 결론으로 이끌리게 될 것이다.[2]

우리가 지금까지 상상해 본 두 사람, 문명과 현대를 숭배하는 사람과 독립성과 과거를 숭배하는 사람보다 더 차이가 나는 두 명의 사상가는 없을 것이다. 그러나 이 중 한쪽의 의견에서 긍정적인 모든 것은 참이다. 그리고 만일 진리의 한쪽 반이 진리의 모든 것이라면 자신의 길을 선택하기가 무척 쉬울 것이다. 그러나 우리는 이

---

2) 루소의 저작인 『사회계약론』, 『인간불평등기원론』 등은 프랑스 혁명을 주도한 사람들에게 영향을 끼친 것으로 유명하다. 여기서 밀이 염두에 둔 것은 루소의 『인간불평등기원론』인데 루소는 이 저작에서 문명 상태를 비판하고 있다. 로베스피에르는 프랑스 대혁명 시기의 혁명가로 공포 정치를 통해 많은 사람을 처형한 것으로 악명이 높다.

두 가지를 결합할 필요가 있는데, 두 가지를 결합하는 실천 이론을 구성하는 것이 얼마나 어려운지 짐작할 수 있을 것이다.

다른 예로 한 사회가 교육받지 않고 교양 없는 수적 다수(numerical majority)와, 상당한 정도의 지성과 미덕을 성취한 탁월한 소수(minority)의 사람들로 이루어져 있다고 할 때, 한 사람은 이 사회가 잘 통치되기 위해서는 수적 다수가 탁월한 소수의 지성과 의견을 우선적으로 존중해서(defer) 탁월한 소수들이 사회의 정책 등을 결정하도록 위임하는 것이 옳다고 주장하고, 즉 최선의 사람들의 정치 혹은 귀족정이 옳다고 주장하고, 다른 사람은 수적 다수가 탁월한 소수의 의견을 우선 존중함 없이 사회를 직접 통치하는 직접 민주주의가 옳다고 주장한다고 해보자.[3]

앞의 견해를 지지하는 사람은 직접 민주주의가 나쁜 결과를 가져온다고 주장하는데, 수적 다수는 교육을 받지 못하고, 교양이 없기 때문에 사회 정치 문제 등 가장 복잡한 문제들을 올바르게 이해하고 그런 문제들에 대처하기 위해 좋은 정책을 결정할 능력이 부족함에도 자신들이 그렇게 할 수 있다고 믿고, 또 실제로 그렇게 함으로써 자신들을 포함해 사회에 해가 되는 나쁜 결과를 가져

---

3) 귀족정을 뜻하는 aristocracy는 원래 그리스어의 의미로는 "가장 좋은 사람들의 통치"이며, 이것이 플라톤이 의미했던 것이다. 이 문제는 밀이 벤담론에서도 다루고, 이 논문의 후반부에서도 다룬다.

온다는 것이다. 이런 복잡한 문제들을 해결하기 위한 교육과 교양을 함양하기 위해서는 여가가 필요한데, 여가는 세습적 귀족제의 자연적인 속성이고, 그러한 귀족들은 지적이고 도덕적인 우수성을 획득할 모든 수단을 가지고 있다. 그렇지만 이런 귀족들도 이런 교육과 교양의 함양을 위해서는 충분한 동기가 부여되어야 하고, 귀족들도 인간인지라 수적 다수만큼이나 그들 자신보다 더 위대한 지혜와 선에 의해 통제되고 계몽되어야 할 필요가 있다. 그래서 귀족들에 대한 이런 통제와 계몽을 위해서는 신이 필요하고, 이런 신의 뜻을 지상에서 대변하는 기독교회가 필요하다. 이렇게 주장하는 사람은 제도적인 기독교회를 지지하고 그런 교회가 지지하는 귀족 정치를 지지하는 양심적인 광신자의 모든 요소를 가지고 있다. 그렇지만 이런 사람의 견해에는 진리가, 그것도 중요한 부분적 진리가 있다.

뒤의 입장을 지지하는 사람은 귀족제의 보통 성원조차 자기 이익의 계산이나 본능에 따라 만일 그가 다른 사람들의 이익의 충족을 연기시킬 수 있다면 그렇게 할 것이며, 모든 시대의 모든 정부는 허용되는 한까지, 그리고 일반적으로는 파괴적인 정도까지 그렇게 해왔으며, 이런 문제를 해결하는 유일한 가능한 방법은 수적 다수가 통치하는 직접 민주주의를 채택하는 것이라고 말한다. 이 사람의 견해에도 앞의 사람과 마찬가지로 진리가, 그것도 중요한 부분적 진리가 있다.[4]

따라서 모든 중요한 부분적 진리에 관해 언제나 두 가지 대립하는 사고방식이 있는데 한 사고방식은 그 진리에 너무 많은 자리를, 다른 사고방식은 그것에 너무 적은 자리를 내준다. 사실 여러 견해의 역사는 일반적으로 이 두 극단 사이의 왕복 운동이라고 할 수 있다. 인간 정신 능력의 불완전함 때문에 저명한 사상가들의 경우에도 그들의 주제의 각자의 부분적 견해가 그 정확한 가치로 평가되고 그 이상으로 평가되지 않는 경우는 아주 드물다. 그리고 비록 이런 정확한 균형이 스승의 보다 현명한 정신에 있다 하더라도, 그것은 그의 제자들에게는 존재하지 않고, 일반 대중의 경우에는 더욱 그러하다. 스승은 자신의 이론에서 새로운 것을, 그것이 새로운 것이기 때문에 가장 강하게 강조할 수밖에 없기 때문에 그 새로운 것에 대해 불균형한 인상을 주는 것을 막지 못한다. 새로움을 저항하는 장애물을 극복하기 위해 필요한 추동력이 대중의 마음을 거의 반대편으로 움직이는 데에 거의 언제나 성공한다. 따라서 한 방향으로의 쏠림은 상응하는 반작용을 결정한다. 이런 상황을 개선하는 유일한 방법은 추가 한 번 왕복 운동할 때마다 중심으로부터 덜 벗어나게 하고, 이런 경향을 지속하게 하면서 마침내 중심에 멈추게 하는 것이다.

우리의 견해로는 독일철학–콜리지(Germano-Coleridge)의 이론은

---

4) 앞의 입장은 콜리지, 뒤의 입장은 벤담과 관련되어 있다.

이런 반작용의 결과이다. 그것은 18세기 철학에 대한 인간 정신의 반항을 표현한다. 18세기 철학이 경험적이었기 때문에 이 철학은 존재론적이고, 그 철학이 혁신적이었기 때문에 이 철학은 보수적이며, 그 철학의 많은 부분이 무신론적이었기 때문에 이 철학은 종교적이고, 그 철학이 추상적이고 형이상학적이었기 때문에 이 철학은 구체적이고 역사적이며, 그 철학이 너무 사실적이고 산문적이었기 때문에 이 철학은 시적이다. 모든 국면에서 그것은 18세기 철학과 반대 방향으로 간다.[5] 그렇지만 이전에 주의를 환기한 것처럼 개선의 일반적 법칙에 충실해서 그것은 선행하는 철학적 반작용이 그랬던 것에 비해, 특히 18세기 철학이 그것에 선행하는 철학에 대해 승리했을 때 그 이전의 철학을 그토록 심하게 부정한 데 비해, 그 반대되는 철학을 덜 극단적으로 부정하고, 그것이 반대하는 교설에서 진리인 것에 관해 덜 부정한다.

우리가 이 두 체계들을 고려할 때, 우리는 그것들의 최고의 일반화된 철학과 그것들의 실천적 결론들이라는 한 극단이나 다른 극단에서 시작할 수 있다. 전자로부터 출발하는 것이 좋을 듯한데, 그 이유는 두 체계의 차이가 잘 알려져 있기 때문이다.

모든 일관적인 철학의 틀은 그 출발점으로 인간 지식의 원천과 인간의 정신이 인식할 수 있는 대상들에 관한 이론을 필요로 한다.

---

5) 밀은 벤담을 18세기 철학의 계승자라고 본다.

가장 포괄적인 이 질문에 대해 18세기의 가장 주된 이론은 로크에 의해서 주장되고, 통상 아리스토텔레스에게 귀속되는 것으로, 모든 지식은 경험으로부터의 일반화로 이루어진다는 것이다.[6] 이 이론에 따르면, 자연에 관해 혹은 우리 밖에 존재하는 그 어떤 것에 관해서든 우리는 우리의 감각들에 제시되는 사실들과, 유비적으로 그것들로부터 추론되는 다른 사실들을 제외하고는 아무것도 알 수 없다. 경험에 선행하는 지식은 없다. 즉 정신의 내적인 빛에 의해 인식될 수 있고 직관적 증거에 근거한 지식은 없다. 감각과 정신 자체의 행위에 의한 의식이 우리의 지식의 배타적인 근원일 뿐만 아니라 유일한 재료이다. 이 이론에 대해 콜리지는 칸트 이후의 독일 철학자들과 리드(Thomas Reid) 이후의 영국 철학자들 대부분과 함께 강력하게 반대한다.[7] 그는 인간 정신 안에 비록 일정한 한계 내에서이기는 하지만 물자체의 본성과 속성을 지각할 수 있는 능력이 있다고 주장한다. 그는 인간 지성에서 그와 독일 철학자들에게

---

6) 존 로크는 영국 경험주의의 원조로 인정된다. 로크 인식론에 의하면 우리는 사물 자체를 지각하고 경험하는 것이 아니라 사물에 의해 우리 마음 안에 촉발된 관념들만을 지각하고 경험할 수 있을 뿐이다.

7) 칸트는 "직관 없는 개념은 공허하고, 개념 없는 직관은 맹목"이라는 유명한 구절에서 보듯이 경험주의와 합리주의를 종합하려 했지만, 많은 영국 경험론자들은 칸트가 성공했다고 보지 않는다. 리드는 스코틀랜드 철학자로서 로크와 흄에 반대해 우리가 사물들의 관념만이 아니라 실제로 사물들 자체를 지각할 수 있다고 주장했는데, 리드의 학파는 상식학파(common-sense)라고 불린다.

공통된 기술적인 용어로 그가 오성(understanding)과 이성(reason)이라 부르는 두 가지 능력을 구별한다. 오성의 능력은 현상 혹은 사물의 외관을 판단하고 이로부터 일반화를 하고, 이성은 직접적인 직관에 의해 우리가 감관을 통해 알 수 없는 사물들을 지각하고 진리를 인식한다. 이런 지각은 생래적인 것은 아니고, 우리에게 경험 없이는 일깨워지지 않지만 그것들은 경험의 복사본이 아니다. 경험은 그것들의 원형이 아니고 그것들이 나타나는 기회를 제공할 뿐이다. 자연의 외관들은 우리 안에서 내재적인 법칙에 의해 가시적인 외관의 원인이 되고 그것들의 법칙 속에서 그런 외관들이 의존하는 보이지 않는 사물들의 이념을 일깨우는데, 그때 콜리지가 자주 드는 예에 따라 마치 우리가 눈을 가지고 있다는 것을 알기 전에도 사물들을 보지만, 눈을 가지고 있다는 것을 알게 된 후에는 보기 전에 눈이 미리 존재하고 있다는 것을 아는 것처럼, 이런 것들이 외관을 가능하게 하기 위해 이미 존재했다는 것을 우리는 지각한다.[8] 그래서 콜리지에 의하면 경험적 진리와 구별되는 선험적 진리가 있는데, 이런 선험적 진리는 경험의 기회를 통해 시작되지만, 그 자체들은 경험의 주제가 아니고 선험적으로 알려지는 진리이다. 이런 선험적인 진리들의 목록에 콜리지는 종교와 도덕의 근본적인 이론들, 수학의 법칙들, 물리적 자연의 궁극적인 법칙들을

---

8) 이런 논변이 칸트의 선험적(transcendental) 논변이다.

포함시킨다. 그는 이런 것들은 비록 경험과 필연적으로 일관되어야 하지만 경험에 의해 증명될 수는 없으며, 만일 그것들을 완전하게 안다면 우리로 하여금 모든 관찰된 사실을 설명할 수 있게 해주고 아직 관찰되지 않은 모든 것에 대해서도 예측할 수 있게 해줄 것이라고 주장한다.

이런 주제를 다루고 있는 사람에게 이들 두 대립되는 이론의 당파적 지지자들 사이에 치명적이고 상호 파괴적이 전쟁이 벌어지고 있다는 것을 상기시킬 필요는 없을 것이다. 어느 쪽도 그 반대쪽을 왜곡하고 폄하하기 위한 지적인 비판과 도덕적 비판을 가하는 것을 주저하지 않는다. '감각주의'가 경험주의 철학에 대한 흔한 욕이고, '신비주의'가 선험주의 철학에 대한 흔한 욕이다. 경험주의 이론은 인간을 짐승으로 만드는 이론이라고 비난받고, 선험주의 이론은 인간을 정신병자로 만드는 이론이라고 비난받는다. 이 논쟁의 많은 선험주의자들은 그들의 적들이 도덕적 의무와 종교적 의무로부터 해방되고 싶은 욕망에 의해 경험주의 이론을 지지한다고 강하게 믿으며, 많은 경험주의자들은 선험주의자들이 정신병원에 수용해야 적합할 사람들이거나 과거의 편견을 위한 아주 세련된 새 논증을 만듦으로써 간교하게 신분제 질서와 귀족의 이익에 아첨하는 사람들이라고 믿는다. 이런 비판들을 가장 자유롭게 하는 사람들이, 이 질문의 복잡함을 가장 잘 아는 사람들이거나 상대방의 논변이나 자기 자신의 논변의 힘을 가장 잘 아는 사람이 아니라는 것은 구태여 말할 필요조차 없을 것이다. 그러나 이렇게 극단적인 데까지 이르지 않더라도, 양쪽의 건전한 사람들조차 서로의 의견의 경향에 대해 관대한 입장을 취하지 않는다.

선험주의자들에 의하면, 모든 지식이 경험의 일반화라는 로크와 그의 추종자들의 이론은 엄격한 논리적 결과에 의해 무신론에 이르게 되며, 흄과 다른 회의자주의자들이 경험의 근거 위에서 신의 존재를 증명하는 것이 불가능하다고 주장하는데 그들의 주장이 옳다. 칸트와 같이 콜리지도 통상적인 신의 존재 증명, 우주에 있는 디자인의 표지(標識) 혹은 다른 말로 자연의 질서가 인간의 기술과 디자인의 효과와 유사하다는 것으로부터 우주가 신에 의해 창조되었다는 논변이 유지될 수 없다고 적극적으로 주장한다.[9] 더 나아가 경험주의는 도덕을 동물적 감수성의 맹목적 충동이나 타산적 결과에 대한 계산으로 전락시키는데, 이는 도덕의 본질에는 치명적인 것으로서 도덕적 의무를 파괴시킨다. 그리고 이런 경험주의 이론에서는 과학조차 과학의 특징을 잃어버리고, 사실을 설명하지 않고 사실들을 열거하고 배열만 하는 경험론이 되어버린다. 그렇게 되는 이유는, 사실은 우리가 그 사실 안에서 법칙들이 나타나는 것

---

[9] 전통적인 신의 증명 중 유명한 디자인에 의한 증명(argument by design)을 논하고 있다. 칸트는 순수이성비판에서 전통적인 신의 존재 증명이 모두 실패한다고 주장한다.

을 볼 수 있을 때에만 설명되는데, 그런 법칙들이 나타나자마자 우리는 그런 법칙들이 필연적인 것이라는 것을 지각하기 때문이다.[10] 이것이 선험주의 철학자들이 로크, 하틀리, 벤담의 철학에 제기하는 비판들이다.[11]

이번에는 경험주의자들이 선험주의자들에게 제기하는 비판을 살펴보자. 선험주의자들은 관찰이 아니라 상상력을 진리의 기준으로 만들고, 인간의 가장 황당한 꿈을 철학의 왕좌에 앉히는 것과 다름없는 원칙들을 주장하고, 그런 원칙을 순수이성의 직관으로서 인류에게 강요한다. 그런데 이런 것은 사실 모든 시대의 신비주의적 열광주의자들에 의해 행해져 온 것이다. 그리고 비록 야콥 뵈메(Jakob Böhme)나 스베덴보리(Emanuel Swedenborg) 같은 신비주의자들의 개인적 계시가 그 심각한 비일관성 때문에 부정된다고 하더라도, 선험주의자들의 주장은 개인의 꿈을 다수의 꿈으로 대체하는 데 불과하다. 충분히 강한 파당을 형성할 수 있는 사람들은 어느 때이든 그들 이성의 직관들이, 다른 말로 하면 그들이 중요하다고 생각하는 자신들의 편견들이 경험으로부터 독립된 진리라고 내세울 수 있다. 그리고 그들은 이런 진리는 증명을 필요로 하지 않

---

10) 경험주의자 흄에 따르면, 이런 필연성은 우리 경험에 주어지지 않는다. 따라서 필연적인 인과 관계는 없기 때문에 우리가 통상적으로 이해하는 과학에서의 자연법칙들은 존재할 수 없다.

11) 초월주의라는 번역도 사용되나 선험주의라는 용어가 더 보편적으로 쓰인다.

을 뿐더러 이성이 아니라 단지 오성에 의해 반대 증명들이 제시된다 하더라도, 우리는 그런 증명을 받아들여야 하는 것이 아니라 오히려 그런 증명에 반대해서 그런 진리를 믿어야 한다고, 더 나아가 이런 진리를 더 강하게 믿어야 하는데, 이런 진리는 언어나 명제의 논리적 형식으로 나타낼 수 없기 때문이라고 주장한다. 선험주의자들이 선험적 진리를 위해 이런 권리를 요구하기 때문에, 가장 강한 쪽에 있는 사람은 누구이든 그의 명제를 증명하는 대신에 그것을 가지고 그의 편의에 따라 독단을 펼칠 수 있고, 그것을 부정하는 사람들을 '비전과 신적인 능력'이 없는 것으로 혹은 타락한 마음 때문에 가장 쉬운 계시들조차 볼 수 없는 사람들로 비난할 수 있다.[12]

이것은 사실 이 두 종류의 사상가들이 서로에게 제기하는 비판들을 대단히 온건하게 표현한 것이다. 어느 쪽의 표현이 어느 정도 정확한지는 여기에서 간단하게 논의할 수 없다. 하지만 이들이 서로 제시하는 상대방의 입장에 대한 묘사는 정확하지 않으며, 따라서 거의 가치가 없다는 것만은 분명하다.[13] 사람들의 기록된 생각 중에서 어리석음과 편견이 가장 잘 드러난 예를 찾는다면 자신들의 적이라고 생각하는 상대방의 견해에 대해 가지고 있는 견해로

---

12) William Wordsworth, *The Excursion*, I, 79.
13) 논리학적으로 자비로운 해석의 원칙을 실천하지 않았거나, 허수아비의 오류를 범했다는 비판이다.

부터 그런 예를 찾을 수 있을 것이다.

양편의 이 논쟁자들은 상대방의 이론을 판단하는 좋은 심판자가 되기에는 서로의 이론에 대해 충분히 알고 있는 대가들이 아니며, 경쟁하는 상대방의 이론을 공정하게 묘사한다는 것은 여간 수고로운 일이 아니기 때문에 대부분의 사람들은 그런 노력을 하지 않는다. 따라서 각자가 자신들이 가장 많은 이해 관심을 가지고 있는 자신들의 이론을 공정하게 묘사한다면 그것으로 충분할 것이다. 콜리지도 자신의 「명상에 대한 도움(Aids to Reflection)」의 25번째 경구에서 "진리보다 기독교를 더 사랑하는 것으로 시작하는 사람은 기독교보다 그 자신의 종파나 교회를 더 사랑하는 방향으로 나아갈 것이며 모든 사람보다 자기 자신을 더 사랑하는 것으로 끝을 맺을 것"이라고 말하고 있다.

지식의 원천이 무엇인가에 관한 질문을 각 학파가 그 자신의 원리로부터 추론한 바를 우리가 여기서 논의한다면, 우리는 심리학으로 너무 깊게 들어가게 될 것이다. 철학이 시작된 이후로 그 문제에 대해 두 학파가 공격과 방어에 있어서 그들의 가장 강한 무장을 할 수밖에 없다는 것은 놀라운 일이 아니다. 만일 두 학파가 서로의 명백한 논변에 대해 그래도 상당한 정도로 적절한 응답을 할 수 없었다면, 그 질문은 그렇게 오랫동안 질문으로 남지 못했을 것이다. 각 학파는 자신의 학파가 유리하게 이용할 수 있는 많은 사실들을 지적해 왔고, 반대 학파는 자신들의 입장을 이런 사실들과 일치시키기 위해 자신들이 가진 모든 형이상학적 자원을 사용해야만 했다.

그렇다면 우리가 이런 끝이 나지 않는 문제에 대해 우리의 의견을 진술하는 것에 만족한다는 것에 놀랄 필요는 없을 것이다. 이렇게 많이 논의된 질문에 대해 우리가 지지하는 견해는 로크와 벤담의 학파인 경험주의이다. 우리가 보기에 물자체의 본성과 법칙, 혹은 경험의 대상이 되는 현상의 원인인 물자체의 본성과 법칙은 인간의 정신 능력에는 근원적으로 접근 불가능한 것으로 보인다. 우리는 우리의 경험과 경험 자체와의 유비에 의해 우리의 경험으로부터 추론될 수 있는 것 외에는 어느 것도 경험의 대상이 될 수 있다고 믿을 만한 근거가 없다고, 그리고 인간 정신에 어떤 관념, 감정 혹은 힘이 그것을 설명하기 위해서 그것의 근원이 어떤 다른 근원과 연관되어야 한다고 믿을 만한 근거가 있다고 보지 않는다. 따라서 우리는 그의 철학의 중심적인 개념에 대해 콜리지와 의견을 달리한다.[14] 우리는 그와 그의 독일 철학자들이 철학에 도입한 특이한 기술적 용어들이 필요하거나 유용하다고도 보지 않는다. 그들이 이런 용어들을 도입한 목적은 두 가지이다. 하나는 우리가 인정하지 않는 교설들에 논리적 정확성을 주기 위해서이고, 다른 하

---

14) 경험주의와 선험주의의 대립 구도에서 밀은 경험주의가 옳다고 논증 없이 주장하고 있다.

나는 추상적인 교설들과 많은 구체적인 실험적 진리들의 관계를 표시하기 위해서이다. 우리는 이런 두 가지 목적을 위해 이런 용어들이 도움이 되기보다는 오히려 혼란을 초래한다고 생각한다. 사실, 이들 용어를 사용하지 않는다면 많은 사람들에게 콜리지와 독일 철학자들에게 어떻게 일상적인 용법에서는 이해할 수 없다는 것 외에 다른 것을 의미하지 않는 신비주의라는 비판이 가해지는지 이해할 수 없다. 스코틀랜드의 상식주의 철학자인 리드와 듀갈드 스튜어트의 이론은 제대로 이해된다면 독일 철학자들의 이론과 실체적으로 동일한데, 독일 철학자들의 형이상학의 섬세함에 반대해 성공적으로 주장되는 "상식"의 명령으로 보이기 때문이다.[15]

비록 우리가 정신에 관한 순수과학 분야에서 콜리지와 독일 철학자들의 이론을 잘못된 것으로 보고, 그들의 독특한 용어 사용법에 대한 취미를 공유하지는 않지만 우리는 그들의 지적인 노력의 가장 덜 가치 있는 부분이라고 생각하는 이 부분에서조차 그 철학자들이 헛된 노력을 한 것은 아니라고 본다. 로크학파의 이론들은 전면적인 수선을 필요로 한다. 콜리지로부터 생리학적인 예를 빌려

---

15) 독일 철학과 스코틀랜드 상식주의 철학은 다르다는 것이 학계의 정설이어서, 밀의 이런 주장은 틀린 것이다. 밀은 철학자이기도 하지만 논쟁가이기도 해서, 때로 이런 불공정한 주장을 한다. F. E. L. Priestley, Introducton in *Essays on Ethics, Religion and Society* by John Stuart Mill, ed. by J. M. Robson, University of Toronto.

표현한다면, 그 이론들은 인간 몸의 어떤 분비물처럼, 체계에 다시 흡입되고 분비액이 새롭게 흘러야 한다. 어떤 형태로 그 철학이 유럽에 유행했는가? 문화의 시대에 완전한 심리적 체계로 통용되었던 이론 중 가장 피상적인 형식으로 통용되었는데 그것이 프랑스 철학자 콩디야크와 그의 학파의 이데올로기였다. 그들의 체계는 모든 마음의 상태가 아무리 이질적이더라도 그것들은 단지 감각이라고 부르는 것으로 이루어지는 과정이라고 보고, 인간 정신의 모든 현상을 감각으로 환원하고자 하는 것으로서, 이런 이론은 현재에는 아무것도 설명하지 않고 아무것도 구별하지 않고 아무것에도 이르지 않는 언어적 일반화로만 이루어진 잘못된 이론이라고 인정된다. 사람들이 이런 이론을 쓸어 없애버리기 시작했다는 것이 진정한 심리학의 시대가 시작된다는 첫 번째 신호라 할 수 있다. 영국에서의 사정이 프랑스와 다르기는 했지만 그렇다고 더 좋지도 않았다. 대중적 철학으로서 로크의 철학은 그 자신의 책에 있는 대로 거의 유지되었다. 『인간 지성론』이라는 그 책의 제목이 의미하는 바처럼 그것은 우리 본성의 지성적인 부분 이외의 것을 설명한다고 주장하지 않았다. 그런데 그 책은 그런 제한된 영역에서조차 그 체계의 시작에 불과했다. 비록 그것의 실수와 결점이 정당한 정도를 넘어서 과장되어 왔지만 그 이론은 많은 약점들을 가지고 있다. 그 책 중 가장 불완전한 부분인 순전히 논리적인 부분은 거의 잊혔다. 로크의 이론 중 형이상학적인 부분과 관련해서, 그것의 회의주의적인 부분이 그의 추종자 중에서 누군가에 의해 추구되고 로크가 멈춘 지점을 넘어 계속되었다 하더라도, 그 분석적인 부분에 대해 상당한 향상과 발전을 시도하고 성취함으로써, 로크의 인간 정신의 설명에 어떤 것을 추가한 유일한 사람은 하틀리(Hartley)뿐이다. 그러나 하틀리의 이론은 그것이 참인 한에서 그 시대보다 너무 앞서 있어서, 그 시대는 그것을 수용할 준비가 거의 되어 있지 않았고, 비록 철학계가 여전히 로크의 영향하에 있었지만 철학계는 하틀리의 이론을 주목할 가치가 있다고 평가하지 않았다. 리드와 스튜어트가 그것을 깔아뭉개는 데도 반대 의견이 제기되지 않았다. 브라운은 비슷한 천재적 재능을 가진 사람이었지만 명백히 그것을 읽지 않았다. 만일 프리스틀리가 우연히 그것을 구해내 자신의 유니테리언 추종자들에게 일종의 유산으로 물려주지 않았더라면, 하틀리의 이름은 사라졌거나 아니면 단지 비전을 가진 의사, 논파된 생리학적 가설의 저자로만 살아남았을 것이다. 리드와 독일학파가 로크의 체계에 강력한 비판을 가한 뒤에야, 사람들의 마음에 그 비판자들이 로크의 체계에서 로크 자신의 이론이 해결할 수 없는 특별한 어려움이 있다고 사람들의 관심을 집중시킨 이후에야, 사람들은 로크의 체계에 대한 유일한 해결책으로서 하틀리의 원칙을 다시 떠올렸다. 우리는 여기서 콜리지가 그의 후기의 독일 철학을 받아들이기 전에 열렬한 하틀리주의자였으며, 따라서 그가 로크의 철학을 버린 것은 로크 철학이 발전한 최고의 형태인 하틀리의 이론을 몰랐기 때문에 그런 것이라고 주장할 수 없다.[16] 콜리지가 그 최고의 형태에 멈추지 않고 그것을 통과해 갔다는 것은 하틀리가 해결한 것보다 그 질문에 더 많은 어려움이 있다고 추정할 만한 강력한 근거이다. 그런 어려움을 풀기 위해 지금까지 행해진 어떤 것이든 우리는 그런 견해의 혁명에 빚을 지고 있고, 콜리지는 그런 견해의 혁명을 추동한 대표적인 사람 중 한 명이다. 추상적인 형이상학의 영역에서도 그와 그의 학파의 저작들은 반대되는 학파가 자신들의 이론을 완전하게 만들기 위해 필요한 재료를 끌어낼 수 있는 가장 풍부한 광맥 중 하나이다.

만일 우리가 두 학파의 순전히 추상적인 이론에서 구체적이고 실천적인 이론으로 옮겨가면 우리는 반동의 필요와, 그런 반동을 시작한 사람들이 철학을 위해 행한 위대한 봉사를 보다 명료하게 볼 수 있을 것이다. 이것은 콜리지와 그의 동시대인들이 18세기 후반기 유럽에서 발견한 실천철학의 상황을 살펴봄으로써 가장 잘 드러날 것이다. 이 시기 철학적 견해의 상태는 대륙과 우리 영국에서 결코 동일하지 않았다. 그 차이는 실재보다는 외양에서 더 컸다. 대륙의 보다 발달된 국가에서 유행하는 철학은 그 일을 완전히 해냈다. 그것은 인간 지식의 모든 영역 위에 그것을 전개했고 모든

---

16) 젊은 날의 콜리지는 하틀리를 열광적으로 좋아해서, 자신의 첫 아들의 이름을 '하틀리'라 지었다.

대륙의 지성인들에게 영향을 미쳐, 교육받은 사람 중에서 옛 견해나 제도에 대한 어떤 충성심을 가진 사람은 거의 남아 있지 않았다. 타협의 본고장인 영국에서 사태는 이것에 훨씬 미치지 못했다. 철학적 운동은 초기 단계에서 멈춰졌고, 그 시대의 철학과 그것의 전통적인 제도와 신조들 사이에 양쪽에서의 양보에 의해 평화가 얼기설기 만들어졌다. 따라서 유럽 대륙의 국가들은 새로운 의견의 과도함이라는 면에서 정상이 아니었고 영국은 옛 의견의 타락이라는 면에서 정상이 아니었다.

지난 세기의 대륙 철학, 지금은 보통 프랑스 철학이라고 불리는 것의 결점에 대해 계속 강조할 필요는 거의 없을 것이다. 그런데 프랑스 철학은 영국에서는 그것을 가장 미워하는 적이 바랄 정도로 인기가 없다. 만일 프랑스 철학이 그 비판자들이 비판한 바와 같은 결점들을 진짜로 가지고 있었다면, 그 비판들은 프랑스 철학의 목숨을 끊어놓았다고 할 수 있을 것이다. 그러나 사실은 프랑스 철학자들과 프랑스 철학은 비판가들이 지적한 많은 결점들을 가지고 있지 않았다. 예를 들어 모든 프랑스 철학자가 도덕적 의무를 부정한다거나 도덕의 힘을 약화시키려 한다는 것은 전혀 사실이 아니다. 사실 프랑스 철학자들은 이런 입장을 취하기는커녕, 엘베시우스처럼 도덕 감정이 이기주의적 근원을 가지고 있으며, 도덕 감정을 이기심의 감정으로 환원하려는 저술가들을 용납하지 않았고,[17] 그런 철학자들의 주장은 다른 철학자들에 의해 압도당해서 위축되었다.

프랑스 철학자들의 옳은 점과 좋은 점이 많은데도 불구하고 지금과 마찬가지로 그때에도 거의 평가받지 못했다.

프랑스 철학자들의 잘못은 오히려 그들이 도덕 감정을 부정하는 데 있었다기보다, 그들이 그런 감정들을 너무 많이 신뢰하고 그것들이 인간 본성에 사실보다 더 깊이 뿌리박고 있어서, 인간 본성 외의 것에 덜 의존한다고 믿었다는 데에 있다. 그들은 도덕 감정이 인간 마음에 자연적이고 자발적으로 성장하는 것으로 생각했고, 그것들이 인간 마음에 깊이 뿌리내리고 있어서, 그런 도덕 감정과 긴밀하게 연관되어 있는 사회적 질서와 규범의 준수에 관한 모든 체계가 급격히 파괴된다 해도 문제없이 유지되리라고 믿었다.

그래서 이들 철학자가 목표로 한 것은 그런 체계를 파괴하는 것이었다. 그들은 다른 어떤 것이 필요하다는 생각을 하지 않았다. 그들의 천년왕국에서 미신, 종교적 미신, 모든 종류의 실수와 편견은 파괴되어야 했다. 그들 중 일부는 점차적으로 독재와 세습적 특권도 같은 운명을 맞아야 한다고 덧붙였다. 그리고 이것이 성취된다면, 그들은 잠시도 인간성의 모든 덕과 우아함이 번성하는 데 실패하리라거나, 유독한 잡초가 한 차례 제거된 후에 다시 토양을 갈아줄 필요가 있으리라고는 한 번도 생각하지 않았다.

---

17) 벤담은 공리주의의 아이디어를 엘베시우스와 베카리아로부터 얻었다고 말한다.

이 면에서 그들은 사람들이 범하는 매우 흔한 실수를 저질렀는데, 그 실수란 자신들이 언제나 익숙했던 질서를 인간의 보편적이고 자연적인 조건이라고 착각하는 것이다. 그들은 인간들이 큰 국가에 모여 사는 것을, 그리고 여기저기 있는 미친 사람들과 나쁜 사람들을 제외하고는 모두가 그들 중 소수의 사람들에 의해 제정되는 법률에, 그리고 서로의 의견에 의해서 제정되는 도덕 법칙들에 엄격하게 복종하는 것을 보는 것에 익숙해 있었다. 철학자들은 세상의 사태가 이렇다는 것을 발견하고는 그것이 그렇지 않을 수 없다고 결론지었다. 그들은 사태를 이렇게 만들고 유지하기 위해서는, 이런 사태를 위협할 수 있는 사람들의 의지와 욕망을 규제하기 위한 많은 문화적이고 규제적인 영향력이 존재해야 한다는 것을 몰랐다.

그러나 프랑스 철학자들의 생각과 완전히 달리, 사회적 통일(social union)을 이루기 위한 첫 번째 요소인 정부에 대한 복종은 수립하기 어렵다. 적도에 있는 나라들의 넓은 평원에 사는 주민들처럼, 약하고 기력 없는 종족 중에는 수동적인 복종이 아마도 자연적인 산물일 수도 있을 것이다. 그렇지만 우리는 그런 곳에서도 수동적으로 복종하는 것이 바로 신의 명령이라는 숙명주의가 종교적 교리로서 유행하지 않는 어떤 종족이 있을지 의심한다. 그러나 용감하고 호전적인 종족들의 사람들로 하여금 공통된 심판이라 할 수 있는 국가와 사회적 도덕에 복종하도록 유도하는 것은 어려운

데, 이런 어려움을 극복하기 위해서는 초자연적인 힘이 요구된다. 그리고 그런 부족들은 언제나 자신들의 사회는 신으로부터 기원한 것이라고 주장해 왔다. 로마 제국 멸망 후에 근대 유럽에서 봉건적 무정부 상태를 극복하고 한 나라의 사람들을 정부에 복종시키는 데에 기독교가 큰 영향력을 끼치며 협력을 했는데, 로마의 멸망 이후 경과된 세 배의 시간이 걸렸다.

만일 이들 철학자가 자신의 시대가 아닌 다른 시대의 인간 본성을, 그리고 그들이 살았던 사회의 특정한 계급이 아니라 다른 계급을 알았더라면, 그들은 법과 정부에 대해, 저항하는 성격의 힘과 남성다운 성격이 여전히 어느 정도로 남아 있는데도 불구하고 습관적인 복종이 강하고 지속적으로 확립되어 있는 곳에는 어디나 어떤 전제 조건들이 있고 이런 전제 조건들이 충족되어 있다는 것을, 그런 조건들 중에 중요한 것이 다음과 같은 것들이라는 것을 알았을 것이다.

첫째, 야만적인 힘에 의해 복속된 노예들이 아니라 모든 시민으로 간주되는 사람들을 위한 교육의 체계가 존재해 왔고, 이런 체계는 아동기로부터 시작해 평생 지속되는데, 이 체계에 불가결한 중요한 요소는 시민들 개개인으로 하여금 자신을 규제하게 하는 훈련이다. 즉 시민 개인으로 하여금 그 자신의 개인적 충동과 목표를 사회의 목적들에 복종시키고, 그리고 모든 유혹에도 불구하고 그런 사회적 목적이 지시하는 행위를 지속적으로 하며, 그런 사회적 목적에 반항하는 자신의 모든 감정을 규제하며, 그런 것들에 동의하는 감정을 북돋는 습관과 힘을 훈련하는 것이다. 스파르타나 아테네, 로마 같은 고대 공화국들의 전체 시민 정책과 군사 정책은 그런 훈련의 체계였다. 근대 국가들에서 이런 훈련의 체계는 주로 종교적 가르침에 의해 제공되고 있다. 이런 규제하는 훈련의 엄격함이 이완될 때마다, 그리고 그 정도에 따라 무정부를 향한 인간의 자연적 성향이 머리를 다시 쳐들고 국가는 내부로부터 해체되며, 국가는 빠르거나 느리게 쇠퇴한 후에 독재의 노예가 되거나 외부 침략자의 먹잇감이 되고 만다.

영구적인 정치적 사회의 두 번째 조건은 어떤 형태의 충성심의 존재에 있다. 이 감정은 그 대상에서 다를 수 있고 특정한 형태의 정부에 국한되지 않고 그것이 민주주의이건 군주제이건 그 본질은 언제나 같다. 그것은 국가에는 어떤 확정된 것, 영원한 어떤 것, 의문의 여지가 없는 것, 일반적 동의에 의해 그 자리에 있을 권리가 있는 것, 다른 무엇이 변하건 지켜질 권리가 있는 것이라는 감정이다. 이 감정은 사실 고대의 거의 모든 국가에서 보는 바와 같이 유대인들의 경우에서처럼 국가의 수호자로서 공통된 신에게 연결될 수 있는, 혹은 그것은 자신이 아닌 다른 사람들을 위한 올바른 지도자이며 보호자로서 평가되는 사람들에게 연결될 수도 있는데, 이런 사람들은 신의 지명에 의해서, 혹은 오래 지속된 왕계 등에 의해서, 혹은 그들의 뛰어난 능력과 가치에 대한 일반적 인정에 의해서 그런 사람들로 인정된다. 혹은 그것은 법률이나 고대의 자유 혹은 법령(ordinances)에 연결될 수도 있다. 혹은 마지막으로, 그리고 이것이 현대에 그 감정이 존재하게 될 것 같은 유일한 방식인데, 그 감정은 아직은 어느 곳에도 존재하지 않거나 존재한다면 오직 초보적인 상태에 있는 제도들에 의해 실현되는 개인적 자유와 정치적·사회적 평등의 원칙에 연결될 수 있다.[18] 그러나 내구적으로 존재해 온 모든 정치적 사회에서는 어떤 확정된 점, 사람들이 신성한 것으로 간주하는 어떤 것, 비록 그것에 대한 논의가 이론적으로는 가능하지만 실천적인 면에서는 누구도 그것이 흔들리는 것을 원하지 않으며 그것이 흔들릴까 두려워하는 것, 간략히 말해 아마도 일시적인 위기 동안을 예외로 한다면 사람들이 논쟁의 여지가 없다고 평가하는 것이다. 이런 충성심의 필요성은 쉽게 알 수 있다. 국가는 결코 긴 시간 동안 내분으로부터 자유롭지 않고 인류가 아주 많이 개선되기 전까지는 그것을 희망할 수 없다. 한 국가 내의 강한 파당들 사이에 즉각적인 이해와 정열의 충돌이 일어나지 않는 사회는 지금까지 존재하지 않았다. 그렇다면 무엇이 사회로 하여금 평화로운 존속을 위한 안전을 영구히 약화시키지 않으면서 이런 폭풍을 견디고 격동의 시간을 통과할 수 있게 할 수 있는가? 그것은 서로 다른 사람들의 이해가 얼마나 중요하건, 그들

---

18) 자유민주주의 국가에 대한 충성심을 말한다.

의 갈등이 현존하는 사회적 통합 체계의 근본적인 원칙에 영향을 미치지 않고, 사회의 많은 사람들이 자신들의 합리적 행동의 기초로 삼고, 자신들의 희망과 목표와 동일시하는 것을 전복시키겠다고 위협해서는 안 된다는 것이다. 그러나 이런 근본적인 원리들에 대해 의문을 제기하는 것이 일시적 질병이나 건강에 좋은 예방약이 아니라 한 국가의 일반적인 상황이 되고, 그런 상황에서 자연적으로 흘러나오는 모든 폭력적인 적의가 표출될 때, 국가는 거의 내전의 상태에 있게 될 것이다.

정치 사회에서 안정성의 세 번째 본질적인 조건은 같은 공동체나 국가의 성원들 사이에 강하고 능동적인 통합(cohesion)의 원칙인, 국민감정(nationality)이다. 여기서 우리가 국민감정을 그 용어의 속된 의미로 쓰고 있지 않다는 것은 거의 말할 필요가 없을 것이다. 이런 속된 의미가 포함하는 것은 외국인에 대한 합당하지 않은 반감, 인류의 일반적 복지에 대한 무관심, 혹은 우리 자신의 국가의 이익이라고 생각하는 것에 대한 정당하지 않은 선호, 우리 민족의 나쁜 특이성을 그것들이 민족적이기 때문에 가치 있다고 여기는 것, 다른 나라가 좋은 것이라고 발견한 것을 채택하기를 거부하는 것 등이다. 우리는 적대가 아니라 공감의 원칙을, 분리가 아니라 통합의 원칙을 의미하는 것이다. 우리는 동일한 정부 아래 사는, 그리고 동일한 자연적 혹은 역사적 경계 안에 있는 사람들 사이의 공통된 이해의 감정을 의미하는 것이다. 공동체의 한 부분이

다른 부분에 대해 자신들을 이방인으로서 생각하지 않으며, 자신들이 서로 연관되어 있다는 것을 가치 있다고 여기고, 자신들을 하나의 국민이라고 느끼며, 운명을 함께하고 있고, 동포 어느 사람에게 행해진 악은 자신에 대해 행해진 악이며, 그런 동포들이 모두지는 공통된 부담 중에서 자신의 몫을 지려 한다는 의미이다.[19]

　지속적인 위대함을 획득했던 고대 국가들에서 이런 감정이 얼마나 강했는지는 모두가 알고 있다. 로마가 그 전제적인 통치에도 불구하고, 제국의 지방들에서 공통된 국가라는 감정을 유지하는 데 얼마나 잘 성공했는지는 그 주제에 합당한 관심을 가진 사람이 조금 수고를 한다면 명백하게 알 수 있을 것이다.[20] 현대에 그런 감정을 가장 강하게 가진 국가들은 가장 강력한 국가들이 되었는데, 영국과 프랑스, 그리고 그들의 영토와 자원에 비례해 네덜란드와 스위스를 들 수 있다. 그렇지만 영국은 아일랜드에 대해서는 그런 감정을 가지고 있지 않다.[21] 모든 이탈리아 사람은 왜 이탈리아가 외국의 지배를 받고 있는지 알고 있다. 모든 독일인은 무엇이 오스

---

19)　여기서 우리는 밀의 세계주의적 애국주의의 맹아를 볼 수 있다. 사실 공리주의는 국가의 경계를 넘어서는 것이기 때문에 밀의 이런 생각은 공리주의로부터 자연스럽게 나올 수 있는 것으로 보인다.

20)　[원주] Gustave de Beaumont, *L'Irlande sociale, politique, et religieuse*. 1839. 보몽의 책은 아일랜드의 사회, 정치, 종교에 관한 것인데, 영국 정부가 식민지 아일랜드에 펼친 정책을 로마가 스페인에 대해 펼친 정책과 비교하면서 다루고 있다.

트리아 제국에서 독재를 유지시키고 있는지 안다. 스페인의 악은 스페인이 외국과의 관계에서 국민감정이 존재하는 것으로부터 나오는 만큼이나 스페인 사람들 내에서 이런 국민감정이 없다는 데에서 나온다. 그러나 이 모든 것의 가장 완전한 예는 남미의 공화국들인데, 이들 나라에서는 한 국가 안의 여러 부분들 사이의 결속이 아주 약해 어떤 지방이 중앙 정부에 의해 손해를 본다고 판단하자마자 그 지방 사람들은 바로 자신들의 지방이 독립된 국가라고 주장한다.

시민 사회가 존속할 수 있기 위한 이런 본질적 전제 조건들을 18세기 프랑스 철학자들은 간과했다. 사실 그들은 이 세 가지 모두가 ─최소한 첫째와 둘째, 그리고 셋째 조건을 배양하고 강화하는 대부분의 것을─그런 조건들의 수호자이자 요새로서 설립된 제도들과 사람들의 부덕으로 인해 이미 근거가 흔들리는 상태라는 것을 발견했다. 만일 개혁자들이 자신들의 이론에서 사회 통합의 기본 원리들을 무시한다면, 보수주의자들은 그들의 실천을 통해 첫 번째 예를 수립했다. 당대의 현존하는 질서는 그 기본적인 조건들을 실현하지 못하게 되었다. 그 당시의 상황과 행정가들의 근시안적인 이기심 때문에 기존 사회는 영구적인 사회의 본질적인 조건들

---

21) 영국은 자신들이 지배하던 아일랜드의 많은 주민들이 기근으로 고통받을 때 구호하지 않았다.

을 유지하지 못하게 되었고, 그래서 그 몰락을 향해 비틀거리며 가고 있었다.

그러나 철학자들은 이것을 보지 못했다. 현존하는 체제가 그 몰락의 시대에도 나쁘지만, 그들 철학자에 따르면 그것이 지금 한다고 가장하는 것을 실제로 했을 때 더 나쁘다. 나쁜 사회 질서가 사회 자체의 필요한 조건들을 약화시키는 것이 그런 사회 제도의 최악의 잘못된 점 중 하나라고 생각하는 대신에, 철학자들은 그런 기존의 질서가 그 자체의 기초를 무너뜨린다는 것만을 그리고 그런 사실을 즐거움을 가지고 보았다. 그들은 모든 정부가 약해지는 상황이라는 것을 알아차리지 못하고, 오직 나쁜 정부가 약해지는 상황이라고만 생각했고, 그들이 할 수 있는 최선의 것은 이미 잘 시작된 일을 끝내는 것이었다. 그들은 사람들로 하여금 규제하는 훈련 중에 아직 남아 있는 모든 것을 불신하도록 하고, 사람들로 하여금 아직도 확신하는 것들에 대해 의심하게 만들면서 여전히 확신할 수 있는 것들이라고 간주되는 것들을 확신하지 못하게 만들고, 사람들의 마음속에 남아 있는 자기들보다 높은 어떤 것에 대한 존경심, 관습과 법이나 규칙들이 각 사람의 환상이나 충동을 충족하는 데 있어서 정해놓은 어떤 제한에 대한 존중심, 그들로 하여금 한 국민이라고 느끼게 하는 것들에 대한 소속감을 없애버렸다.

이 모든 것 중 많은 것은 의심의 여지없이 불가피한 것이었고 비난받을 일이 아니었다. 국가의 중요한 권력과 권위를 가진 사람들의 부덕들이 기존 제도들과 믿음들을 타락시킬 때, 그리고 동시에 비록 그런 제도들과 믿음들이 타락되지 않은 채 유지된다 하더라도 지식의 증대와 시대의 변화된 상황이 그 제도들과 믿음들이 기존의 방식과 달라질 것을 요구할 때, 우리는 프랑스 철학자들의 지혜가 조금 더 있었더라면 그들이 우리가 지금까지 목격해 왔고 지금도 목격하고 있는 프랑스의 정치적 파국과 그에 뒤따른 도덕적 무정부 상태와 혼란을 피하게 할 수 있었으리라고 말하는 것이 아니다. 그리고 우리는 사회적 통합의 항구적인 존재의 조건인 기본 원리들과 그 영향들이 한 번 없어지면 기존의 제도나 이론을 이용해 다시 부활시킬 수 있고, 그렇게 시도되어야 한다고 주장하는 것도 더욱더 아니다. 사회가 재건되어야 할 때, 그것을 옛날의 설계도에 따라 재건하고자 시도하는 것은 소용이 없다. 사변적인 사람들의 발전된 견해와 분석적인 힘과 실천하는 사람의 관찰과 계획하는 지혜의 결합에 의해 개선된 제도와 개선된 이론이 만들어져야 한다. 그렇게 되기 전까지 우리는 우리 현재의 조건에 대해 많은 개선을 기대할 수 없다. 18세기에 그렇게 사회를 개선하고자 하는 노력은 시기상조였을 터인데, 그런 사실은 그 당시의 사람들 중에서 개선된 이론에 가장 근접하고 사회과학의 관념을 명료하게 형성한 첫 번째 사람들인 경제학자들의 시도들이 충분히 증언하고 있다. 파괴 외에 다른 일을 효과적으로 할 시기는 무르익지 않았다. 그렇지만 오늘의 일은 내일의 일을 방해하지 않도록 수행되었어야 했다. 만일 18세기 철학자들이 과거의 제도들과 믿음들을 공정하게 평가하고 대처했더라면 사회를 개선하기 위해 치러야 하는 투쟁 중에서 어떤 투쟁이 필요 없었을지는 아무도 알 수 없을 것이다. 프랑스 철학자들의 실수는 그들이 공격한 많은 잘못들 안에 타락하기는 했지만 중요한 진리가 있었다는 것을, 그들의 썩어 빠진 많은 제도들 안에 비록 그 시대에 더 이상 맞지 않는 형식과 외관을 하고 있지만 문명 사회의 필요 요소들이 있었다는 것을 알아차리지 못했다는 데 있다. 그래서 철학자들은 이런 진리를 그것을 둘러싸고 자란 잘못들과 마찬가지로 불신했다. 그래서 그들은 조개껍데기를 버리면서 그 안에 있는 조갯살마저 버렸다. 그리고 그들은 사회를 통합시킬 결속력 없이 새로운 사회를 만들려고 시도했는데, 그런 경우에 예견될 수 있었던 참담한 실패를 거뒀다.

이제 우리는 18세기 철학자들이 하지 않았기에 비난한 것을 콜리지가 속한 보수주의 철학자들은 해냈다고 주장할 것이다.

사상에 있어서 모든 반작용은 물론 이전에 간과되었던 진리의 부분을 보게 한다. 유럽에서 로마의 콘스탄티누스 대제로부터 루터까지 혹은 볼테르까지 진행되어 온, 모든 것을 비판하는 철학이 다른 철학, 동시에 사회의 새로운 경향에 대한 심한 비판자이고 과거에 있어서 좋은 것을 정열적으로 옹호하는 철학에 의해 계승되는 것은 자연스럽다. 이것이 모든 토리[영국의 보수파 정당]와 왕당파 저술가들의 쉬운 장점이다. 그러나 독일철학-콜리지학파의 특이성은 그들이 즉각적인 논쟁을 넘어서 모든 그런 논쟁에 관련된 근본적인 원리들을 추구했다는 것이다. 그들이야말로 여기저기 존재하는 서로 떨어져 있는 사상가를 예외로 한다면 인간 사회의 존재와 성장의 귀납적인 법칙에 대해 포괄성이나 깊이를 가지고 탐구한 첫 번째 학파이다. 그들은 우리가 열거한 세 가지 조건을 사회적 존재의 항구적 형태의 본질적 원칙들로서, 즉 어떤 저술가가 우연히 지지하는 특정한 정체나 종교에 내재하는 단지 우연한 장점으로서가 아니라, 원칙으로서 부각시킨 첫 번째 학파였다. 그들은 그것을 철학적으로, 그리고 베이컨적인 탐구 정신 속에서 이 탐구뿐만 아니라 그것을 넘어서거나 그것과 부수적인 것들에 대해 연구한 첫 번째 학파였다. 따라서 그들은 그들이 속한 파당의 옹호론이 아니라 사회철학을 생산했는데, 그 당시에 가능했던 유일한 형태의 사회철학인 역사철학을 통해 산출했다. 이런 역사철학은 특정한 윤리적 혹은 종교적인 교설에 대한 방어가 아니라 인간 문화의 철학에 대해 지금까지 어떤 종류의 철학자들이 기여한 것들보다 큰 기여를 하였다.

지난 반세기 동안 역사학을 비춘 가장 밝은 빛은 거의 전적으로 이 학파에서 나온 것이다. 18세기 프랑스 철학자들이 역사에 대해 보인 무례함은 악명이 높다. 우리가 가장 온건한 철학자 중 한 명이라고 믿는 달랑베르도 과거 사건에 대한 어떤 기록도 지워버릴 수 있다는 희망을 표명한 작가이다.[22] 그리고 사실 당시 역사를 쓰는 통상적인 방식, 그리고 역사로부터 교훈을 끌어내는 통상적인 방식은 거의 이런 경멸을 허용하기에 거의 충분했다. 그러나 철학자들은 평소처럼 진리가 아닌 것만을 보고 진리인 것은 보지 않았다. 과거로부터 전해 내려온 것들의 대부분이 사람들의 복지를 얻는 데 방해물이기만 했다고 보는 사람들이 역사에 대한 아주 피상적인 연구에 만족한다는 것은 전혀 이상하지 않다. 그러나 사회의 유지, 특히 개선이 진행되는 상태에서 사회의 유지를, 가장 강한 장애물에 대항해 수 세기 동안 아무리 불완전한 방식이라도 실제로 성취하는 것이 아주 어렵다는 것을 아는 사람들은 그와 다르다. 그들은 이것이 어떻게 성취되었는지 밝히는 데 흥미를 가지고, 정체의 영구한 존재의 기본 전제가 무엇인지, 그리고 이런 영구한 조건들의 유지와 영구적이고 진보하는 향상을 양립하게 하는 조건들이 무엇인가 하는 연구로 나아가게 된 것은 자연스러운 일이다. 헤르더(Herder)로부터 미슐레(Michelet)에 이르는 일련의 위대한 저술가들이 지금까지는 "소리와 분노로 가득 차 있지만, 아무것도 의미하지 않는 바보가 한 얘기"[23)]에 불과했던 역사를 원인과 결과의 과학으로 만들었다. 그들은 과거의 사실들과 사건들을 인간성의 점진적인 진화에 있어서 의미와 지적인 자리를 가지게 함으로써 역사의

---

22) 달랑베르는 18세기 프랑스 철학자이다.
23) 셰익스피어의 희곡 「맥베스」 V. v. 26-82에 나오는 구절이다.

상상력에조차도 로맨스 같은 흥미를 주고 현재를 산출해 오고 유지하는 행위자들을 밝힘으로써 미래를 예견하고 지도하는 유일한 수단을 제공했다.

동일한 원인들이 동일한 종류의 사상가들로 하여금 인간 문화의 철학을 위해 그들 이전의 사람들이 결코 할 수 없었던 것을 하도록 인도했다. 그들의 사고의 경향이 그들로 하여금 어느 정치 사회에 존재하는 국가적 교육의 성격에서 사회로서 그것의 영구함의 주된 원인과 그것의 진보를 위한 중요한 원천을 보도록 했다. 전자는 그 교육이 규제의 훈련 체계로서 작동하는 정도이고, 후자는 그것이 능동적인 능력들을 소환하고 정력을 불어넣는 정도를 말한다. 게다가 내향적인 사람(inward person)의 문화를 문제 중의 문제로 간주하지 않는 것은 이들 철학자가 기독교 내에서 가지고 있는 믿음과 그들 모두에 의해 그것의 역사적 가치, 그리고 그것이 인간의 진보에 행해온 중요한 부분에 대한 인정과 양립 불가능했을 것이다. 그러나 여기서도 우리는 그들이 원리를 찾은 것이지 특별한 경우에 집착한 것이 아니라는 것을 놓치지 말아야 한다. 인간의 문화는 기독교 국가들만이 아니라 고대의 아테네, 스파르타, 로마 같은 국가에서도 높은 수준에 이르렀고, 인간 본성은 그 가장 고귀한 발현 중 많은 것을 보여왔다. 이는 게르만인 같은 야만인들, 그보다 더 야만적인 인도인들, 중국인들, 이집트인들, 아랍인들 모두 그들 자신의 교육과 자신들의 문화를 가지고 있었으며, 이 문화는 전체에 대한 그것의 영향이 무엇인지, 이런 국면과 저런 국면에서 성공적이었다. 모든 정체, 모든 사회의 조건은 그것이 다른 무엇을 했건, 그것의 국가적 성격의 타입을 형성해 왔다. 그 타입이 무엇인지, 그것이 어떻게 그렇게 만들어졌는지 하는 질문은 형이상학자들은 간과할 수 있지만 역사철학자들은 그렇게 할 수 없는 것들이다. 따라서 독일철학-콜리지학파의 저술들에 널리 퍼져 있는 인간 문화의 다양한 요소들을 존중하는 견해들과 국가적 성격의 형성에 영향을 미치는 원인들이 이전에 이미 약화된 것들이나 동시에 다른 학파들에 의해 기도된 것들을 뒷전으로 물러나게 했다. 이런 견해들이 다른 무엇보다 독일 문학의 괴테 시대의 특징적인 모습이었고 새로운 프랑스 학파와 콜리지와 그 추종자들의 역사적이고 비판적인 저술을 통해 풍부하게 확산되었다.

반작용에 선행하는 대륙 철학과 그 철학에 반대하는 한에서의 반작용의 본질에 대해 압축되기는 했지만 긴 논의에서, 우리는 그런 운동에서 콜리지의 몫을 논하기보다는 오히려 불가피하게 그 운동 자체에 대해 말해 왔는데, 사실 콜리지의 몫은 그가 시기적으로 그 운동 이후였기 때문에 그 운동에 종속적인 것이라고 할 수 있다. 만일 우리의 한계가 허용한다 하더라도 체계적인 저술을 산출하지 않은 사람의 여기저기 흩어져 있는 저술들로부터 아직 완성되지 않은 건물에 그가 기여한 단편들을 모으는 것은 소용이 없고, 그런 단편들의 일반적 성격도 우리는 그런 단편들 자체를 모르는 사람들에게는 이해하도록 만들 수 없을 것이다. 우리의 목적은 원재료를 연구하도록 초대하는 것이지 그런 연구를 위한 장소를 제공하는 것이 아니다. 콜리지에게서 독특한 것은 우리 섬나라 영국에서 동시대의 대륙 철학과 어떤 실질적 측면에서 다른 그의 시대에 바로 앞서 있었던 대중적 철학의 상태를 살펴보게 됨으로써 더 잘 드러날 것이다.

영국에서 그 시대의 철학적 사변은 적은 수의 고도의 형이상학적인 정신을 가진 사람들의 경우는 예외로 하고, 사실 이런 형이상학자들의 예는 다른 사람들을 그런 사고를 위해 초대하기보다는 오히려 멀리하게 했는데 대륙에서와는 달리, 그렇게 대담한 도약을 하지 않았고 반대되는 입장에 대해 그렇게 완전한 승리를 거두지도 못했다. 영국 정신에는 사변에 있어서나 실천에 있어서나 모든 극단으로부터 피하고자 하는 아주 유익한 경향이 있다. 그러나 이런 극단을 피하려 하는 것이 통찰의 결과라기보다는 차라리 위험한 것을 피하고자 주의를 하는 본능이기 때문에 그것은 너무 쉽게 양극단 사이에 어떤 중간이기 때문에 만족하고 그것들의 장점들보다는 양극단의 단점들의 결합을 묵인한다. 그 시대의 환경 역시 결정된 의견들에 호의적이지 않았다. 종교 개혁과 국가와의 큰 투쟁 이후에 휴식, 교황과 청교도주의, 스튜어트 왕정 복고주의자(jacobitism)와 공화주의에 대한 최후의 승리, 그리고 사변과 영적인 의식을 살아 있도록 유지한 논쟁들의 약화, 그들의 사회적 지위가 고정된 이후 모든 통치자와 교사에게 찾아온 타성, 그리고 모든 계급이 물질적 관심에만 더욱더 관심을 가지게 된 것들이 정신의 성격을 내적으로 덜 깊은 내적인 활동력을 가지고, 그리고 그것이 가진 것을 그 이전의 여러 세기 동안 존재했던 것보다 그것이 가진 것을 해석하는 능력이 더 부족한 채로 그것을 발산시켰다. 그 시대는 최소한 그것 자신을 명상하는 습관과 동맹을 맺게 할 정도로 깊고 강한 감정을 산출할 능력이 없는 것처럼 보였다. 시인들도 거의 없었고, 높은 수준을 보인 시인은 없었으며, 철학은 주로 건조하고 산문적인 본성을 가진 사람들의 손에 의해 행해졌는데, 이들은 인간 감정의 보다 복잡하고 신비로운 발현을 상상할 수 있기에는 인간 감정이라는 재료를 충분히 가지고 있지 않아서, 그들은 이런 것들은 모두 자신들의 이론에서 다루지 않거나 그것들을 그런 경험들을 가진 사람들이라면 적절한 것으로 받아들일 수 없는 설명들을 가지고 소개했다. 이와 같은 시대, 진실한 열성(earnestness)이 없는 시대는 자연히 타협과 절반의 신념의 시대였다.

근대 유럽의 중세적인 제도와 교회 제도가 바람직하다고 주장하는 것이 결코 불가능한 것은 아니다. 그런 것들은 의미를 가지고 있었고, 정직한 목적들을 위해 존재했고, 그것들에 관한 정직한 이론이 만들어질 수도 있다. 그러나 그런 제도들의 행정이나 운영은 어떤 정직한 이론에 일치하는 것을 오래전에 멈추었다. 그래서 그런 제도들이 실천적인 면에서 잘못되었다고 판단하지 않는 근거에서가 아니라면 그 제도들을 정당화하는 것은 원칙적으로 불가능하다. 18세기 철학에서는 그런 근거들이 거의 인정되지 않거나 전혀 인정되지 않았다. 따라서 그 철학의 자연적 경향은 영국 외의 다른 나라에서는 그런 제도들의 폐지를 추구하는 것이었다. 만일 영국에서도 철학의 영향력이 강했다면 의심할 바 없이 같은 결과가 초래됐겠지만 그렇지 않기 때문에 경쟁하는 권력들이 타협해서 조정하게 되었다. 이 경쟁하는 권력 중 어느 쪽도 관심을 가지지 않는 현존하는 제도들의 목적들, 그것이 교회의 스승들과 통치자들이 해야 할 일들인데, 이런 목적들은 방기되었다. 그러나 경쟁하는 권력 모두가 관심을 가지는 그런 일로부터 나오는 보수를 그들은 보전하였다. 교회와 국가의 현존하는 제도들은 적어도 겉으로 보기에는 파괴되지 않은 채 보전되었지만 실질적으로는 가능한 한 존재하지 않는 것처럼 보이도록 요구되었다. 교회는 계속해서 법원과 궁전에서 세속 권력의 무력(arms) 사용에 대항해 학예(arts)를 주장하고, 영주들의 권력으로부터 농노들을 보호하려 하며, 전쟁보다는 평화를 변호하고, 그리고 야수적 힘의 지배에 대항해 영적 원리와 힘의 보호자로서 행세했지만 힐데브란트나 베케트가 캔터베리 대주교이던 시대만큼은 실질적으로 그러지 못했다. 그리고 교회는 세속의 권력이 어떻게 배분되고 누가 권력자가 되건, 라티머와 존 녹스가 이끌던 교회처럼 이들 권력자를 돕거나 그런 권력자들의 뜻을 꺾으면서, 국가를 신에 대한 지식과 신의 법칙에 대한 복종을 훈련시키는 신에 의해 임명된 기관으로서도 인정되지 않았다. 전혀 그렇게 인정되지 않았다. 그러나 영국인들은 옛것을 좋아하고 아무도 그렇게 존재감 있는 제도를 없애버릴 경우 남게 될 빈 곳을 어떻게 채워야 할지 몰랐다. 조용히 있는 것을 휘젓지 말라는 것이 그 시대의 유행하는 주장이고, 따라서 종교에 관해 너무 시끄럽게 하지 않거나, 그것을 너무 진지하게 받아들이지 않는다는 조건하에 교회는 철학자들에 의해서도 광신에 대한 방어벽, 종교적 정신이 사회의 조화나 국가 사회의 평화를 교란하는 것을 막기 위한 광신에 대한 방어벽, 종교적 정신에 대한 안정제로서 지지되었다. 교회의 성직자 계급은 그들이 좋은 조건으로 협상을 했다고 생각했고, 그 조건들을 충실히 지켰다.

교회뿐만 아니라 국가도 더 이상 국가에 대한 옛 이상, 즉 사람들 사이의 체계적인 협력에 의해서만 가장 잘 이룰 수 있는 것들을 이루기 위해 모든 개인의 힘을 그들 중 일부의 사람들에게 집중해서 위임한 것으로 생각되지 않았다. 오히려 국가는 사회의 여러 가지 필요에 대한 나쁜 판단자일 뿐만 아니라 사실 그런 사회의 필요를 충족시키는 데 관심도 거의 없어서, 국가가 사회 유지에 꼭 필요한 것들, 즉 범죄에 대처하는 경찰력과 사회의 사람들 사이의 분쟁의 판정을 넘어서 무엇인가를 하고자 할 때, 국가가 국민들의 이익에 대한 공평무시한 동기를 가지고 그렇게 하려는 것이 아니라, 사실은 어떤 한 계급이나 개인들의 사적이고 나쁜 이해관계를 추구하고자 하는 동기로부터 그런 것을 하려 한다고 이해되었다. 사실 이로부터 나오는 자연스러운 추론은 현재 존재하는 국가의 헌법 혹은 정체가 지금 시대와는 많이 다른 옛날의 사회로부터, 즉 사회의 필요나 편리함이 지금 시대의 그것들과는 많이 달랐던 옛 사회로부터 내려왔기 때문에 지금 존재하는 사회의 필요에는 적합하지 않다는 것일 것이다. 그러나 이런 결론은 당시 기피되었다. 사실 이런 방식으로 사고하는 것, 현행 국가의 헌법이나 정체가 현재 사회에 맞지 않는다고 생각하는 경향은 아주 최근세의 특이한 경향과 벤담학파의 사상을 요구했다. 국가 체제에 현존하는 사회의 모든 조직은 가능한 최고의 것으로 찬양되었다. 삼권분립에 관해 많은 사람들이 받아들이는 이론이 제시되었는데, 이 이론에 따르면 우리 영국의 정체의 탁월성은 어느 다른 형태의 정부보다 적은 해를 끼치는 데 있다. 모든 정부는 필요악으로 간주되고 국가가 존재를 숨기거나 국가 자체를 가능한 한 적게 느끼게 하도록 요구되었다. 국민들의 외침은 "우리를 도와달라, 우리를 지도해 달라, 우리가 할 수 없는 일들을 우리를 위해 해주고 우리가 할 수 있는 것들을 우리가 잘할 수 있도록 가르쳐달라."는 것이 아니었고, 오히려 국민들의 외침은 우리를 그냥 내버려 두라(let alone)는 것이었다. 국민들이 국가에 기대한 것은 국가가 소유권을 결정하는 권위, 즉 나의 소유와 너의 소유를 결정하는 권위, 사회를 공개적인 폭력으로부터 지키는 권력, 가장 위험한 사기로부터 지키는 힘만을 가

지는 것이었고 그 이상을 넘어서지 않는 것이었다.[24]

그것이 지상의 것에 대한 영국인들 믿음의 지배적인 정조(tone)였다. 그렇다면 영적인 면에서는 어땠을까? 여기에서도 유사한 타협의 체제가 작동했다. 자신들의 철학적 사변을 통해 당대의 종교적 믿음을 부정하는 것까지 밀고 간 사람들은 그들이 무신론까지 갔든, 아니면 단지 이단까지 갔든 별로 호응을 얻지 못했다. 외부로부터 가해진 공격들은 이런 종교 자체도, 그리고 그런 종교의 다양한 형태들도 흔들지 못했다. 그러나 그 시대의 철학은 다른 방식으로 존재감을 드러냈는데, 그것은 종교 안으로 들어가는 것이었다. 선험적인 신의 존재 증명이 가장 먼저 부정되었는데, 이것은 사실 불가피한 것이었다. 기독교에 대한 내적인 증거들 역시 같은 운명을 맞았는데, 비록 이런 내적인 증거들이 절대적으로 버려진 것이 아니라 하더라도 그것들은 뒷전으로 밀려나 거의 논의되지 않았다. 인간이 생래적인 도덕감을 가지고 있지 않다는 로크의 이론은 인간이 도덕감을 전혀 가지고 있지 않다는 이론으로 왜

---

24) 최소 국가론으로, 현대에는 하이에크의 '자유주의'나 노직의 '자유지상주의'와 일맥상통한다. 특히 노직은 자신의 이론이 로크로부터 유래한다고 주장하지만, 스타이너(H. Steiner) 같은 이론가들은 로크에 대한 이런 해석에 반대해 로크는 모든 사람에게 평등한 자유와 충분한 정도의 복지를 보장하는 복지국가론을 주창했다고 주장한다. 그래서 노직 같은 입장을 우파-자유지상주의, 스타이너 같은 입장을 좌파-자유지상주의라고 부른다.

곡되었는데, 그렇게 왜곡된 이론 그 자체로부터는 도덕감이 정의로운 존재인 신으로부터 유래했을 만큼 가치 있는지를 판단할 능력이 없는 것처럼 보이게 만들었다. 기독교의 창립자인 예수뿐 아니라 세계에 기독교를 전파한 사도들의 가장 엄숙한 경고를 무시하고, 기독교에 대한 믿음은 기적에 기초하는 것으로 주장되었는데, 그러나 보편적으로 초기 기독교도들은 기적이 기독교에만 특수한 것이 전혀 아니라고 믿었다. 사실 유능한 기독교 호교론자들이 강한 증거에 의존해 기독교를 옹호하는 것이 아니라 갈대처럼 약한 증거인 기적에 의존해 기독교를 방어하는 것을 보는 것은 슬픈 일이다. 사실 이런 강한 증거만이 그들이 말하는 이른바 기적이라는 증거가 기독교를 부수적으로 확증한다는 가치라도 줄 수 있는 것이다. 기독교의 해석에 있어서는, 성서의 문자들이 그대로 진리라고 믿는 성서 우상숭배(Bibliolatry)가 지배적이었는데, 이런 성서 우상숭배가 지동설을 주장하는 갈릴레오를 박해하고 우리 시대에는 지질학적 발견을 반대하게 만드는 것이다. 기독교에 대한 믿음이 문자 그대로 성서의 무오류성에 의존하는 사람들은 하느님의 텍스트에 인간의 의견과 특별한 기록자의 정신적 습관이 신의 행위를 개념화하고 말하는 방식과 섞일 수 있고 그들의 색채로 물들일 수도 있다는 생각을 두려워하면서 부정했다. 그렇지만 성서의 문자에 대한 이런 노예적 태도는 성경에서 가장 중요하지 않은 구절들을 포함하는 모든 문제를 기독교 계시에 대한 중요한 반론으로까지 격상시켰고, 이런 성서 우상숭배는 마치 기독교의 많은 부분들을 실재하는 것으로 우리가 이해하고자 시도한다면, 그런 시도에 대한 장애가 되는 구절이 발견될 수도 있기 때문에, 성서의 많은 부분들을 모호하게 남겨놓는 것이 낫다는 태도를 취했기 때문에, 기독교를 인간의 경험과 이해 능력에 적합한 일관된 틀로서 해석하려는 좋은 의도를 가진 모든 노력을 불가능하게 했다. 만일 성서 우상숭배가 어떤 가치가 있다고 기대될 수 있다면, 이런 성서 우상숭배가 적어도 그 성서의 문자들이 인간의 개념에 의해 조작되는 것을 방지할 수 있을 것이라는 기대일 것이다. 그러나 사실은 그 반대가 현실이 되었는데 그 이유는 명백히 화해할 수 없는 것들을 화해시키기 위해 필요한 모호하고 현학적인 텍스트 해석의 방법은 자신이 좋아하는 바대로 어떤 것을 찾고 어떤 것은 배제하면서 성경을 때로는 무책임하게, 때로는 비도덕적으로, 때로는 사람들을 속이기 위한 의도를 가지고 자의적으로 해석하는 습관을 낳았기 때문이다. 그런데 많은 사람들은 기독교를 이론적으로나 의도적으로나 수용하고, 이성도 종교 앞에 고개를 숙일 만큼이나 복종했지만, 사실 사람들은 기독교를 기꺼이 당시의 철학이나 통속적인 사조에 적응시키고자 했다. 이런 모든 것을 대표하는 단 하나의 예를 들어보자. 만일 기독교의 요구 중에 다른 것보다 의심할 수 없는 하나의 요구가 있다면 그것은 영적인 마음을 가져야 한다는 것, 사랑하고 선이 좋다는 이유만으로 순수한 사랑으로부터 선을 행해야 한다는 것이다. 그러나 그 시대 유행하던 철학적 주장 중 하나는 모든 덕은 자기 이익이라는 것이다. 따라서 도덕철학 교육을 위해 교회가 그 대학들에서 사용하기 위해 채택한 교과서는, 우리가 선을 행하는 이유는 신이 우리보다 강하고 우리가 그렇게 하지 않으면 우리에게 벌을 내릴 수 있기 때문이라고 주장하고 있다. 이것은 페일리(W. Paley)의 감정을 결코 과장하는 것이 아니며 그의 언어의 조야함에 대한 과장도 아니다.[25]

따라서 전체적으로 영국은 새로운 철학의 혜택도 낡은 철학의 혜택도 받지 못했다. 우리는 한쪽의 영향을 무력하게 할 수 있게 하기에 충분할 정도로 다른 쪽의 영향 아래 있었다. 우리는 정부를 바꾸고자 시도하기에는 너무 존경했지만, 그것에 어떤 권력을 맡기거나 정부가 그것이 꼭 해야만 하는 것 이상을 하기를 기대할 정도로 존경하지는 않았다. 우리의 교회는 교회로서의 정직한 목적들을 더 이상 실현하지 못했지만, 그럼에도 불구하고 우리는 교회를 폐지하기보다는 그런 진정한 교회를 가장하는 것 혹은 유사물 (simulacrum)을 유지하고자 했다. 우리는 고도의 영적인 종교를 가지고 있지만, 종교가 아닌 다른 모든 주제에 관해서는 가장 기계적

---

25) 페일리(1743-1805)는 성공회 신부이며 철학자이고 공리주의자였는데, 그의 입장을 기독교적 공리주의라고 부른다. 따라서 밀은 여기서 그가 바람직하지 않다고 본 공리주의의 한 형태를 비판하는 것이다. 밀이 보기에 바람직한 공리주의와 기독교의 관계에 대해서는『공리주의』를 참조하라.

이고 세속적인 견해들을 가지고 있었다. 우리는 성서의 각각의 특정 음절이 지시하는 것이 없을까 우려해서, 성서의 가장 중요한 의미가 우리의 손가락 사이로 빠져나가도록 했고, 성서의 정신과 일반적 목적들에 대해 가장 굴종적인 관념들을 받아들였다. 이런 상황은 어떤 성실한 정신을 가진 사람에게 환영받을 만한 것이 아니었기에, 오랜 시간이 걸리지 않아 두 종류의 사람을 요청하기에 이르렀는데, 한 종류는 지금까지 존재해 온 제도들과 신조들의 폐기를 요구하는 사람들이고, 다른 한 종류는 그것들을 실재하는 것으로 만들고자 요구하는 사람들이다. 전자는 새로운 이론을 그 최후의 결과까지 밀고 나가고 후자는 옛것들의 최선의 의미와 목적들을 다시 주장한다. 앞의 종류의 최고봉이 벤담이고, 후자의 종류의 최고봉이 콜리지이다.

　이 두 종류의 사람들은 서로를 적들로 보고 그들 자신도 그렇게 믿었지만 사실 우리는 그들이 동맹자라고 생각한다. 그들이 행사한 힘들은 진보라는 하나의 위대한 힘의 반대편 극단들이었다. 진정으로 미워할 만하고 경멸할 만한 것은 그들의 이전에 선행했던 상태였고, 각자는 자신의 방식으로 평생 동안 이런 상태를 개선시키고자 했다. 각자는 다른 쪽의 출현을 기쁘게 찬양해야 한다. 그러나 누구보다도 콜리지 같은 보수주의자의 출현을 기뻐해야 할 사람은 계몽된 급진주의자나 자유주의자이다.[26] 왜냐하면 그런 급진주의자들은 영국의 국가와 교회가, 그리고 이런 국가와 교회의 지지자들이 고백하는 정치적 견해와 종교적 의견들이 단지 사기나 완전한 난센스가 아니며, 만일 그런 것들이 원래부터 정직한 목적을 위한 것이거나 그런 목적에 기여하지 않고, 단지 사람들의 지갑을 털 유일한 목적만 가지고 있었더라면, 그런 것들은 애초에 생겨나지도 않았고 유지되지 않았을 것이라는 것을 알아야 한다. 만일 원래 국가와 교회가 그런 정직한 목적을 가지고 그런 목적에 기여하지 않아왔더라면 교회와 국가는 오랜 동안 진보해 온 영국에서 2세기, 아니 1세기 동안도 지속되지 못했을 것이다. 따라서 비록 국가와 교회에 현재는 좋은 것이 별로 남지 않았을지라도, 언제나 그것들 안에 좋은 많은 것들이 없지는 않았던 것이다. 그리고 개혁자들은 이 좋음이 무엇인지를, 그리고 우리가 이런 제도들로부터 기대할 권리가 무엇인지를, 즉 그런 제도들이 정당화될 때 그것들이 우리를 위해 무엇을 해줄 수 있는지를 알려주는 형제 개혁가를 찬양해야 한다. 이렇게 되면 우리는 그런 제도들이 그러한 것을 하도록 소환하거나 강제할 수 있을 것이고, 만일 그런 제도들이 그런 것을 하는 것이 불가능하다고 결정적으로 판단할 수 있다. 이런 현

---

26) 공리주의자들은 철학적 급진주의자들(philosophic radicals)이라고 불렸다. 자유주의자는 일반적으로 보수주의자에 대립되는 개념이다. 철학적 급진주의자는 자유주의자 중에서 보다 급진적인 성향을 가진 것으로 볼 수 있는데, 이는 공리주의가 지닌 평등주의적 요소 때문으로, 공리주의는 한계효용체감의 법칙에 의거해서 보다 평등주의적인 사회가 바람직하다고 보았다.

행의 제도들이 그런 시험을 통과하기 전까지 우리는 개혁이 무엇을 위해 좋다는 것을 어떻게 알 수 있는가? 어떤 것이 무슨 목적을 위해 존재하는지, 그리고 그것이 여전히 그런 목적들을 충족시킬 수 있는지를 고려하지 않는다면 기존의 어떤 것이 존재하는 것이 합당한지 여부를 결정하는 무슨 다른 방법이 있겠는가?

우리는 여기서 콜리지의 보수주의 철학을 모든 국면에서 고려하고, 그 철학에 대해 제기될 수 있는 모든 방면으로부터의 비판과 관련하여 그것을 고려할 지면은 없다. 우리는 그것을 개혁자들, 특히 벤담주의자들과 관련하여 고려할 것이다. 우리는 개혁가들과 벤담주의자들이 보주수의 철학자들과 관련을 가져야 하는지 아니면 보수주의 지진아들과 관련을 가져야 하는지를, 그리고 그들이 토리주의[보수주의]를 엘든 경으로부터 혹은 로버트 필 경 혹은 콜리지로부터 배워야 할지를 결정하는 것에 도움이 되고자 한다.[27]

예를 들어 교회 제도의 기초에 관한 콜리지의 견해를 살펴보자. 그가 어느 제도에 관해 연구하는 방식은 그가 그 제도의 이념(idea)이라고 부르는 것, 일상적인 어법으로는 제도에 포함된 원리를 탐구하는 것이다.[28] 콜리지에 따르면 국가 교회(national church)

---

27) 스콧(John Scott)은 필(1834-1835, 1841-1846 총리 재임)보다 더 전통적인 보수주의자였지만 그들은 가톨릭 해방령과 다른 개혁 시도에 반대했다.

28) 여기서 관념 혹은 이념이라는 것은 칸트 철학에서 이성의 이념과 연관을 가지고 있다.

의 이념 혹은 원리는, 그리고 국가 교회로서 영국교회(Church of England)의 이념 혹은 원리는 어떤 목적을 위한 기금으로서 토지의 일부를 보존하는 것, 혹은 토지의 산출물의 일부에 대한 권리를 갖는 것이다. 그렇다면 무슨 목적을 위해 그래야 하는가? 신의 숭배를 위해, 종교적 의식의 행사를 수행하기 위해서인가? 아니다. 지식의 발전과 공동체의 문명과 함양을 위해서이다. 콜리지는 이 기금을 교회 재산이라 부르지 않고, 국가 재산(national property or nationality)이라 부른다. 그는 그것이 다음과 같은 의무를 가지고 있는 영구적 계급 혹은 조직을 지원하고 유지하는 데 쓰기 위한 것이라 주장한다. 이 계급 혹은 조직은 소수의 사람들로 이루어지는데, 이미 알고 있는 지식들을 개발하고 확장하고, 물리과학과 정신과학의 이익들을 감독하는 데 있어서 인문학(the humanities)의 원천으로 남게 된다. 그리고 이들은 또한 그 계급이나 조직의 남아 있는 보다 많은 사람들, 그리고 앞으로 이 조직에 속하게 될 많은 사람들을 위한 교사가 된다. 그리고 이렇게 교육받은 많은 사람들은 전국의 아무리 작은 구역이라 하더라도 파견되어, 상임하는 지도자, 가디언, 교사가 될 것이다.

이 조직 전체의 목적과 최종 의도는 다음과 같은 것들이다. 첫째, 지금 가지고 있는 것들을 보전하고 과거 문명의 보물들을 지키며, 현재와 과거를 결합시킨다. 둘째, 이미 가지고 있는 것을 완성하고 같은 것에 새로운 것을 더하며, 현재를 미래에 연결시키는 것이다.

셋째, 전체 공동체에, 그리고 법과 권리를 가진 각 국민에게 그런 권리들을 이해하고 상응하는 의무들을 수행하는 데 꼭 필요한 양과 질의 지식을 확산시키는 것이다. 넷째, 국가의 국방력에서 비록 다른 나라들보다 우위는 아니라 하더라도 최소한 그와 동등한 정도를 확보하는 것이다. 즉 국방의 기본이 되는 해군 함대, 육군, 전비 등을 다른 나라들만큼 혹은 그 이상 확보하는 것이다.

지식의 개발과 확산을 위한 이 조직은 콜리지의 견해에 의하면 필연적으로 종교적인 기구는 아니다. 종교가 중요한 동맹 세력일 수는 있으나 종교가 그 조직의 본질적 구성 목적은 아니다. 그 국가 조직은 불행히도, 그리고 최소한 부적절하게 교회처럼 만들어지지만, 사실 교회라는 이름은 최선의 의미에서는 그리스도의 교회에만 어울리는 것이다.

국가의 지식인 집단(clerisy) 혹은 국가 교회는 모든 종파의 학자들, 법과 법학, 의학과 생리학, 음악, 군사적 건축학과 시민적 건축학의 학자들과 교수들을 포함한다. 간단히 말하자면, 이른바 신학뿐만 아니라, 자유학예와 과학을 의미하는데, 한 국가의 문명은 이런 학문들의 소유와 적용으로 이루어지는 것이다. 신학이 사실 모든 학문의 처음에 놓이는데, 신학은 그런 우위를 요구할 좋은 권리가 있다. 왜냐하면 신학이라는 이름 아래 포괄되는 것은 언어의 해석, 민족과 국가의 중요한 시대와 혁명 같은 과거사의 보전과 전통, 기록들의 유지, 논리학, 윤리학, 모든 사회적·시민적인 다양한 관계에서 사람들의 권리와 의무 적용에서 윤리학의 결정, 마지막으로 근본 지식, 제일 지식이라 불리는 철학 혹은 이념들의 이론과 학문들이다.

"신학은 국가 교회가 다루는 것 중 한 부분만을 이루고, 신학자들도 국가 교회의 서기 집단 혹은 성직자 집단의 한 부분만을 이룬다. 신학적 조직(order)은 사실, 그리고 마땅히 우위를 점한다. 그렇지만 그 이유는 신학적 조직의 구성원들이 성직자들로서, 그들의 직책이 보이지 않는 힘들을 화해시키고, 사후의 이익을 관장하기 때문도 아니고 배타적으로, 그리고 원칙적으로 성직과 관련되거나 교회와 관련되어 있기 때문도 아닌데, 사실 그렇게 된 것은 그것이 구성적 원칙의 부분이어서가 아니라, 시대의 우연, 무지와 억압의 잘못된 성장, 구성 원칙의 잘못됨 탓으로 일어났기 때문이다.

신학이 우위를 차지한 이유는 신학이라는 학문이 문명화된 인간의 지식의 뿌리이며 나무의 둥치이기 때문이고, 그것이 모든 다른 학문들에 통일성과 순환하는 삶의 수액을 제공하기 때문인데 그런 수액에 의해 다른 학문들이 함께 살아 있는 지식의 나무를 구성하는 것으로 생각될 수 있기 때문이다. 신학이 우위를 차지하는 이유는 신학이라는 이름 아래에서 국가 정체를 형성하는 힘인 국가 교육의 모든 중요한 도움, 수단과 재료를 포함하고 있기 때문인데, 이런 것들은 국가의 모든 사람을 교육해서 국가의 자유로운 시민들로 훈련시킨다. 그리고 신학이 우위를 차지하는 마지막 이유는 우리의 시민적인 의무들과 종교적 의무들의 공통된 기초인 근본적인 진리들이 신학에 속하기 때문인데, 이런 진리들은 우리의 불멸의 복지에 관련된 이성적인 신앙뿐만 아니라 우리의 현세적 관심에 관한 올바른 견해에 관련해서도 불가결한 것들이다."[29]

콜리지에 의하면 국가 재산은 그것의 원래 목적인 "계속적이고 진보하는 문명"을 진흥하기 위함이 아니라, 어떤 개인들의 이익이나 경제적 혹은 물질적인 이해를 증진하기 위한 공적인 목적을 위해서도, 올바르게 혹은 국가에 큰 잘못을 저지르지 않고서는 전용될 수 없다. 그러나 국가는 국가 재산의 원래 목적을 보다 잘 실행하기 위해 그것을 가지고 있는 사람들로부터 그 기금을 인출 혹은 전용할 수 있다. 그 목적만이 신성함을 가진 것이지 그 수단들이 신성함을 가진 것은 아니다. 그 기금은 특정한 종교의 체계에 봉헌된 것이 아니고, 사실상 종교에 전혀 봉헌된 것이 아니다. 종교와 국가 재산의 관계는 문명을 위한 수단적 관계로, 이 면에서 종교는 다른 모든 수단과 다르지 않다. "나는 국가 재산으로부터 나온 수익이 우리가 현재 성직자나 제도적인 성직 계급 외에는 주어질 수 없다고 주장하는 것이 아니다. 나는 모든 곳에서 그 반대로 말해 왔다 … 국가 교회와 관련하여, 기독교 혹은 그리스도의 교회는 축복받은 우연이고, 신의 도우심이며, 신의 은총이다 … 올리브나무

---

29) [원주] *Church and State*, ch. v.

가 자라면서 그 주변의 토양을 기름지게 하고 그 아주 가까이에 있는 포도나무들의 뿌리를 튼튼하게 하고, 포도의 강도와 향을 향상시킨다고 말하는데, 그런 것이 기독교 교회와 국가 교회의 관계이다. 그러나 올리브나무는 포도나무와 동일한 것이 아니고, 포도나무와 결합된 느릅나무 혹은 포플러나무(국가)와 동일한 것도 아니다. 그리고 포도나무는 올리브나무 없이도 자라날 수 있고, 혹은 올리브나무가 심어지기 전에도 지지대가 있다면 비록 덜 완전하기는 하지만 자라날 수 있는 것처럼, 기독교 자체나, 기독교에 기반해서 나오는 특정한 신학의 틀도 그것들이 국가 교회의 복지에 도움이 되고 더 나아가 없어서는 안 된다고 하더라도 국가 교회의 본질적 부분은 결코 아니다."—chap. vi[30]

로버트 잉글리스(Robert Inglis) 경이나 로버트 필(Robert Peel) 경이나 스푸너 씨(Spooner)는 이런 견해에 대해 뭐라 말할까?[31] 그들은 토리주의(보수주의)에 대한 이와 같은 변호에 감사할까? 유럽의 면전에서 우리 영국의 체면을 실추시킨, 국가가 교회 자금의 일부를 다른 목적으로 전용할 수 있다는 전용 구절(Appropriation clause)에 대한 3년 동안의 논쟁은 어떻게 될까?[32] 실용적인 토리주

---

30) [원주] *Church and State*, ch. vi.
31) 잉글리스, 스푸너 같은 정치가들은 필과 마찬가지로 교회 개혁을 강력하게 반대했다.
32) 벤담론에서도 이 법안을 논의하고 있다.

의 목적들이 만일 영국 왕립학회가 프랑스 학술원처럼 기금을 확보함으로써, 과학이 보다 잘 발달될 수 있다면, 왕립학회가 교회 재산에 대해 주교단만큼이나 재산권을 요구할 수 있다는 이론, 국가가 공평무사하게 판단해 영국 교회가 교회 재산의 원래 의도된 목적을 성취하지 못한다고 결정하고 그 재산을 국가가 판단하기에 그런 목적들을 수행하기에 더 적합한 다른 교회 기관 혹은 교회 기관이 아닌 다른 어떤 기관에 그 자금을 이전시킬 수 있다는 이론, 그리고 만일 국가가 종교에 대한 의견이 분열되어 있는 영국의 상황에서, 국가가 더 이상 그 국민에 대한 온전한 종교적 교육을 시도하는 것이 유리하지 않고, 지금은 세속적 교육과, 만일 종교적 교육을 가르친다면 모든 종파가 다 함께 참여할 수 있는 종교적 가르침만을 가르치고, 그렇지 않은 종교적 가르침들은 각 종파가 자신들의 종파 내의 성찬에서 그들 종파의 쐐기돌이라고 고려하는 것을 적용하도록 하는 것에 만족해야 한다고 판단한다면, 국가는 한 종파를 설립하거나, 모든 종파를 설립하거나 아니면 아무런 종파도 설립하지 않을 수도 있지 않을까?

우리는 이것이 현재 영국에서 일어나는 실제 상황이라고 믿으며, 우리는 이것이 잘못된 상황이라고 판단한다. 우리는 교사가 되기에 적합한 어떤 사람에게 있어서도 그가 종교에 관해 가지고 있는 견해는 그가 가르쳐야 할 모든 위대한 것에 대한 그의 견해와 밀접히 연결되어 있다는 것을 인정한다. 만일 이런 다른 주제들을 가르치는 교사 자신들이 종교를 자유롭게 선택할 자유가 없다면, 교육의 틀은 파편적이고 일관되지 않을 것이다. 그러나 국가는 지금 현재 그런 불완전한 틀을 선택하고 있는데, 현재 영국 사회의 지식인 중에서 그런 일을 독점적으로 수행하기에 가장 적합하지 않은 집단, 즉 기존의 훈련받고 이루어진 성직자 집단에 맡기고 있다. 그러나 현재의 성직자 집단이 만일 신에 의해 부여된 권리(divine right)가 아니라면, 국가 교회 재산을 독점적으로 집행하는 행정 집단으로 선택될 어떤 정당한 근거도 없다.[33] 사실 현재 보수주의 철학의 유일한 대안 학파로서 부상 중인 옥스퍼드 신학자들이 이런 권리를 주장하고 있다.[34]

지금까지 논의한 문제에서 우리는 콜리지의 공적이 두 가지라고 본다. 첫째, 국가 교회가 마땅히 어떠해야 하는지, 그래서 현재 존재하는 국가 교회가 무엇을 하는 것처럼 가장하는지를 명백히 밝힘으로써, 그는 현재 영국 교회가 실제로 어떤지에 대해 가장 신랄하게 풍자했다. "교사들이 위계의 첫 번째 단계를 이루고 적절한 시간 동안 그의 어려운 의무들을 충실히 수행한 후에 교구에 임명되는" 콜리지의 국가 교회에 반해, 지금 우리가 보는 영국 교회 사

---

33) 밀은 신에 의해 부과된 권리를 부정하는 것인데, 이는 왕권 신수설(divine right of Kings)의 부정과도 일맥상통한다.
34) 옥스퍼드 운동은 1833년 켈베(John Kelbe), 뉴먼(J. H. Newman), 퍼시(E. B. Pusey)에 의해 시작되었는데, 가톨릭 신학 쪽으로 더 접근하자는 운동이었다.

이에는 참으로 큰 차이가 있다.[35] 콜리지에 따르면 지금 현재의 영국 교회, 성직자 집단은 "첫 번째, 그리고 근본적인 배교 행위를 하고 있다."[36] 콜리지의 이런 생각은 교회 개혁을 내외적으로 이끌었는데, 교회의 내부인들은 교회가 해온 악한 방식에 부끄러움을 느끼면서 그런 교회를 개선하고자 하는 운동을 교회 내부로부터, 즉 그런 운동이 마땅히 시작되었어야 할 대학과 젊은 성직자들 사이에서부터 시작되게 만들었고, 이런 내적인 개선 노력과 보조를 맞추어 교회 외부로부터도 교회 개혁을 위한 여러 가지 비판과 개선점들이 제시되었다. 콜리지가 영국 교회 개혁과 관련해 비국교도들과 급진주의자들이 행한 것보다 세 배 이상의 많은 것을 해냈다.

두 번째로, 우리는 콜리지가 학문을 양성하고 그 결과를 공동체에 확산시키기 위해 기금을 가지는 계급 혹은 조직의 원칙을 확립했다는 것을 그의 두 번째 공로로 본다. 이런 원칙을 확립하기 위해 그는 두 가지 일을 했다. 첫째, 비록 영국 성직자 계급은 부패했지만, 이런 계급의 존재가 부패한 영국 교회의 성직자 계급과 같을 필요가 없다는 것을 보임으로써 이런 계급의 존재를 정당화했다. 둘째, 벤담과 애덤 스미스와 18세기의 모든 이론가는 그런 계급이 지식이 진보하는 데 앞서는 것이 아니라, 뒤따른다고 주장했는데,

---

35) [원주] *Church and State*, p. 57.
36) [원주] *Literary Remains*, III, 386.

이런 주장에 반대해 콜리지는 그런 계급이 지식이 진보하는 데 꼭 필요하다는 것을 보여주었다. 사실 벤담과 애덤 스미스 등의 주장은 지난 두 세기의 특이한 환경으로부터 잘못 이끌어낸, 그리고 근대사의 다른 모든 것과 모순되는 귀납적 결론이다. 비록 우리가 그런 기금의 많은 오용을 보아왔지만 만일 그 기금이 적절히 관리되었더라면 이 나라가 어떻게 되었을지는 아직 보지 못했다. 이 주제에 대해 우리는 전적으로 콜리지와 그와 의견을 같이하는 찰머스(Thomas Chalmers) 박사에게 전적으로 동의하고,[37] 우리는 이 근본적인 원칙을 결정적으로 확립한 것이 보수주의 철학자들이 정치과학에 기여한 영구적인 기여 중 하나라고 본다.

콜리지의 정체 혹은 헌법 이론은 교회에 대한 그의 이론만큼이나 주목할 가치가 있다. 그는 드롤메와 블랙스톤의 삼권분립이라는 이론으로부터 무역 균형(balance of trade)의 이론보다 더 나은 한 줄기 상식의 빛도 끌어낼 수 없다고 말한다.[38] 그에 따르면 영국의 정체 혹은 헌법의 이념이 있는데, 그는 이에 관해 다음과 같이 말한다.

---

37) [원주] 신학자이고 자선사업가인 찰머스가 최근(1838년 4월) 런던에서 수립된 교회를 옹호하는 일련의 강연을 했는데, 많은 청중들이 참여했다.

38) [원주] In Blackstone's Commentaries(1765-69) and John Louis De Lolme's The Constitution of England(1775). 출처는 The Friend, First Collected edition (1818), II, 75.

"알프레드왕으로부터 시작되는 우리의 전 역사가 정체의 이념, 혹은 궁극적인 목적이 우리 조상들에게 계속적으로 영향력을 미쳐왔음을 증명한다. 이런 이념은 우리 조상들의 마음에서, 공인으로서 그들의 성격과 역할에서, 그들이 저항한 것들과 그들이 주장한 것들에서, 그들이 수립한 정체의 제도들과 형태에서, 그리고 그들이 다소간 성공적으로 맞서 싸운 것들과 관련해서 영향을 계속적으로 미쳐왔다. 그리고 이런 우리 조상들의 활동은 비록 직접적이고 균등하지는 않았다 하더라도 이런 이념의 점진적인 실현을 위한 전향적인 진보였다. 그리고 이념은 이념이기 때문에 그것을 구현하기 위한 수단들은 그런 이념에 완전히 상응하지는 않았다. 그러나 우리는 그 이념이 현실적인 것으로, 즉 원리가 존재할 수 있는 유일한 방식대로 존재한다고 말할 수 있는데, 그것은―그 이념은 그 이념이 처방하는 의무를 가진 사람들의 마음속에, 그리고 그 이념이 권리를 부여하는 사람들의 마음속에 존재하는 것이다.[39] 이 근본적인 이념이 정부를 이루는 모든 부분이 판단되어야 할 궁극적 기준인데, 여기에서 우리는 대의 체제를 어떻게 구성해야 하는지에 대한 원리를 찾을 수 있다. 우리는 이런 원리에 의해 무엇이 그런 제도의 퇴락의 이상 성장, 부조화의 증상, 그리고 퇴행의 신호가 무엇인지, 그리고 무엇이 자연적 성장인지 혹은 원래의 씨앗

---

39) [원주] *Church and State*, pp. 18-19.

의 전향적 발전에 자연적으로 따르는 변화인지, 아마도 질병은 아니지만 미성숙의 징후들, 최악의 경우에는 토양과 주변 환경의 결점이 있거나, 혹은 치료 방법이 없거나, 혹은 점진적으로 치료될 수 있는 성질들에 의한 성장의 변형들인지 판단할 수 있다."[40]

이런 원리들에 대해 그는 다음과 같은 설명을 한다.

"유럽 대륙의 나라들과 달리 우리 영국이 섬나라라는 성격과 환경으로부터 나오는 많은 축복 중에서 주된 것은 우리의 사회 제도들이 우리 자신의 적절한 필요와 이익에 대한 관심으로부터 나왔고, 비록 산고와 성장통이 길고 치열했지만, 우리나라 안에서 대립하는 세력들도 우리나라 자체의 체제로부터 나왔고, 대륙의 국가들의 경우처럼 외부의 세력으로부터 오는 혼란이 적게 그 대립하는 세력들 간의 최종적 균형이 나왔다는 것이다 … 현재, 모든 문명화된 나라, 재산권을 인정하며 결정된 경계와 공통된 법률에 의해 한 국민 혹은 국가로 통일된 나라에서, 국가의 모든 다른 국가이익이 그 아래 포섭되는 두 개의 대립되는 이익이 있는데, 그것은 항구성(permanence)의 이익과 진보(progressiveness)의 이익이다."

콜리지는 항구성의 이익 혹은 보수적 이익은 자연적으로 토지, 그리고 토지 재산과 관련되어 있다고 보았다. 우리가 보기에 이 견해는 보편적 원리로는 참이 아니지만 영국과 같이 토지 재산이 큰

---

40) [원주] *Church and State*, pp. 19-20.

규모로 축적된 모든 국가에서는 참이다.

콜리지는 "다른 한편으로, 삶의 기술과 안락함, 모든 사람을 위해 유용하거나 필요한 정보와 지식의 확산, 간단히 말해 문명과 시민들의 권리와 특권과 관련된 진보는 네 가지 계급들로부터 나오는데, 그런 계급은 상업, 제조업, 유통, 전문직"이라고 주장한다.[41] 우리는 이 주장에 대한 콜리지의 흥미로운 역사적 예들을 빠뜨릴 수밖에 없다. "이 네 가지 계급을 나는 개인적 이익(personal interest)이라 부를 것인데, 이 네 가지 계급은 동산(movable possesions)과 개인적 자산을 소유하고 운용하는 사람들이다. 이런 동산과 개인적 자산은 기술과 획득된 지식을 포함하는데, 원료들과 원료들을 다듬고, 이동시키고 분배하는 수단들과 관련된 기술과 획득된 지식뿐만 아니라 전문적인 직업인과 예술가의 직업에서의 정신적 재산과 지적 재산을 포함한다."[42]

항구성의 이익은 토지 소유자들에 의해 대의(representation)된다. 진보의 이익은 개인적 재산을 가진 사람들과 지적인 성취를 이룬 사람들에 의해 대의된다. 콜리지는 상하원으로 이루어지는 영국 의회에서 상원에서는 본질적으로 항구성의 이익이 주도하지만, 하원에서는 진보의 이익의 대표자들이 "명백하고 실효적인 다수를

---

41) [원주] *Church and State*, pp. 23-24.
42) [원주] *Church and State*, pp. 29-30

형성해야 한다는 것, 만일 그렇지 못하다면 최소한 공중의 의견의 영향력에 의해 그들이 가장 큰 영향력을 실행해야 한다는 것이 헌법에 관한 일반 이론의 한 부분이고 실제 영국 헌법의 일부분이라고 보았다." 그런데 이런 헌법의 이념과 달리, 대지주들의 이익에 대한 효과적인 균형추가 시간이 흐르면서 반대편으로 움직였는데, 지주 계급의 개인적 탐욕과 편파적 견해를 견제해야 할 도시를 대표하는 의원들이 오히려 지주 계급의 정치적 권력과 영향력의 많은 부분을 차지하게 되었다고 콜리지는 인정한다. 그렇지만 그는 민중의 편에 유리한 도로, 운하, 기계, 출판, 그리고 다른 영향력들이 이런 부족함을 충족할 수 있을지에 대해 의구심을 표명했다.[43]

그렇다면 콜리지는 의회를 개혁하는 문제에서 존 러셀 경보다, 어떤 휘그당원보다 훨씬 더 훌륭한 의회 개혁자이다. 만일 콜리지의 원칙이 토리당의 원칙이 된다면, 우리는 우리의 유기체적인 제도에서도 더 이상의 개혁을 오래 기다릴 필요가 없을 것이다. 콜리지가 1832년 개혁법안(the Reform Bill)을, 아니 그것이 지지되는 근거인 원칙 혹은 무원칙에 대해 반대했다는 것이 사실이다. 우리가 짐작하는 바로는 그는 그 개혁법안이 제도들의 결점들을 제거하는 어떤 진짜 경향도 없으면서 거의 혁명에 준하는 변화의 위험들을 가지고 있다고 보았는데, 사실 그런 제도들의 결함을 제거

---

43) [원주] *Church and State*, pp. 30, 31-32

하는 경향들만이 그렇게 광범위한 변화를 정당화하는 것이다. 콜리지의 판단이 그 사태에 대한 거의 참된 견해라는 것에 거의 모든 당파가 동의하는 듯하다. 개혁법안은 의회의 구성을 크게 개선하도록 고안되지 못했다. 그럼에도 불구하고 그 개혁법안의 통과가 가져온 좋은 점은 상당한 의미를 가진 것이었는데, 큰 변화였던 개혁법안은 큰 변화라는 이유 때문에 어떤 개혁 방안에 반대하는 미신적인 감정을 약화시켰다는 데에 있다. 지배적인 계급의 이기적인 이익에 반하는 어떤 좋은 것도 오직 길고 힘든 투쟁 후에만 실제로 이루어질 수 있다. 그러나 사회의 개선책 중 강력한 계급의 사회적 중요성이나 금전적 이익을 위협하지는 않는 개선책은, 한때 그랬던 것처럼 그것들이 단지 큰 변화라는 이유만으로는 더 이상 저항되지는 않을 것이다. 그 예로 구빈법 수정안(Poor Law Amendment), 페니우편제법(Penny Postate Acts)이 얼마나 빨리 통과되었는지를 보라.[44]

한편, 콜리지의 이론은 비록 시작은 했다 하더라도 아직 정치철학의 첫 번째 줄에도 이르지 못했지만, 그 시대가 정부에 관한 이론의 첫 번째 원리에 관해 그것과 비견할 만한 다른 이론을 산출했을까? 예를 들어 벤담의 이론을 고려해 보자. 이 이론의 원리는 일반적 이익을 산출하는 것이 정부의 목적이기 때문에 정부에 대한

---

44) 1834, 1840.

완전한 통제권은 자신들의 이익이 일반적 이익과 동일한 사람들에게 주어져야 한다는 것이라고 기술될 수 있을 것이다. 벤담은 이런 일반적 이익과 동일한 이익을 가진 사람들이 중간 계층이거나 더 가난한 계층이고, 왕이나 귀족들 계급이 아니라고 보았기 때문에 민주제를 더 나은 정치 체제라고 주장한다. 이 이론의 저자들과 전파자들은 탁월한 지적 능력을 가진 사람들이고, 그들이 그 이론에 의해 의미하는 것 중 많은 것들은 참되고 중요하다. 그러나 과학의 기초로서 고려될 때, 철학자들로부터 나온 이론 중에서 이보다 덜 철학적인 이론이거나, 분석적인 정신에 의해 주장된 이론 중에서 보다 덜 분석적인 이론은 찾기 어려울 것이다. 철학자가 "이익"과 "일반적 이익"이라는 아주 복잡한 개념을 그것들이 구성된 요소들로 분해하지 않는다면 그런 아주 복잡한 개념들로부터 무엇을 이끌어낼 수 있을 것인가? 만일 벤담이 어떤 사람의 이익이라는 개념으로, 그 사람과 관련 없는 제3자인 계산하는 방관자가 그 사람의 전 생애에서 무엇이 좋을까 판단하면서도, 그의 현재의 정열, 그의 자부심, 그의 질투, 그의 허영심, 그의 탐욕, 그의 쾌락이나 안락함에 대한 선호의 충족을 전혀 고려하지 않거나 아주 적게만 고려하면서, 방관자에게 좋아 보이는 것을 의미한다면,[45] 귀족들의 이익

---

45) 가치에 관한 이런 이론을 이상적 관찰자 이론이라고 하는데, 애덤 스미스가 대표적인 이론가이다.

이나 왕의 이익이 중산 계급이나 보다 가난한 계급의 이익보다 일반 이익과 덜 일치하지 않을 것이라는 것에 대해 의문이 제기될 수 있다. 그런데 이익이 그렇게 이해되고, 만일 사람들의 이익이 보통 그들의 행동을 지배한다면, 절대군주제가 아마도 최선의 정부 형태일 것이다.

그러나 사람들은 통상 그들이 좋아하는 것이 그들의 궁극적인 이익을 위한 것이 아니라는 것을 종종 완벽하게 의식하면서도, 그리고 그들의 후손의 이익을 위해 그렇지 않다는 것을 더 자주 느끼면서도 그들이 하고 싶은 것을 하고, 그들이 추구하는 목표가 그들을 위해 항구적으로 좋은 것이라고 그들이 믿을 때에는, 거의 언제나 그 가치를 과대 평가한다.

따라서 우리는 우리가 얻고자 하는 목적인 일반적 이익과 가장 일치하는 경향이 있는지를 고려함에 있어서, 사람들의 항구적인 이익이 그런 일반적 이익과 일치하는 경향이 있는 사람들이 아니라, 그들의 직접적인 이익과 습관적 감정이 일반적 이익과 일치하는 경향이 있는 사람들을 고려해야 한다. 그리고 그 목적은 많은 구성 요소로 이루어진 매우 복잡한 상태이다. 그런데 이런 구성 요소들은 동일한 성질이 아니고, 동일한 방법에 의해 얻어지지 않는 것들로 구성되기 때문에, 정치철학은 이것들 중에 어떤 구성 요소들이 자연스럽게 같이 충족되는지, 즉 하나의 구성 요소를 제공하면 다른 구성 요소들도 제공될 수 있는지, 이들 구성 요소가 적대 관계에 있거나 적어도 분리 관계에 있어서 각각의 구성 요소들이 따로 제공되어야 하는 것들을 구분하기 위해, 이런 요소들을 분류하는 것으로부터 시작해야 한다. 이런 구성 요소들에 대한 예비적 분류가 이루어졌다고 가정할 때, 완전한 정부에서는 이런 사회의 큰 이익들에 상응하는 정부의 부서가 있을 것이고, 이 부서는 그 부서가 산출할 책임이 있는 목적을 실제로, 그리고 항상적으로 산출할 수 있도록 만들어져야 할 것이다. 우리는 이것이 정치적 헌법이 목표로 하는 완전함의 타입이라고 말할 수 있다. 현실에서 이에 대한 제한된 접근보다 더 많은 것을 만들 가능성은 없다. 정부는 사회에 이미 존재하는 요소들로부터 구성되어야 하고, 정체에서 권력의 배분은 사회에 실제 존재하는 권력의 배분과 많이 다르거나 오랫동안 다를 수는 없다. 우리는 이것이 따라야 할 원리이며, 어느 곳에 존재하는 정부이건 이 타입으로부터 후퇴하는 만큼 불완전하고 실패하는 것이라고 생각한다.[46]

이런 정부의 철학이 아직 영아 단계에 있다고 말할 필요는 없을 것이다. 그 첫 번째 단계인 사회의 필요의 분류도 아직 만들어지지

---

46) 정치적 현실주의(political realism)를 인정하는 듯한 발언이다. 그렇지만 여기서 정치적 현실주의는 현 상태(status quo)를 받아들이는 것이 아니라, 개혁의 출발점으로서 현실을 받아들이는 것을 의미한다. 콜리지는 그의 말년에 현상 유지를 받아들이는 보수주의로 기우는데, 밀은 콜리지의 이런 보수주의의 측면은 받아들이지 않는다.

않았다. 벤담이 「민법의 원리(Principles of Civil Law)」에서 한 표본을 제시하기는 했지만, 이것은 많은 다른 목적들을 위해서는 유용하겠지만, 대의(representation)의 이론을 기초하기 위해 사용할 수 있는 것은 아니고 그렇게 의도된 것도 아니다. 그런 대의론을 위해 콜리지가 사회의 이익을 두 가지 대립하는 항구성과 진보의 이익으로 나눈 견해는 그것이 명백히 불충분하기는 하지만, 지금까지는 그것과 비견될 만한 것이 없다. 대륙의 철학자들은 다른 경로를 통해 같은 분할에 도달했고, 이것이 지금까지 아마도 정치적 제도에 관한 과학이 도달한 경지라고 할 수 있다.

콜리지의 정치적 견해의 구체적인 면들을 살펴보면 좋은 것도 많고, 의문의 여지가 있거나 더 나쁜 것도 많다. 정치경제학에 있어서는 특히 그는 순전히 허튼소리를 지껄이는 사람처럼 쓰는데, 그의 명성을 위해서는 그가 그 주제를 다루지 않는 것이 좋았을 것이다. 그러나 이 분야의 지식은 이제 스스로를 돌볼 수 있을 만큼 발전하였다. 다른 점에서 우리는 토리 보수주의자의 머리칼을 거꾸로 설 수 있게 만들기에 충분한 언급과 일반적 감정의 톤을 만난다. 따라서 우리가 가장 많이 인용한 그의 저작에서 그는 지난 반세기 동안의 국가 정책을 "한 눈이 이마가 아니라 뒷머리에 달려 있는 애꾸눈 퀴클롭스"이고, 그 수단들은 "시대착오적인 것이나 대증요법에 불과하다."고 말한다.[47] 그는 크롬웰 시대의 공화주의자들 (commonwealthmen)을 찰스 1세와 찰스 2세 통치라는 '검은 구름 사이 푸른 하늘의 공간에 있는 별들'이라고 부른다.[48] 그의 「문학적 유산(Literary Remains)」은 토리 보수주의와 영국 국교회주의의 많은 영웅들에 관해 비아냥거리는 언급으로 가득하다. 예를 들어 16세기 말부터 17세기 초 캔터베리 대주교였던 위트기프트(Whitgift)와 밴크로프트(Bancroft), 헨리 8세 시대에 주교였던 보너(Bonner)와 가드니에(Gardnier) 사이에 차이가 없고, 그나마 차이가 있다면 앞의 두 사람들은 그보다 나은 지식에 대해 죄를 저지른 데 반해, 뒤의 두 사람은 가장 일관성이 있다는 것이다.[49] 그의 글에서 가장 예리한 것 중 하나는 윌리엄 피트(소 피트)의 인격에 관한 것으로 찬가와는 정반대되는 것이다. 그의 실천적인 견해의 예로 우리는 지방 사제가 교사로부터 시작해야 한다는 것을 들었다. 그는 "사람들이 일반적으로 의식하는 것보다 우리나라의 발전에 더 큰 장애가 되는 현재의 야만 상태 대신에 우리나라가 다른 방식으로 나누어져야 한다."고 주장했다. 그러나 우리는 우리의 논의를 그가 영국의 전통적인 의견과 제도들에 함축되어 있거나, 최소한 새로운 경향에 반대되는 위대한 원리들을 가져오는 데 사용된 예들에만 국한시키려 한다.

---

47) [원주] *Church and State*, p. 69.

48) [원주] *Church and State*, p. 102.

49) 위트기프트와 밴크로프트는 16세기 말에서 17세기 초 캔터베리 대주교였고, 보너와 가드니에는 헨리 8세 시대에 런던의 주교와 윈체스터의 주교였다.

그 한 예로 콜리지는 자유방임주의 이론, 즉 정부는 아무것도 하지 않는 것이 낫다는 이론을 비판했다. 이 이론은 근대 유럽 정부의 명백한 이기심과 무능으로 인해 발생한 이론인데, 일반적 이론으로서 우리는 그것의 절반은 맞고 절반은 틀리다고 말할 수 있을 것이다. 현대인 모두는, 시민들이 자신의 의견을 표현하거나, 자신의 직업을 추구하거나, 자신의 상품을 자신이 가장 유리하다고 판단하는 어떤 장소나 방법으로 파는 것을 정부가 간섭해서는 안 된다고 인정할 것이다. 이런 분야에서 폭력과 사기를 통제하는 것을 넘어, 정부가 개인들의 자유로운 행위를 제한하려고 한다면 정부는 선보다는 오히려 더 많은 악을 행하게 될 것이다. 그렇지만 이로부터 정부는 그 자체의 자유로운 행위 주체성을 행사할 수 없다는 결론이 따르는가? 즉 정부가 개인들은 생각도 할 수 없고, 그것을 행할 충분한 동기도 없고, 성취할 충분한 힘도 없는 수많은 방법들에 의해서, 어떤 결사체나 어떤 개인의 그것을 훨씬 넘어서는 국가가 가진 힘과, 정보의 수단과 그것의 재정적 자원을 공적인 복지를 증진하기 위해 사용할 수 없다는 결론이 따라 나오는가? 우리가 이 주제에 대한 하나의 예만을 살펴보자면, 국가가 스스로를 부양하지 못하는 많은 국민들을, 권력의 오용을 막기 위한 필요한 규제하에서, 돕기 위한 위대한 자선 단체(great benefit society) 혹은 상호 보험회사(mutual insurance company)로 간주되어야 한다는 견해를 고려해 보자.

콜리지는 다음과 같이 말한다. 국가의 소극적 목적, 즉 국가의 국방력에 의한 안보의 확보, 그리고 그 모든 국민을 위한 인신과 재산의 보호가 성취되었다고 가정한다면, 그 후에는 다음과 같은 국가의 적극적인 목적이 남게 된다. 첫째, 각 사람이 생존의 수단들을 누리기 좀 더 쉽게 해주는 것, 둘째, 국민 각자에게 그의 조건이나 그의 자녀들의 조건을 개선시킬 수 있다는 희망을 보장하는 것, 셋째, 인간성에 본질적인 능력들, 즉 그의 이성적이고 도덕적인 존재에 본질적인 능력들의 발달을 돕는 것이다.[50]

첫째와 둘째 목적과 관련하여, 콜리지가 물론 그것들이 단지 그런 효과를 가진 법률을 제정함으로써 성취될 수 있다거나, 현재 유행하는 정제되지 않은 이론에서처럼 만일 모든 사람이 먹고 마실 것을 충분히 가지지 못한다면 그것은 정부의 잘못이라는 것을 의미하는 것은 아니다. 콜리지가 의미한 바는 사람들의 신체적 편안함을 위해서도 정부가 무엇인가를 직접적으로, 그리고 아주 간접적으로도 할 수 있다는 것이다. 그리고 만일 국가의 힘을 적절히 사용하는 외에도 국가는 국민들 자신에게 있는 힘을 개발하는 것을 가르친다면, 가난은 곧 지구의 표면에서 사라질 것임을 의미한다.

그러나 아마도 콜리지가 보수주의 철학자라는 틀 내에서 정치에 기여한 최고의 봉사는, 비록 그 봉사의 대부분이 아직 결실 맺지

---

50) [원주] *Second Lay Sermon*, pp. 414-415

않았지만, 토지 재산에 내재한 신탁(trust)의 이념을 부활시킨 것이다. 토지는 자연의 선물이고, 모든 사람의 생존의 원천이며, 우리의 신체적 복지에 영향을 미치는 모든 것의 기초인데, 이런 토지가 일부의 사람들만이 이해 관심을 가지며, 그들이 자신들의 육체적인 노동을 통해 생겨나게 한 것들을 소유한다고 정당하게 말하는 것과 절대적으로 같은 의미에서는 재산의 대상으로 간주될 수 없다. 콜리지가 지적하는 것처럼, 그런 개념은 전적으로 근대에 탄생한 것이다.

현재 우리가 받아들이는 의미에서 개인 재산 혹은 사적 재산이라는 개념, 그리고 그것에 대한 권리라는 현재의 개념은, 원래 동산에 국한된 것이었다. 그리고 어떤 것이 더욱 움직일 수 있을수록 더욱더 재산의 성질을 가지게 된다.[51)]

유럽의 초기 제도에 의하면, 토지에 대한 재산권은 공공의 목적을 위해 만들어지고, 그런 공적인 목적을 충족하는 조건하에서만 가질 수 있는 공공적 기능이었다. 그리고 그런 것으로서의 토지가 근대 사회에 적절하게 변형되어서, 다시 한 번 그런 공적인 기능을 가진 것으로 간주되리라고 우리는 예측한다. 모든 것이 의문시되는 시대, 따라서 개인 재산의 근거에 대해서도 의문시되는 이 시대에, 우리는 실제로 소유권을 주장할 수 있는 동산과 그럴 수 없는 토지

---

51) [원주] *Second Lay Sermon*, p. 413

를 혼동하는 것의 위험함을. 이 세상의 땅은 모든 사람의 공동 자산으로 주어진 것이기 때문에[52] 현재의 지주가 아닌 다른 사람들도 원래 자신의 것이라 주장할 수 있는 토지에 대해, 지주가 제한되지 않은 양의 토지를 가지고 그 토지에 대한 완전한 통제권을 가지도록 허용하는 것의 불가능함을 쉽게 볼 수 있을 것이다. 지주가 토지를 상인이 그의 상품을 간주하는 것처럼, 가게 주인이 그의 재고품을 간주하는 것처럼, 지주가 토지를 직접 경작한 소작농이나 노동자들에게 식량으로서가 아니라 소작료를 내기 위해 존재하는 것처럼, 그가 상인들이 자신들의 상품에 대해 절대적인 소유권을 가지는 것처럼, 지금까지 아일랜드의 지주들이 해온 것처럼 곡물 가격을 높게 유지하기 위해 그 곡물 중 많은 양을 그냥 썩혀 없애는 절대적 권리를 가지는 것은 머지않아 관용되지 않을 것이다. 우리는 사태를 이런 길로 이끈 토지 소유권에 대한 이해 방식이 충분히 오랫동안 존재했다고 믿는다.

우리가 현재의 토지 소유권을 전면적으로 재조정해야 한다거

---

52) 신이 세상의 땅을 모든 사람에게 공동 자산으로 주었다는 주장은 일부 기독교 신학자들도 주장했지만, 영국의 맥락에서는 로크가 『제2정부론』에서 주장하고 있다. 로크는 공동으로 주어진 토지에서 어떻게 개인 소유가 발생하는지를 설명하는데, 어떤 사람이 그 땅에 자신의 노동력을 섞고, 다른 사람들에게 충분한 것을 남겨놓는다면, 그 토지나 토지의 산물이 자신의 정당한 재산이 될 수 있다고 주장한다. 노직은 다른 사람들에게 충분한 양을 남겨놓는다는 로크의 이 조건을 로크적 단서(Lockean Proviso)라고 부른다.

나, 합법적으로 가진 어느 누구의 토지도 보상 없이 뺏으라고 권하는 것이라고 의심받지는 않을 것이며, 그렇게 희망한다. 그러나 국가가 어떤 사람에게 자신의 노동을 통해 자기의 생존과 자기 가족의 생존을 유지하기에 충분한 것을 넘는 많은 토지에 대한 소유권을 행사하는 것을 허용한다면, 국가는 그에게 다른 사람들을 지배하는 권력을, 사람들의 가장 중요한 이익에 영향을 미치는 권력을 그에게 준 것인데, 어떤 사적 재산권의 개념도 국가가 가지고 있는 본질적 권리인 정부가 국민에게 준 권력이 오용되지 않도록 규제해야 한다는 권리를 막을 수 없다. 사실 지주들은 토지를 소유함으로써 공동체에 대해 직접적인 권력을 가지게 될 뿐 아니라, 그로부터 파생되는 간접적인 권력도 가지게 되는데, 직접적인 권력뿐만 아니라 이런 간접적인 권력을 통제하에 두는 것도 국가의 의무이다.

더 나아가, 토지 소유 및 그와 관련된 다양한 권리들과, 토지 경작이 이루어지는 체계는 전체 공동체의 경제적·도덕적 복지에 가장 중요한 것들이다. 그런데 국가가 이런 것들에 특별한 관심을 가지고 지도하지 않는다면, 국가는 큰 실패를 하는 것이다. 이런 실패를 하지 않기 위해 국가는 모든 힘을 동원해 토지 소유 방식, 토지 분할 방식과 정도, 토지 경작 방식 등을 잘 정비해 토지의 생산적인 자원으로부터 최대의 혜택을 산출할 수 있는 최적의 조건들을 만들고 유지해야 하며, 농업에 종사하는 사람들이 가장 행복해

질 수 있도록, 그리고 농업에 종사하지 않는 사람들은 공동체의 혜택을 위해 다른 방식으로 사용할 수 있도록 역시 최적의 조건들을 만들고 유지해야 한다. 우리는 이런 견해가 머지않아 전 유럽에서 보편적이 될 것이라고 믿는다. 그리고 우리 중에서 이렇게 중요한 개혁에 대해 철학적인 지지를 한 첫 번째 사람이 보수주의 철학자라는 사실을 우리는 기꺼이 증언한다.[53]

콜리지는 자신의 주요 저술들에서 자신이 무엇보다 도덕철학자와 종교철학자라고 하는데, 도덕철학자와 종교철학자로서 콜리지에 관해 우리가 구체적으로 논하기에는 지면도 부족하고, 또한 이득이 되지도 않을 것이기 때문에 우리는 일반적으로만 간략하게 논할 것이다. 도덕과 종교에 대해 콜리지보다 진정으로 진지하고 보편적으로 공평무사한 사람은 거의 없을 것이다. "우리는 다른 사람들의 생각들을 배제하기 위해 우리 자신이 선을 그음으로써 우리 자신의 생각들을 감옥에 감금해 왔다. 나는 대부분의 학파들이 주장하는 것 중 많은 부분이 맞지만, 부정하는 것 중 많은 부분은 틀리다는 것을 발견했다."[54] 철학과 종교의 양 분야에서 거의 모든 학파가 그들이 부정하는 것에서는 통상 틀리지만, 그들이 긍정하

---

53) 밀은 콜리지처럼 토지 공개념에 가까운 사상을 주장했다.
54) [원주] *Biographia Literaria*(1817), I, 249. 콜리지는 라이프니츠를 인용하고 있다.

는 부분은 통상 맞다는 것을 콜리지는 프랑스의 절충학파만큼이나 강하게 주장했다. 이들이 범하는 거의 대부분의 실수는 거짓을 받아들이는 데 있다기보다는, 진리를 오해하는 것과 반쪽의 진리를 전체 진리인 것으로 받아들이는 것인데, 이런 실수는 위험이 덜한 것이 아니라 더한 것이다. 우리는 사상에 대한 계몽된 관용의 이론과 실천을 우리가 아는 어떤 작가보다 콜리지의 여러 저술들에서 발견할 수 있다.

윤리학 분야에서 콜리지는 공리주의 이론을 반대하면서, 칸트의 윤리학 이론을 받아들여 도덕은 정언명령을 따르는 것이라 주장한다. 즉 사람은 자신의 행동의 준칙이 어떤 모순을 함축하지 않고 모든 지적인 존재가 따라야 할 보편적인 법칙이 되도록 의지할 수 있도록 행동해야 한다는, 즉 콜리지는 "자기의 의지의 모순을 피하는 절대적인 정언명령에 따르는 것이 도덕의 유일하고 보편적이고 충분한 원칙이며 가이드"라고 주장한다.[55] 그런데 콜리지는 칸트의 윤리학을 받아들이지만, "미덕의 외적인 대상은 산출할 수 있는 모든 인간의 행복의 최대의 총합이며, 행복은 그 적절한 의미에서 각 사람에게 배당되거나 일어나는 쾌락의 계속성과 총합에 다름

---

55) 칸트의 정언명령 제1정식을 의미하는데, 이런 제1정식은 "당신의 행동의 준칙을 모든 사람이 따를 수 있는 자연법칙으로 의지할 수 있을 때에만, 그 준칙에 따라 행동하는 것이 허용된다."는 것이다. 만일 그렇게 할 수 없다면 자기모순을 범하는 것이라고 칸트는 주장한다.

아니다."라는 견해를 제시하는데, 이런 철학자에 대해 공리주의자들은 불평을 할 수 없다.[56]

그러나 콜리지의 최고의 목적은 종교와 철학을 조화롭게 하는 것이었다. 그는 기독교 신앙에 공통된 첫 번째 개혁자들에 의해 고백된 모든 믿음과 교리를 포함하는 기독교 신앙이 신적인 진리일 뿐만 아니라 인간 지성의 완성이라는 것을 확립하기 위해 끊임없이 노력했다. 그에 의하면 기독교가 계시한 모든 것은 철학에 의해 증명될 수 있다. 종교가 없었으면 이성만으로는 발견하지 못했을 것조차도, 기독교에 의해 강화된 인간 기독교의 모든 독트린을 이성의 원천에서부터 이끌어낼 수 있다. 이에 더해 "만일 무신앙이 영국에서 프랑스에서만큼 많이 퍼지지 않게 하려면, 성경과 성경의 모든 구절이 이런 시험을 거쳐야만 한다." 성서가 자명한 이성과 양심의 법칙들의 결론과 양립 가능하다는 것이, 성서가 하느님에 의해 계시되었다는 증명에 적합한 증거의 선험적인 조건이다. 그는 이것이 철학적인 새로운 견해가 아니라 모세와 성 바오로가 명백히 수립한 원칙이라고 말한다.[57] 따라서 콜리지는 유니테리언들만큼이나 인간의 이성과 도덕 감정을 어떤 구절이 하느님의 참된 계시인지를 결정하는 시험으로 간주한다. 그렇지만 그는 기독

---

56) [원주] *Aids to Reflection*, pp. 37, 39.
57) [원주] *Literary Remains*, III. 293

교의 신비들(mysteries)을 거부하는 유니테리언들과 전적으로 달리, 기독교의 신비들을 최고의 철학적 진리들로 간주하며, "기독교인에게는 신앙을 고백한 후 오랜 시간이 지나더라도 신비는 그 이전과 같이 여전히 신비로 남을 것"이라고 말한다.

콜리지의 이런 견해들은 종교계에서 인기 있을 것 같지 않은데 그도 그것을 알고 있었다. 그는 자신이 "어느 날에는 자신이 많은 기독교인들에 의해 유니테리언이나 더 나아가 무신론자보다 나쁜 명성을 가지게 될 것인데, 그것은 모든 다른 것보다 진리를 그 자체를 위해 사랑하는 모든 사람이 겪어야 할 운명"이라고 말했다.

여기서 우리는 콜리지를 변호하고자 하지는 않을 것이며, 우리는 철학을 통해 신학에 도달하고자 하는 그의 시도 중 많은 부분이 적어도 우리에게는 실패한 것처럼 보인다는 것을 인정한다. 그러나 중요한 점은 콜리지의 시도가 성공했느냐 하는 것이 아니라 그런 시도를 행하는 것이 바람직한지 여부이다. 어떤 종교적인 사람들이 뭐라 생각하건 철학은 이해 가능하게 만들어진 모든 것을 이해하고자 하는 노력을 할 것이고 그런 노력이 지속되어야 한다. 그리고 일부 철학자들이 어떻게 생각하건, 만일 철학이 기독교와 양립 가능하지 않다거나 철학이 기독교를 측면에서 지원할 수 있다고 생각되지 않는다면, 지금 영국에서 철학이 종교의 자리를 대신하거나, 어떤 철학이든 수용될 전망은 거의 없다. 그렇다면 종교적 철학이라는 관념을 경멸감을 가지고 대하는 것이 무슨 소용이 있겠는가? 종교적 철학이 우리가 추구해야 하는 것 중 하나라고 한다면, 우리의 바람은 종교적 철학이 철학의 조건들을 충족시켜야 한다는 것이다. 그런 조건 중 가장 중요한 것은 사상의 무제한적인 자유이다. 진리에 대한 사랑보다 결과에 대한 두려움이 더 강한 곳에서는 철학이 불가능하다. 첫 번째로, 철학적 탐구를 통해 정직하게 도달된 결론들에 대해 정의롭고 선한 신이 영원한 벌로 처벌한다는 믿음(belief)이나, 두 번째로 성경의 모든 구절에 관해 이미 정해진 결론이 있기 때문에, 이런 구절에 대한 철학적 탐구의 결과는 궤변과 자기기만을 통해 그런 결론에 맞추어져야 하는 곳에서는, 철학적 사고가 마비된다.

철학적 사고를 마비시키는 이런 두 가지 문제들로 인해, 가장 예리한 지성을 가진 사람들조차, 신학적 사색을 할 때에는 왜곡되고 우둔한 방식으로 사고하게 되어서 후세의 동정심을 유발했다. 그러나 콜리지의 정신은 이 두 가지 영향으로부터 완전히 자유롭다. 첫 번째 문제와 관련해서, 콜리지에 의하면 종교적 의무 중 하나인 신앙은 오성(understanding)의 상태가 아니라 의지와 감정의 상태이다.[58] 그에 따르면 이단(heresy)은 그 문자적 의미와 종교적

---

58) 신앙에 대해 두 가지 대립되는 이론으로 주지주의와 주의주의가 있다. 주지주의는 이성이 신앙의 기초가 된다는 견해이고, 주의주의는 의지가 신앙의 기초가 된다는 견해이다. 이성은 세상을 표상하는 믿음과 관련이 되어 있는 데 반해, 의지는 세상을 표상하는 믿음과 달리 스스로에게서 나오는 것으로 이해된다.

인 함축에 있어서 의지에 따른 실수(wilful error) 혹은 의지의 도착(perversion)에 유래하는 믿음이기 때문에, 따라서 정통적인 이단도 있을 수 있는데, 진리에 대한 무관심은 그 질문이 잘못된 편에서만큼이나 올바른 편에서도 나타날 수 있기 때문이다. 그래서 콜리지는 자신의 의견에 반해 믿음에 의한 가톨릭 신앙을 오성의 행위로 해석하는 위-아타나시우스(pseudo-Athanasius)의 반대되는 독트린을 강하게 비판한다.[59]

그에 의하면 진정한 루터의 교리는 진리가 단지 오성의 확신이라면, 진리는 우리를 구원하지 못하며, 실수도 우리를 파멸로 이끌지 못한다. 진리를 진정으로 사랑한다는 것은 영적으로 진리를 가진다는 것이다. 실수가 개인적인 실수가 되는 것은, 그 실수가 논리와 역사로부터 벗어나서가 아니라 그런 실수의 원인이 그 사람의 마음에 있거나, 그 이전에 그가 가지고 있는 비기독교적인 소망이나 습관으로부터 유래할 때이다. 그래서 이단적 교설들은 파당적이고 분열적이며 과시적이며, 야심차고 부정직한 정열들 위에 기초하고 있다 .

두 번째 문제점과 관련해서, 성경의 권위에 대해 콜리지가 가지

주지주의와 주의주의는 신의 속성, 자연법에 대한 이론에서도 나온다. 자연법에서 주지주의는 자연법이 신의 이성의 명령이라는 것이고, 주의주의는 자연법이 신의 의지의 산물이라는 주장이다.

59)   [원주] *Literary Remains*, IV. 193.

는 견해는 방부제(preservative) 역할을 했다. 그는 하느님이 성경을 쓴 사람들에게 영감을 주셔서 이런 사람들이 성경을 기록한 것은 맞지만, 이런 성경의 기자들이 쓰는 모든 단어가 하느님이 불러주신 것을 받아 쓴 것은 아니라고 강력하게 주장했다. "우리가 가지고 있는 구약과 신약성서의 모든 책의 텍스트의 모든 음절이 절대적 진리와 신성을 가진다는 주장은 성경 자체에 의해서 지지되지 않으며, 신앙 없는 마음이 존재하는 미신 중 하나이며,[60] 사실 성서 무오류설은 교황의 무오류설보다" 더 지나친 것으로 양쪽 모두를 위해 동일한 논변들이 제시된다고 주장했다.[61] 그에 의하면 하느님이 성경을 쓴 사람들의 마음에 그가 계시하고자 의도하는 진리를 알려주셨고, 그 나머지는 그들의 인간적인 능력에 맡기셨다.

콜리지는 성경에 대한 이런 비판의 자유가 일반적으로 받아들여질 때에만, 성경의 독특하고 초월적인 성격을 부정하는 무신론적인 입장과, 그에 못지않게 기독교적 지혜의 순수한 정신에 반하는 주장, 즉 우리의 신앙은 이성과 반대되고, 신앙을 위해 이성을 희생해야 한다는 성서 무오류주의 입장 사이에 안전과 평화를 가능하게 해줄 유일한 중도라고 열렬히 주장했다. 성서 무오류주의는 마치 빛의 아버지인 신이 이성을 부여한 유일한 피조물인 인간에

---

60) [원주] III. 229
61) [원주] II. 385

게 바보가 되는 희생을 요구하는 것처럼 주장했다. 성서 무오류주의가 맞다면 신이 인간 지성에는 이성적으로 보이지 않는 종교를 주고 인간으로 하여금 그런 비이성적인 종교를 믿도록 강요할 수도 있다는 것인데, 이는 신의 선하심에 반하는 주장이라 할 수 있다.[62]

콜리지는 중년과 말년 동안 성서 무오류주의를 비판하는 데 전념했다.[63] 그는 "성서 우상숭배"를 근대 개신교 신학에 널리 퍼져 있는 실수이고 기독교의 큰 장애물이라고 비판했으며,[64] 어떤 의미에서 성서가 신의 말씀이라고 불리며, 성서를 문자 그대로만 읽는다면 비록 경건하기는 하더라도 실수할 수 있고 불완전한 인간의 말인데, 어떻게 이런 문자를 통해 성령의 통일성이 드러날 수 있는지를 밝히려고 했다.[65]

신학적 토론은 우리의 능력을 벗어나고, 우리가 이 자리에서 콜리지의 이런 견해들을 판단한다는 것은 적절치 않다. 그러나 그런 견해들이 편협한 사람의 감정은 아니며, 새로운 세대의 토리주의자들과 고교회파(high-churchmen) 사람들의 마음을 비자유주의적

---

62) [원주] Preface to the third volume of the *Literary Remains*. The editor was Henry Nelson Coleridge.

63) [원주] Preface to the third volume of the *Literary Remains*.

64) [원주] *Literary Remains*, VI, 6

65) [원주] 콜리지의 이런 생각은 성서의 영감에 대한 일련의 편지 출판에 의해 어느 정도는 충족되었다. "Confessions of an Inquiring Spirit". 원주 1859년에 덧붙임.

으로 만들지 않을까 봐 자유주의자들이 두려워해야 할 사람의 견해도 아니다.[66] 우리가 판단하기에 위험은 오히려 그들이 콜리지를 너무 지나치게 자유주의적이라고 판단하지 않을까 하는 것이다. 콜리지는 성서의 모든 구절에 대해 문자 그대로의 진리를 찾는 것이 성서가 계시의 목적이라 선언하는 것에 필요하지도 도움이 되지도 않는다는 견해를 가졌는데, 그런 견해가 보수주의자들에게 어떤 영향을 미쳤건, 그것이 그들을 덜 독단적으로 만들고 더 좋은 철학자들로 만들었을 것이다.

우리는 이제 이 긴 에세이를 마쳐야 하는데, 사실 이 논문은 그 자체는 길지만, 그 주제에 관련해서는 짧다고 할 수밖에 없어서, 우리는 콜리지에 대해 충분한 설명을 했다고 주장하지 않는다. 다만 우리는 콜리지와 그가 속한 학파에 대해 보다 잘 알아야 할 가치가 있다는 것을 증명했기를 바란다. 우리는 토리 철학자인 콜리지가 전적으로 토리주의자만이 아니고, 자주 자유주의자들보다 더 좋은 자유주의자이기도 했다는 것을 증명했기를 바란다. 콜리지는 토리주의자들이 망각해 버리고, 현재의 자유주의자들이 몰랐던 명백한 진리들을 구해냈다.

비록 사실은 그렇지 않지만 만일 보수주의 철학이 부조리하다고 가정하더라도, 그런 보수주의 철학은 그것보다 훨씬 나쁜 수많

---

66) 고교회파는 로마 가톨릭 교회와 가장 유사한 영국 국교회의 일파이다.

은 부조리를 몰아내기 위해 만들어진 것이다. 사람들이 자신들의 의견에 대해 이유를 제시하는 습관을 들이도록 하는 것은, 비록 그 의견이 견지할 만큼 좋은 것이 아니고, 그 이유가 충분치 않은 것이라 할지라도, 매우 중요한 가치를 가진다. 자신이 가진 근본적인 의견을 이성의 시험에 붙이는 사람은 다른 모든 면에서도 이성의 명령에 더욱 개방적이게 될 것이다. 우리는 그런 사람이 올빼미같이 빛을 두려워하고, 변화를 혐오하는 옛날의 비합리적인 편협한 사람들 같은 특징을 가졌을 것이라고 걱정할 필요가 없을 것이다. 토리주의의 좋은 면을 성찰하고, 공적인 선을 위한 엔진으로서 그런 토리주의의 역량을 통해 현존하는 체제를 방어하는 데 익숙해진 사람이 그 체제를 행정적으로 운영하게 된다면 그는 토리주의의 역량을 실현하는 데, 그리고 토리주의가 보다 실재에 가까워지도록 하는 데 있어서 다른 사람들보다 훨씬 더 열심히 할 것이다. 따라서 모든 진정한 개혁가의 기도는 다음과 같아야 할 것이다. "주여, 우리의 적을 계몽시켜 주소서. 그들의 위트를 날카롭게 하시고 그들의 지각에 날카로움을 주시고, 그들의 추론 능력에 일관성과 명료함을 주십시오. 우리는 그들의 지혜가 아니라 그들의 광기 때문에 위험에 처하고, 그들의 강함이 아니라 약함이 우리를 걱정하게 하나이다."

우리 자유주의자들은 우리의 자유주의적 견해 때문에, 영국과 유럽의 모든 나라에서 큰 재산의 소유자들 대부분과 그런 큰 재산을 소유한 사람들과 밀접한 관련을 가지는 대부분의 사람들이 주로 보수적이고 보수적일 것이라는 것을 모를 만큼 맹목적이지 않다. 이런 강력한 세력이 영국에 엄청난 영향을 미치지 않고 존재할 수 있다거나, 그들이 자신들의 이익에 큰 변화를 가져올 개혁을 위한 영적이거나 현세적인 계획을 내놓으리라고 가정하는 것은 최고의 부조리이다. 그런 개혁을 원하는 사람들은 스스로에게 다음과 같은 질문들을 해보아야 한다. 이들 재산가 계급이 자신들과 같은 개혁가들에 반해 단합하는 것에 만족하는가? 이 계급의 마음에서 개혁을 위한 준비 과정이 진행되지 않는다면, 무슨 진보를 이룰 수 있을까? 혹은 어떤 방법에 의해서 그런 진보를 이룰 수 있을까? 만일 이들의 마음에서 개혁을 위한 준비를 하고자 한다면, 우리가 그들을 보수주의에서 자유주의로 개종시키는 비현실적인 방법을 사용해야 하는가, 아니면 그들이 보수주의 자체의 한 부분으로서 자유주의적인 의견들을 하나씩 차례대로 받아들이도록 인도해야 하는가? 이런 마음의 준비를 위한 첫 번째 단계는 그들로 하여금 그들 자신의 신조를 체계화하고 합리화하도록 영감을 불어넣는 것이다. 이렇게 하는 가장 약한 시도조차 내재적 가치를 갖는다. 그렇다면 콜리지의 철학처럼 도덕적 선과 참된 통찰 모두를 가지고 있는 것은 훨씬 더 많은 내재적 가치를 가지고 있는 것이다.

3

「'자연을 따르라'는 윤리」

'자연', '자연적'이라는 단어들과 이로부터 유래된 일군의 단어들 혹은 어원적으로 연관된 일군의 단어들이 인류의 사상에서 큰 자리를 차지해 왔고 인류의 감정에 강력한 영향을 미쳐왔다. 우리가 그런 단어들의 원초적이고 가장 명백한 의미를 고려한다면 그것들이 그렇게 해왔다는 것은 놀라운 일이 아닐 것이다. 그러나 인류의 도덕과 형이상학에 관한 사변에서 그렇게 많은 역할을 해온 이 일군의 단어들이 시간이 흐르면서 그 원초적인 의미와 많은 다른 의미들을 가지게 되었지만, 그럼에도 불구하고 이런 단어들이 그 원초적 의미와 여전히 상당한 정도로 연관되어 있어서 혼란을 초래하고 있다는 것은 불행한 일이다. 그 단어들 대부분이 아주 강력하고 끈질긴 이질적인 성격을 가진 다른 개념들과 연관되게 되어서, '자연'이나 '자연적'이라는 단어의 원초적 의미에 의해 전혀 정당화하지 않는 어떤 감정을 불러일으키거나 그런 감정의 상징이 되어왔고, 또한 잘못된 취미, 잘못된 철학, 잘못된 도덕, 심지어 잘못된 법률들이 생겨나는 가장 풍부한 근원 중 하나가 되어버렸다.

플라톤이 보여주고 발전시킨 소크라테스적 검토(elenchus)의 가장 중요한 요체는 어떤 단어들이 있을 때, 그 단어들의 대중적 용법을 그대로 받아들이는 것이 아니라, 그 단어의 정확한 정의가 무엇인지를 탐구하고, 그런 단어들이 한 부분을 이루는 공통된 규칙과 의견들에 관해 질문을 하며 시험하는 것으로 이루어진다.[1] 플라톤 이후 세대의 사람들은 아주 많은 정도로 플라톤을 통해 지적인 명료성을 얻었다. 그러나 플라톤이 남긴 이런 종류의 탐구의 모범적인 예 중에서, 플라톤은 아쉽게도『자연에 관해서』라는 대화편을 남김으로써 후세를 풍요롭게 하지는 않았다.[2] 만일 플라톤이 자연

---

1) 소크라테스와 플라톤은 스승과 제자 관계이다. 그런데 소크라테스는 아무런 저작을 남기지 않았기 때문에 소크라테스의 사상은 그의 제자들을 통해 알려졌는데, 크세노폰과 플라톤이 대표적이다. 그러나 크세노폰은 소크라테스의 철학을 정확하고 깊게 이해하지 못한 것으로 평가되며, 플라톤이 그의 철학을 정확히 계승하고 발전시킨 것으로 인정된다. 그래서 주로 소크라테스와 플라톤을 철학적으로는 구별하지 않기도 하지만, 역사적인 소크라테스를 밝혀내려는 노력도 하고 있다. 그 경우 플라톤의 초기 대화편(『에우티프론』, 『변명』, 『크리톤』 등)들이 역사적인 소크라테스를 담고 있다는 것이 주된 견해이다.

2) 플라톤의 대화편은 일반적으로 그 대화에 등장하는 소크라테스의 대화 상대자의 이름을 제목으로 하지만, 주로 부제들이 있는데, 예를 들어 『국가』의 부제는 '정의에 관하여'이며, 『테아이테토스』는 '지식에 관하여' 등이다.

이라는 단어가 지칭하는 개념에 대해 그의 치밀한 분석을 적용했더라면, 그리고 그가 그 단어를 사용하는 대중적인 규칙과 의견들을 그의 강력한 변증법이라는 방법으로 시험했더라면, 후대의 사람들이 그 단어의 논리적으로 잘못된 사용에 기초한 사고와 추론의 방식으로 그렇게 빠르게 뛰어들지는 않았을 것이다. 플라톤만이 이런 종류의 논리적으로 잘못된 단어들의 사용으로부터 자유로웠다.[3]

이런 탐구에 있어서 여전히 가장 좋은 방법인 플라톤의 방법에 따르자면, 그런 모호한 용어와 관련해서 가장 먼저 해야 할 일은 그것이 무엇을 의미하는지 확정하는 것이다. 그리고 그 방법의 규칙의 하나는 추상적인 것의 의미는 구체적인 것들에서, 보편적인 것의 의미는 개별적인 것들에서 가장 잘 드러나기 때문에, 추상적인 것을 구체적인 것으로, 보편적인 것을 개별적인 것들로 분석해야 한다는 것이다.[4] 자연이라는 단어에 대해서 이 방법을 적용한다면 첫 번째 질문은 불, 물, 어떤 식물 혹은 어떤 동물 등 한 대상의 자연 혹은 본성이 무엇을 의미하는가이다.[5] 어떤 대상의 본성은 명

---

3) 밀의 아버지인 제임스 밀은 자신의 정신에 가장 결정적인 영향을 미친 사람이 플라톤이라고 하는데, 밀 자신도 동일하게 말할 수 있다고 자서전에서 밝히고 있다.

4) 벤담론에서 벤담의 구체적 분석 방법을 참조하라.

5) 밀이 분석하는 단어는 nature인데, 이 단어는 한국어에서는 서로 연관된 두 가지

백히 그것의 힘이나 속성들의 결합으로, 그것이 (관찰자의 감각도 포함해) 다른 것들에 작용하는 양상들과 다른 것들이 그것에 작용하는 양상들을 포함하며, 그 대상이 유정적(sentient) 존재일 경우에는 그것 자신의 감정의 능력이나 의식의 능력도 포함되어야 한다.[6] 따라서 어떤 것의 자연 혹은 본성이 의미하는 것은, 그것이 발현하는 현상을 드러내는 모든 능력을 의미한다. 그리고 그것이 드러내는 현상이 서로 다른 상황에서 다르다 하더라도, 동일한 상황에서는 언제나 동일하기 때문에, 그것들은 일반적인 형식으로 기술될 수 있고, 그것이 바로 사물의 본성의 법칙이라고 불린다. 따라서 물의 본성에 관한 자연의 법칙 중 하나는 "물은 해수면과 같은 높이의 기압하에서 섭씨 100도에서 끓는다."는 것이다.[7]

어떤 한 구체적인 사물의 자연 혹은 본성이 그것의 힘들과 속성의 결합이기 때문에, 따라서 추상적인 자연은 모든 구체적인 사물

단어로 번역될 수 있는데, "자연"과 "본질 혹은 본성"이다. 영어 표현 human nature를 우리말로 번역하면 인간 본성이라고 해야 할 것이다. 'nature'가 두 가지 의미로 번역되기 때문에 한국어로 번역할 경우 영어에서 nature의 의미보다 더욱 복잡해질 수밖에 없다.

6) 유정적 존재란 쾌와 고통을 느낄 수 있을 만큼 어느 정도 이상으로 의식을 가지고 있는 존재로, 인간만이 아니라 동물 중 많은 종을 포함한다.

7) 이 자연법칙의 문장이 일반적인 형식의 문장이다. 즉 이 법칙에서 지칭되는 물은 이 컵에 담긴 물, 저 그릇에 담긴 물, 이 샘물의 물, 저 우물의 물이 아니라, 물 일반을 가리키는 것이고, 물 일반이 가진 성질을 표현한 것이다.

의 힘들과 속성들의 총합이다. 자연은 모든 현상의 총합과 그런 현상을 산출하는 원인들을 의미한다. 이런 현상은 일어나는 모든 것뿐만 아니라, 일어날 수 있는 모든 것을, 그리고 실제 결과로 이어진 원인들만큼이나, 실제로는 결과로 이어지지 않은 원인들의 힘도 자연의 개념에 포함된다. 충분히 조사된 모든 현상은 규칙적으로 일어나기 때문에, 각 현상이 어떤 공통된 긍정적이거나 부정적인 조건들을 가지고 있고, 그런 조건들이 일어날 때 그 현상은 변함없이 일어나기 때문에, 인류는 직접적 관찰이나 그런 관찰에 근거한 추론에 의해 많은 현상들의 일어나는 조건들을 확정할 수 있었다. 그리고 과학의 발전은 주로 그런 조건들을 확정하는 것으로 이루어진다. 그런 조건들이 발견되면 그것들은 특정한 현상의 법칙, 그리고 보다 구체적으로는 자연의 법칙(law of nature)이라 불리는 일반적 명제로 표현될 수 있다. 따라서 "모든 물질적 대상은 질량에 비례하고 거리의 제곱에 반비례해서 끌린다."는 것은 자연의 법칙이며, "공기와 물이 동물의 생명에 필수적"이라는 명제 역시 자연법칙이다. 그런데 앞의 법칙이 기술하는 현상인 중력은 보편적인 데 반해, 뒤의 법칙이 기술하는 현상은 특별한 것이다.

따라서 가장 단순한 의미에서 자연은 실제적(actual)이고 가능한(possible) 모든 사실을 위한 집합적 이름이거나, 보다 정확하게 말한다면 부분적으로는 우리에게 알려져 있고 부분적으로는 알려져 있지 않은 모든 것이 일어나는 방식이다. 왜냐하면 자연이라는 단어는 모든 현상의 다양한 세세한 부분들을 지칭하는 것이 아니라, 모든 현상 전체를 지칭하기 때문이다. 이런 현상들 전체로서의 자연은 모든 현상에 관해 완전한 지식을 가지고 있는 정신에 의해 형성될 수 있는 개념인데, 과학의 목표는 경험으로부터의 계속적인 일반화를 통해 그런 개념에 도달한다.

그렇다면 이것이 자연이라는 단어에 대한 정확한 정의이다. 그러나 이 정의는 그 모호한 용어의 의미 중 오직 하나에만 상응해서, 그 용어가 친숙하게 사용되는 방식 중 다른 것들에는 적용될 수 없다. 예를 들어 이 정의는 '자연'과 '인공(Art)'을, 그리고 '자연적인 것'과 '인공적인 것(artificial)'을 대립되는 것으로 말하는 방식과는 완전히 상충한다. 우리가 정의했던 자연의 개념에 의하면, 인공은 다른 모든 것과 마찬가지로 자연이고, 인공적인 모든 것도 자연적인 것이다. 인공은 자연으로부터 독립되어 있는 힘을 가지고 있지 않으며, 인공은 자연의 힘을 단지 어떤 목적을 위해 사용한 것에 불과하다. 인간에 의해 초래된 현상들도, 인간이 관여하지 않고 저절로 일어난 현상들처럼 그 기본적 힘들의 속성들 혹은 기본적 실체들과 그 복합물들에 의존한다. 인간 모두가 힘을 합친다 하더라도 물질 일반의 새로운 속성이나, 물질 중 하나라도 창조해 낼수 없다. 단지 우리는 우리가 발견하는 속성들을 우리의 목적을 위해 이용할 수 있을 뿐이다. 나무가 바람에 뽑혀 날려가 물에 떨어지는 것이나 배가 뜨는 것이나 둘 다 동일한 구체적인 중력과 평형의 법칙에 의한 것이다. 사람들이 식량으로 사용하는 곡물을 가꾸는 것이나, 들장미나 산딸기가 자연적으로 그 꽃들과 열매를 키워내는 것 역시 같은 식물의 법칙에 의한 것이다. 집이 지탱하는 것은 그 집을 구성하는 재료들의 무게와 결합이라는 자연적 속성에 의한 것이다. 증기 기관도 증기의 자연적 팽창력에 의해 작동하는 것으로, 이런 수증기의 팽창력을 기관의 한 부분에 전달하고, 그런 힘이 다시 레버를 거쳐 다른 부분에 전달되면, 이 부분이 무거운 것을 들어 올리거나 그런 무거운 것과 붙어 있는 장애물을 제거하게 된다. 이런 것들이나 다른 인위적인 일을 할 때, 자주 지적되는 대로 인간이 하는 일은 매우 제한적인데, 어떤 것들을 어떤 장소로 이동하는 것에 불과하다. 우리는 어떤 것들을 움직이고, 그렇게 함으로써 서로 떨어져 있던 것들을 접촉하게 하거나, 서로 접촉되어 있던 것들을 서로 떨어뜨려 놓는다. 그런데 이런 단순한 장소의 변화를 통해 이전에 사용되지 않던 자연의 힘들이 작동하게 되고, 그런 힘들이 우리 인간이 바라던 목적을 실현하게 된다. 그런데 사실 그런 움직임을 원하는 인간의 의지, 그런 움직임을 생각해 내는 인간의 지성, 그런 움직임을 실행하는 인간의 근육의 힘도 모두 자연의 힘이라 할 수 있다.

따라서 우리는 자연이라는 단어에서 최소한 두 개의 주된 의미를 인정해야 하는 것 같다. 한 의미에서 자연은 인간 외부의 세계나 인간 내부의 세계에서 존재하는 모든 힘과 그런 힘들에 의해 일어나는 모든 것을 의미한다. 다른 의미에서 자연은 일어나는 모든 것이 아니라 인간의 행위 주체 작용(human agency) 없이 혹은 인간의 의지적이고 의도적인 행위 주체 작용 없이 일어나는 것만을 의미한다. 이 두 가지 구별이 자연이라는 용어의 모호함을 모두 없앤다고 할 수 없지만, 이 구별은 아주 중요한 모호함들을 없앨 수 있는 열쇠이다.

그렇다면 이처럼 두 가지 의미를 가진 자연이라는 단어와 그 파생어들이 도덕적 개념들인 '권유(commendation)', 승인(approval), 심지어 도덕적 의무라는 개념을 전달하기 위하여 사용될 때 이 두 가지 의미 중에 어느 것이 선택되어 사용되는 것인가?

사실 자연이란 용어는 모든 시대에 그런 방식으로 사용되어 왔다. "자연을 따르라.(Natura sequi.)"는 것은 가장 존경받는 많은 철학 학파들의 근본적인 도덕 원칙이었으며, 고대인들 사이에서, 특히 고대의 지성과 사상이 쇠퇴하던 시대에, 모든 윤리 이론이 거쳐야 할 시험이었다고 할 수 있다. 스토아학파나 에피쿠로스학파가 다른 면에서는 얼마나 화해 불가능했는지 몰라도, 그 두 학파는 어떤 행위의 규칙이 정당한 것이라면 그런 행위의 규칙들이 자연의 명령이라는 것을 증명해야만 한다는 것에는 동의했다.[8]

---

8) 스토아학파는 금욕을 강조하고, 에피쿠로스학파는 쾌락을 강조하는 학파이다. 밀은 에피쿠로스학파의 이론을 고대의 공리주의 이론이라고 평가한다.

이들의 영향을 받아 로마의 법률가들이 법을 체계화하고자 했을 때 그들이 실제 법을 제시하기 전에 자연법을 놓았는데, 유스티니안(Justinian)에 따르면 자연법은 자연이 모든 살아 있는 존재에게 가르쳐준 것이다. 근대의 체계적인 저술가들은 로마의 법률가들을 모범으로 삼아, 자연법을 법뿐만 아니라 도덕철학에도 적용해서, 자연법에 관해 많은 책을 저술했는데, 이런 저술들에서 자연법은 최상의 규칙이며 궁극적인 기준이라고 주장했다. 다른 누구보다 국제법에 관한 저술가들이 이런 방식의 윤리적 사변의 유행을 촉진했다.[9] 이들은 자신들이 가장 인정하고 동의하는 국제 도덕에 관한 견해에 자신들이 할 수 있는 한 법의 권위를 부여하려고 했지만, 그런 견해를 반영한 실정법이 없었기 때문에 그들은 그런 권위를 상상된 자연법에서 찾으려고 노력했다.

기독교가 최고도로 상승하던 시기에, (비록 그리스도 자신은 결코 그렇게 말하지 않았지만) 인간이 자연적으로 악하다는 기독교 대부분의 종파들의 견해에 맞게, 기독교 신학은 기독교인들이 자연을 도덕의 기준으로 삼는 방식의 사고방식을 수용하는 데 부분적으로 장애가 되었다. 하지만 이신론적(deist) 도덕주의자들은 만장일치로 인간이 본성상 악하다는 이론에 반대하며, 자연에 신성이 깃들

---

9) 근대 자연법의 아버지라 불리는 그로티우스, 그리고 그 후에 유명했던 푸펜도르프가 대표적인 예이다.

어 있음을 주장하고, 상상된 자연의 명령을 행동의 규칙이라고 주장했다. 이렇게 인간 행동의 기준으로서 자연의 명령이라는 주장은 루소가 물꼬를 튼 사상과 감정의 흐름의 주된 요소로서 근대 정신에 아주 광범위하게 수용되었고, 기독교도들 사이에서도 그러했다. 기독교의 교설들은 매 시대 그 시대의 주류 철학에 적응해 왔고, 우리 시대의 기독교 역시 그 색깔과 향의 상당 부분을 감상적인 이신론(sentimental deism)으로부터 차용하고 있다.

과거의 자연법 이론가들은 인간 행동의 모든 영역에 적용될 행동의 규칙들을 사법적 정확성을 가지고 연역하려 했지만, 현재는 인간 행동의 규칙들의 기준이 자연이든, 다른 기준이든 그런 방식이 적용되고 있지는 않다. 현 세대의 사람들은 통상적으로 그런 끈질긴 정확성을 가지고 원칙들을 적용하지도 않고, 어떤 기준에 대한 확고한 충성심을 가지고 있지도 않다. 오히려 그들은 기준들이 많기 때문에 혼란스런 조건에 사는데, 이런 조건은 사람들로 하여금 건실한 도덕적 신념을 형성하게 하는 데 유리한 조건은 아니지만, 자신들의 도덕적 견해를 가볍게 받아들이는 사람들에게는 편리한데, 이런 조건이 자신들이 상황에 맞게 선택하는 도덕적 견해를 방어하기에 편한 다양한 논증을 제공하기 때문이다. 그런데 현대에는 과거의 자연법 저술가들처럼 자연법을 도덕의 기초로 놓고, 그로부터 일관되게 행동 규칙을 추론하는 사람들은 없지만, 그럼에도 여전히 자연이라는 단어와 같은 기원을 가진 단어들은 도덕 논의에서 비중 있는 것들로 여겨지는데, 보통 어떤 사고나 감정이나 행동의 방식이 자연을 따른다는 것은 그런 사고나 감정, 행동 방식이 좋다는 것을 보여주는 강한 논변으로 받아들여진다. 만일 어떤 사람이 자연이 우리에게 어떻게 행동할 것을 명령한다고 설득력 있게 주장한다면, 대부분의 사람들은 그런 자연의 명령을 따르는 것이 적절하다고 생각하고, 반대로 어떤 사람이 어떤 행동이 자연에 반한다고 설득력 있게 주장한다면, 대부분의 사람들은 그 행동이 잘못되었다고 생각한다. "비자연적(unnatural)"이라는 단어는 여전히 가장 심하게 비난하는 단어 중 하나이다. 그런 표현을 하는 사람들은 자신들이 도덕 의무의 기준에 관해 어떤 근본적인 공리(axiom)를 제시하고 있다고 생각하지 않겠지만, 사실 그런 공리를 의미하고 있는 것이며, 그런 공리는 과거의 보다 논리적인 사상가들이 자연법에 관한 체계적인 논문들을 정초시킨 그런 공리와 실질적으로 동일한 것이다.

자연법에 관한 이런 방식의 논의에서, 앞에서 밝힌 자연의 두 가지 의미 외에 또 다른 의미를 인정하는 것이 필요한가? 아니면 그 두 개의 의미 중 어떤 것에 연결될 수 있는가? 사실 우리는 이 용어의 또 다른 모호성을 인정할 수밖에 없는 듯이 보인다. 모든 탐구는 존재하는 것과 존재해야만 하는 것에 관한 것이다. 과학과 역사는 전자에 속하고, 예술, 도덕, 정치는 후자에 속한다. 그러나 앞에서 밝힌 자연의 두 의미는 모두 존재하는 것만을 지시한다. 첫 번째 의미에서 자연은 존재하는 모든 것에 대한 집합적 이름이다. 두 번째 의미에서 자연은 인간 개입 없이 스스로 존재하는 모든 것을 가리키는 이름이다. 그런데 윤리학적 용어로서 '자연'이라는 용어는 존재하는 것을 지칭하는 것이 아니라, 존재해야만 하는 것 혹은 존재해야만 하는 것의 규칙이나 기준을 지시하는 것처럼 보이기 때문에 세 번째 의미를 표현하는 것으로 보인다. 그러나 조금 더 생각해 보면 이것은 모호성의 문제가 아니고, 세 번째는 의미가 없다는 것을 알 수 있다.

자연이 행동의 기준이라고 주장하는 사람들은 새로운 언어적 사용법을 제안하는 것이 아니다. 그들은 행동의 기준이 무엇이건 그 기준을 자연이라고 불러야 한다고 주장하는 것이 아니라, 자신들이 올바른 행동의 기준이 정말로 무엇인지에 관해 어떤 정보를 제공하고 있다고 생각한다. 그들은 또한 "우리는 우리가 해야만 하는 것을 해야만 한다."는 동어반복적인 명제를 주장하는 것도 절대 아니며, 자연이라는 용어가 우리가 무엇을 해야 하는지에 관한 어떤 외적인 기준을 제시한다고 생각한다. 만일 그들이 존재하는 것을 지칭하는 단어를 사용해 존재해야만 하는 것에 대한 규칙을 제시한다면, 그들은 존재하는 것이 존재해야만 하는 것의 규칙과 기준을 구성한다는 생각을 가지고 있기 때문에 그렇게 하는 것이다.[10]

이 주장을 검토하는 것이 이 논문의 목적이다. 이 논문은 자연이 옳고 그름과 선하고 악함의 기준이며, 자연을 따르거나 모방하거나 복종하는 것이 올바르거나 바람직하다는 이론이 참인지를 검토하고자 한다. 이 연구에서 자연이라는 용어의 의미에 관한 선행한 논의는 꼭 필요한 서론이다. 언어는 과거에 그랬던 것처럼 지금도 철학적 논의의 대기(atmosphere)와 같은 것으로, 대기를 통해 어떤 것의 참된 모습과 그 위치를 볼 수 있으려면 그 대기가 투명해야 한다.

자연이라는 단어와 가장 흔하게 연관되는 단어는 '법'이다. 그런데 이 연구를 위해 우리가 지금까지 '자연'이라는 용어와 관련된 모호함과는 다른, 법이라는 용어와 관련된 모호함에 대해 경계하는 것이 꼭 필요한데, 이 법이라는 단어의 모호함이 명백함에도 불구하고, 가장 현명한 지식인들도 이런 모호함을 분별하지 못할 수 있기 때문에 연구를 더 진행하기에 전에 그 모호함을 살펴볼 필요가 있다.

이 법이라는 단어는 두 가지 의미를 가지고 있다. 첫째 의미는 존재하는 것의 어떤 부분을 가리키고, 다른 의미는 존재해야 하는 것을 가리킨다. 우리는 중력의 법칙, 운동의 3법칙, 화학적 결합에서 정비례의 법칙, 유기적 존재에서 생명의 법칙에 관해 말한다. 우리는 또한 형법, 민법, 명예법, 신의성실법, 정의의 법에 관해 말

---

10) 이런 이론가들은 자신들의 주장이 분석 판단이 아니고 종합 판단이며, 사실로부터 당위가 도출된다고 주장하는 것이라 볼 수 있다.

하는데, 이 모든 것은 존재해야만 하는 것의 부분이거나 존재해야만 하는 것에 대한 어떤 사람의 제안, 감정 혹은 명령의 부분이다.

운동의 법칙, 중력의 법칙 같은 첫 번째 종류의 법은 현상들이 발생하는 데 있어서 관찰된 제일성으로, 부분적으로는 선행하는 것과 후행하는 것의 제일성, 부분적으로는 같이 일어나는 것의 제일성이다. 이런 것들이 과학에서, 그리고 우리의 일상 용법에서도 자연법칙(laws of nature)이라는 것으로 의미하는 것이다. 다른 의미에서의 법은 한 국가의 법, 국제법 혹은 도덕법들인데, 이미 말한 바와 같이 이런 법 중에는 법률가들이 끌어다 놓은 실정법이 아닌 자연법도 포함되어 있다.

이런 법이라는 단어의 두 가지 의미를 혼동한 예로 몽테스키외의 『법의 정신』의 첫 장만큼 대표적인 것이 없다. 거기에서 몽테스키외는 물질세계는 그것의 법을 가지고 있고, 하등 동물들도 그것들의 법을 가지고 있으며, 인간도 인간의 법을 가지고 있는데, 물질세계의 법과 동물 세계의 법은 엄격하게 지켜지는 데 반해, 인간의 법은 그렇게 지켜지지 않는다는 것에 주의를 환기하면서, 마치 사물들은 언제나 그것들이 존재하는 그대로 있지만 인간은 언제나 그들이 마땅히 그래야만 하는 대로 존재하지 않는다는 것이 비일관적이거나 역설이라도 되는 듯한 뉘앙스를 전하고 있다.[11] 유명

---

11) 몽테스키외, 『법의 정신』(1748).

한 조지 콤(George Combe)의 저술도 유사한 혼동으로 가득 차 있는데,[12] 그의 이런 혼동이 대중적인 글에도 많은 영향을 미쳐서, 물리적 법칙을 도덕법칙과 같은 의미와 방식으로 의무적인 것으로서 따라야 한다는 권고를 자주 발견하게 된다.

자연이란 단어를 윤리적 의미를 가진 단어로 사용하는 방식이 함축하는 것은 존재하는 것과 존재해야 하는 것 사이에는 (비록 동일성의 관계는 아니라 하더라도) 긴밀한 관계가 있다는 개념인데, 이런 개념이 우리 인간의 마음에 설득력 있게 들리는 부분적인 이유는 우리가 존재하는 것들을 "자연법[자연법칙]"이라고 부르면서, 동시에 법이라는 용어를 존재해야만 하는 것[당위]을 부르는 데 쓰는 관행(practice) 때문이다.

자연 혹은 자연의 법칙을 준수하라고 주장할 때, 여기서 의미하는 자연은 그 용어의 첫 번째 의미로서의 자연인가, 즉 존재하는 모든 것, 모든 것의 힘과 속성을 의미하는 자연인가? 그러나 이런 의미에서라면, 자연에 따라 행동하라고 권고할 필요가 없다. 왜냐하면 그것은 그가 행동을 잘하건 못하건 그러지 않을 수 없고 그렇게 할 수밖에 없기 때문이다. 이런 의미에서 자연이라면 자연에 따르지 않는 행동의 양식은 있을 수 없으며 모든 행동의 방식은 정확

---

12) 골상학에 관한 다작의 저술가이다. 그의 가장 잘 알려진 책, *The Constitution of Man*은 당시 영국 사회에서 대부분의 사람들이 아는 책이었다.

히 같은 정도로 자연에 따르는 것이다. 모든 행동과 그런 행동에 따른 모든 효과는 자연의 어떤 대상들의 힘과 속성이 어떤 자연의 법칙들에 정확히 복종하면서 산출한 자연의 현상들이다. 내가 자발적으로 음식을 섭취하려고 내 몸을 사용할 때 그 행위와 결과는 자연의 법칙에 따라 일어나며, 내가 음식 대신에 독을 삼키는 경우에도 정확하게 동일하다. 사람들이 자연법칙을 따를 수밖에 없고, 자연법칙으로부터 벗어날 수 없을 때 그들에게 자연의 법칙을 따르라고 명하는 것은 이치에 맞지 않는 것이다. 그들에게 말해 주어야 할 것은 특정한 경우에 무슨 특정한 자연의 법칙을 이용해야 하는가이다. 예를 들어 어떤 사람이 난간이 없는 좁은 다리를 이용해 강을 건널 때, 오직 중력의 법칙만을 따르다가 강에 빠지는 것보다는, 움직이는 물체의 균형의 법칙을 따라서 몸의 균형을 잡으며 다리를 건너야 한다고 말해 주어야 할 것이다.

사람들에게 그들이 할 수밖에 없는 것을 하라고 권하는 것은 무용하며, 사람들이 옳게 행동하건 그렇지 않게 행동하건 따를 수밖에 없는 것을 올바른 행동의 규칙이라고 명하는 것은 이치에 맞지 않지만, 그럼에도 불구하고 이성적인 행동의 규칙과 자연의 법칙 사이의 관계로부터, 그런 행동의 규칙을 도출할 수도 있다. 사람들은 필연적으로 자연의 법칙에 복종하지만, 자신들의 행동을 반드시 그 법칙들을 통해 **지도하지는**(guide) 않는다. 비록 사람들의 모든 행동이 자연법칙에 따르지만, 사람들이 언제나 그런 자연법칙을 알고 행동하는 것은 아니고, 그런 법칙들을 자신들의 행동의 목적을 성취하기 위한 수단으로 지성적으로 사용하지 않는다. 비록 우리가 우리 자신을 자연법칙 전체로부터 해방시킬 수는 없지만 만일 우리가 특정한 법칙이 작용하는 상황에 우리 자신을 처하지 않게 할 수 있다면, 우리는 그 특정한 자연법칙으로부터 벗어날수 있다. 비록 우리가 자연법칙을 통하지 않고서는 아무것도 할 수없지만, 우리는 한 자연법칙을 다른 자연법칙에 대항시키기 위해사용할 수 있다. 베이컨의 격언에 따르면 "우리는 자연을 명령하는방식으로 자연에 복종할 수 있다."[13] 우리가 처할 상황을 바꿀 수있다면, 우리는 우리에게 영향을 미치는 자연법칙을 다소간 바꿀수 있고, 우리가 어떤 목적이나 수단을 선택하는가에 따라 우리 자신을 한 종류의 자연법칙 대신에 다른 종류의 자연법칙의 영향 아래 놓을 수 있다. 따라서 만일 "자연을 따르라."는 무용한 원칙을 "자연을 연구하라."는 원칙으로 바꾼다면, 즉 어떤 사물들의 속성들이 어떤 주어진 목적을 증진시키거나 방해한다고 할 때, 우리가이런 사물들의 속성들을 알고 주의를 기울이라는 원칙으로 바꾼다면, 우리는 모든 지성적인 행동의 첫 번째 원칙에, 아니 지성적인행동 자체의 정의(definition)에 도달하게 될 것이다.

나는 이런 참된 원칙에 관한 혼란된 개념이, 겉으로 보기에는 비

---

13) Francis Bacon, *Novum Organum*, I, iii, cxxix.

슷하지만 사실은 무의미한 교설인 자연에 복종하라는 주장을 하는 사람 중 많은 사람들의 마음속에 있으리라고 생각한다. 이 사람들은 현명한 행동과 어리석은 행동의 본질적 차이는 어떤 중요한 결과가 달려 있는 특정한 자연의 법칙에 주의를 기울이느냐 여부에 달려 있다고 생각한다. 그리고 그들은 자신의 행동을 지도하기 위해 자연의 법칙에 주의를 기울이는 사람은 그것에 복종하는 것이며, 그런 법칙을 무시하고 그런 법칙이 존재하지 않는 것처럼 행동하는 사람은 그것에 복종하지 않는 것이라고 생각한다. 자연의 법칙에 복종하지 않는다는 것은 사실은 다른 자연법칙들에 복종하거나 자신이 복종하지 않는 법칙에 복종하는 것이라 할 수도 있는데, 예를 들어 화약의 폭발력을 모르거나, 설령 안다고 하더라도 그런 폭발력에 주의를 기울여 조심하지 않고 화약 공장에 들어가는 사람은 자신이 무시한 바로 그 법칙에 복종해서 자신을 원자들로 폭파시켜 버릴 행동을 하기 쉬울 것이다.

그러나 자연을 따르라는 주장의 권위가, 자연을 관찰하라는 합리적(intelligent) 원칙과 혼동되는 데에 어느 정도 빚을 지고 있건, 그 주장을 좋아하고 더 널리 전파하고자 하는 사람들은 그런 합리적 원칙 이상의 것을 의미한다. 사물들의 속성들에 관한 지식을 획득하고 그런 지식을 우리 행동을 지도하기 위해 이용하는 것은 목적을 위한 수단의 선택을 위한, 혹은 우리의 바람과 의도가 무엇이건 그것을 실현하기 위한 타산(prudence)의 한 원칙이다. 그러나 자연에 복종하라는 혹은 자연을 따르라는 주장을 하는 사람들은 이 규칙이 단지 타산을 위한 규칙이 아니라 **윤리적 규칙**이라고 주장하며, 더 나아가 자연법을 주장하는 사람들은 자연법이 현실의 법정에 의해 시행되고 제재를 통해 강요될 수 있는 법이라고까지 주장한다. 올바른 행동은 단지 합리적(intelligent) 행동과 다르고 그 이상을 의미함에 틀림없다. 그러나 우리가 지금까지 살펴본 의미의 자연은 합리적 행동의 원칙을 넘어서는 도덕적 원칙과는 연결될 수 없다. 따라서 우리는 지금까지 살펴본 자연의 의미와 다른 의미, 즉 기예와 구별되는 자연, 모든 현상을 가리키는 것이 아니라, 인간의 간섭 없이 스스로 일어나는 현상을 가리키는 자연의 의미를 살펴보아야 한다.

그렇다면 이제 우리는 자연의 두 번째 의미, 즉 인간의 간섭 없이 스스로 일어나는 현상들을 가리킨다는 의미에서, 자연을 따르라는 실천적 규칙에 어떤 의미를 부여할 수 있는지 고려해 보도록 하자. 그렇게 이해된 자연에서 인간의 간섭 없이 사물들이 자발적으로 일어나는 방식이 우리의 필요에 따라 사물들을 사용하려 노력할 때 우리가 따라야 하는 규칙인가? 그러나 이런 의미로 이해된 규칙은 다른 의미로 이해된 규칙과 마찬가지로 피상적이고 무의미할 뿐만 아니라 조리에 맞지 않고 자기모순적이라는 것이 명백할 것이다. 왜냐하면 앞의 의미에서 인간 행동은 자연에 순응할 수밖에 없지만, 다른 의미에서 인간 행동의 목표와 대상은 바로 자연을 변화시키고 향상시키는 것이기 때문이다. 만일 사물들이 자연적으로 일어나는 방식이 완전하게 옳고 만족스러운 것이라면, 행동하는 것 자체가 자연에 대한 쓸데없는 간섭일 것이며, 그것이 사태들을 더 나쁘게 할 것임이 틀림없기 때문이다. 만일 행동하는 것이 정당화되는 경우가 있다면, 그것은 행동이 본능에 직접적으로 복종할 때뿐일 텐데, 그 이유는 그런 본능적인 행동들이 자연의 자발적인 질서의 일부로 간주될 수 있기 때문이다. 그러나 만일 사람이 어떤 목적을 가지고 예측해서 행동한다면, 그런 행동은 그런 완전한 질서에 대한 위반이 될 것이다. 만일 인위적인 것이 자연적인 것보다 좋지 않다면, 모든 인간의 기술은 무슨 목적을 가지는 것일까? 땅을 파고, 쟁기질하고, 무엇인가를 건설하고, 옷을 만드는 것은 자연을 따르라는 명령에 대한 직접적인 위반이 아닌가?

그러나 자연을 따르라는 규칙을 가장 열렬히 지지하는 사람들도, 그런 규칙을 인간의 기술들에 적용하는 것은 너무 지나치다고 말할 것이다. 모든 사람은 자연에 대한 기술의 위대한 많은 승리를 찬양하고 숭배하는데, 예를 들면 자연이 분리해 놓은 해안들을 다리로 연결하는 것, 자연 늪지대의 물을 빼는 것, 우물을 파는 것, 자연이 땅속 깊이 묻어놓은 것을 채굴하는 것, 피뢰침을 사용해 벼락을 피하는 것, 둑을 쌓아 물을 저장하는 것, 바다에 방파제를 만드는 것 들이다.

그러나 자연을 따르라는 주장을 하는 사람들이 이런 일을 하도록 우리에게 권고한다는 것은 인간이 자연의 방식에 복종해야 하는 것이 아니라 정복해야 한다는 것을 인정하는 것이다. 그리고 자연의 힘은 종종 우리 인간에게 적대적이어서 인간은 힘과 책략을 통해 자연으로부터 자신의 필요를 위해 아무리 작은 것이라도 쟁취해야 하며, 자연의 거대한 힘에 비해 인간의 힘이 약하다는 사실을 감안해서, 우리는 이런 작은 것이 우리가 기대하는 것보다 클 때 찬양받을 만하다는 것을 인정하는 것이다. 우리가 문명과 기술을 찬양한다는 것은 자연을 찬양하지 않는다는 것이며, 자연의 불완전성을 인정하는 것인데, 그런 불완전성을 고치고 완화시키려고 노력하는 것이 인간이 할 일이고 강점이다.

사람들이 자신들이 처한 조건을 개선시키려 하는 일은 무엇이나 자연의 자발적 질서를 비난하는 것이고, 좌절시키려 하는 것이라는 의식이 인간이 처한 조건을 개선하려는 새로운 노력들을 언제나 종교적 의심을 받도록 만들었다. 즉 이런 인간의 노력은 우주의 다양한 현상들을 다스리거나, 자연의 흐름이 그의 의지의 표현이라고 여겨지는 강력한 존재들에게 다신교가 유일신교로 변화하면서, 유일한 전능한 존재로 바뀌었을 때에는 최고의 신에게 복종하지 않거나 그런 강력한 존재들에 반대하는 것으로서 의심되었다. 인류의 편리를 위해 자연 현상들을 변경하려는 어떤 간섭도 그런 상위 존재들의 통치와 충돌하는 것으로 보일 수 있다. 인간의 그런 간섭이 없다면 인간 삶은 유지될 수 없거나 쾌적해질 수 없지만,

이런 간섭이 신의 보복을 유발하지 않고 시도될 수 있다는 것을 경험을 통해 알게 되기 전까지 세계에 대한 인간의 간섭은 언제나 공포와 전율을 동반해 왔다. 고대 사제들의 지혜가 일반적으로 우주에 대한 신의 통치에 대해 인간이 침해하는 것은 신의 벌을 초래하기에 두려운 것이지만, 신이 인간의 특정한 간섭에 대해 벌을 내리지 않을 수도 있는 방식을 보여주었는데, 그들은 특정한 인간의 간섭을 어떤 신의 선물이나 호의라고 주장했다. 고대의 종교들은 신들에게 의견을 구하고, 신들의 특권에 도전하는 것으로 보이는 것들에 대해 신들의 명시적인 허락을 받는 많은 수단들을 가지고 있었다.

신탁이 사라지자 계시를 인정하는 종교들도 같은 목적으로 사용할 수 있는 방편들을 가지고 있었다. 천주교는 인간의 간섭 중 어떤 것이 허용되거나 금지될 수 있는지를 선언할 권위를 가지고 있는 오류 없는(infallible) 교회라는 수단을 가지고 있었다. 교회의 권위 있는 판단이 없을 때, 그 간섭이 허용되거나 금지되어야 하는지는 그런 간섭이 성경에 의해 명시적이거나 묵시적으로 제재를 받아왔는지에 의해 결정되었다. 현대에도 자연을 통제하는 전적인 권리를 신이 가지고 있고, 인간이 자신들에게 꼭 필요한 것들을 충족하기 위해 자연에 간섭해야만 할 때, 신이 인간에게 자연에 간섭할 자유를 특별히 용인한다는 관념이 여전히 존재하고 있다. 그레서 비록 약화되어 가고는 있지만 인간이 어떤 허용된 정도와 범위를 넘어 자연에 대해 인간의 힘을 행사하려는 어떤 시도도 인간이 신의 힘을 부당하게 침해하려는 불경한 시도로 간주하는 경향이 남아 있다. 로마 시인 호라티우스의 「찬가(Odes)」에서 조선술과 항해술같이 친숙한 기술을 신성 모독이라고 비난하는 구절들은, 그가 살던 회의적인 시대에도 그런 옛 감정이 여전히 고갈되지 않았음을 잘 보여준다.[14] 중세에는 이와 상응하는 감정의 강도가 정확한 평행선을 이루지는 않는데, 인간의 자연에 대한 간섭이 악령을 다루는 것과 관련되어 있다는 미신으로 인해서이다. 그러나 자연에 대한 탐구가 전능한 신의 비밀을 몰래 훔치려 하는 것이라는 혐의는 오랜 동안 인기 없는 자연에 대한 탐구를 공격하는 강력한 무기로 남았다.[15] 그리고 어떤 사람들의 앞서가는 생각과 새로운 제안이 잘못되었다고 비판하고 싶을 때, 그런 생각과 제안은 인간이 주제넘게 신의 섭리가 실현되는 것을 막으려 시도하는 것이라는 비판이 다른 반론들과 함께 제기될 수 있다. 사실 아무도 창조의 자발적 질서가 절대로 변해서는 안 된다든지, 심지어 어떤 새로운 방식으로 변해서는 안 된다는 것이 창조자의 의도라고 주장하지는 않는다.

---

14) Forbidden sacrilege(Odes, I, iii).
15) 현대의 생명 윤리 분야에서 이런 식의 비판이 제기되는데, 인간이 신의 역할을 하려 한다(playing god)는 비판이다.

그러나 이런 자연 현상 혹은 저런 자연 현상을 통제하는 것이 적절하더라도 자연의 일반적인 틀은 우리가 모방해야 할 모범이라는 것, 세세한 것들에서는 다소간 인간에게 변경할 자유가 허용된다 하더라도 전체적으로 우리는 자연 자체의 방식의 정신과 개념에 의해 우리의 행동을 지도해야 한다는 것, 즉 그것들은 신의 작품이고 따라서 완전하며, 인간은 그것들의 흠잡을 데 없는 탁월성과 겨루려 할 수 없고, 그것들과 유사한 것을 비록 불완전하겠지만 재생산함으로써, 인간의 기술과 경건함을 가장 잘 보여줄 수 있다는 것, 비록 자연의 자발적인 질서의 전체는 아니라 하더라도, 자연의 특정한 부분들은 특별한 의미에서 창조자의 의지의 발현이며 사물 일반, 따라서 우리의 자발적인 행동이 택해야 할 방향을 지시하는 일종의 지시판(fingerposts)이라는 모호한 관념이 여전히 존재한다.

이런 종류의 감정들은 비록 보통의 경우에는 억압되어 있지만 관습이 침묵하고[명백히 반대하지 않고], 이성 외에 정신의 타고난 성향들(prompting)이 그런 감정들을 반대하지 않을 때에는 언제나 돌출할 태세가 되어 있다. 그리고 수사학자들이 이런 감정들에 계속적으로 호소하는데, 수사학자들이 비록 반대자들을 설복시키지는 못한다고 하더라도 그들이 추천하고자 하는 의견을 이미 가지고 있는 사람들로 하여금 그 의견에 더 만족하게 하도록 할 수는 있다. 왜냐하면 현재에는 사람들이 어떤 행동이 세계에 대한 신의 통치와 유비적인 관계를 가지는 것으로 보이기 때문에, 그 행동은 올바른 행동으로 승인해야 한다는 논증에 설득되는 경우는 드물겠지만, 그럼에도 불구하고 그들은 그 논증이 자신들이 이미 찬성하고 싶어 하는 것을 강력하게 지원하는 것이라고 느낄 수 있기 때문이다.

사람들이 자연에 나타난 신의 섭리를 모방해야 한다는 견해를 일반적으로 적용되는 규칙으로 명백하고 직접적으로 주장하는 경우가 거의 없다 하더라도 그것을 반박하는 사람들도 거의 없다. 이런 견해를 반대하는 사람들도 그것을 공격하기보다는 우회하는 것을 선호하는데, 그들 자신이 종종 이런 감정으로부터 자유롭지 않고, 창조주가 만드신 작품들을 얕잡아 보는 것으로 오해될 수 있는 말을 함으로써 불경스럽다는 혐의를 받지 않을까 두려워하기 때문이다. 그래서 오히려 그들은 자신들이 그 반대자들만큼이나 종교적 논증을 할 권리가 있고, 만일 그들이 추천하는 길의 일부가 하느님의 섭리의 길의 일부와 충돌하는 것처럼 보일지라도, 다른 한편으로 그들이 추천하는 길의 다른 일부는 그 반대자들이 추천하는 길보다 더욱 잘 신의 섭리의 길과 일치한다는 것을 보이려고 한다. 자연에 나타난 신의 섭리를 따라야 한다는 주장에 대한 이런 응답 방식은 특정한 실수들을 제거해 나가기는 하지만, 그런 실수들의 원인들은 여전히 남게 되며 여러 충돌에 의해서도 거의 약해지지 않는다. 그러나 그런 긴 일련의 부분적 승리들로 인해 강력한 선입관들에 반대하는 선례들이 축적되었고, 이런 선례들이 우리로 하여금 선입견들이 퇴각하다가 어느 날 무조건적 항복을 할 수 있다는 희망을 가지게 한다.

비록 그런 제안이 종교적인 많은 사람들에게 공격적인 것으로 느껴진다 하더라도, 그들은 신이 정의롭고 자비롭다면, 자신이 창조한 이성적 피조물인 인간으로 하여금 인간에 의해서 변형되지 않은 자연의 질서를 모범으로 따라야 한다는 의도를 가지고 세상을 창조하지 않았으리라는 사실을 직면해야만 한다. 만일 전적으로 정의롭고 자비로운 존재에 의해 만들어지고 부분적으로라도 그와 다른 속성을 가진 존재들에 의해 만들어진 것이 아니라면, 이 세상은 잘못 디자인된 불완전한 작품으로, 인간이 그의 제한된 영역 내에서나마 그것을 개선하는 것으로 정의와 자비를 행하는 것이다. 인류 역사상 가장 훌륭했던 사람들은 언제나 지구상의 인간의 궁극적인 의무는 인간 자신을 개선하는 것이고, 그것이 종교의 본질이라고 보았다. 거기에 수도사 같은 정적주의자들을 제외한 모든 사람은 자신을 개선하는 것 외에도 세계를 개선하는 것, 비록 이들이 그런 의무를 첫 번째 의무와 같이 명백하게 밝히지는 않았지만 그것도 세계의 인간적인 부분만이 아니라 물질적인 부분, 즉 물리적 자연의 질서를 개선하는 의무도 덧붙였다.[16]

---

16) 밀은 인간성의 종교를 가졌다고 할 수 있다. 인간성의 종교는 콩트가 제시했는데, 밀은 콩트의 비자유주의적인 요소를 기각한 인간성의 종교가 가능하다고 보았다.

이 주제를 잘 고려하기 위해 우리는 특정한 선입견을 배제할 필요가 있는데, '자연적 편견(natural prejudices)'이라고 부를 수 있는 편견이다. 이 자연적 편견은 그 자체적으로 자연적이고 피할 수 없는 감정에 기초하지만, 그것 자체와는 무관한 사안에 관련이 있는 것처럼 소환된다. 이런 감정 중 하나는 엄청난 자연 현상에 의해 영감을 받아서 모든 종교적 감정과는 독립적으로 경탄을 하고 그를 넘어 경외감으로 이어지는 감정이다. 폭풍, 산의 절벽, 사막, 거칠거나 고요한 대양, 태양계, 그리고 그것을 유지시키는 거대한 우주적 힘, 제한 없는 창공, 그리고 교육받은 사람에게는 어떤 하나의 별 등이 모든 인간사와 인간의 힘을 거의 중요하지 않아 보이도록 만드는 감정을 불러일으키고, 그런 감정을 가진 사람에게는 그렇게 작은 피조물인 인간이 자신 위에 아주 높고 멀리 위치한 것들을 비판적으로 바라본다거나, 자신을 우주의 위대함과 견주려 하는 것은 참을 수 없도록 주제넘은 짓인 것처럼 보인다.

그러나 우리의 의식을 잠시 검토해 본다면 이런 현상들을 그렇게 인상 깊게 하는 것은 단순히 그것들이 거대하기 때문이라는 것을 알게 될 것이다. 시공간에서 엄청난 연장 혹은 그것들이 보여주는 엄청난 힘이 그것들의 숭고함을 이룬다. 그런데 이 감정은 도덕적 감정이라기보다는 공포와 보다 긴밀히 연결되어 있다. 비록 이들 현상의 엄청난 규모가 경외감을 불러일으키고 이런 현상들과 경쟁하겠다는 감정을 완전히 없애버리지만, 이것들이 불러일으키는 감정은 도덕적 탁월함에 대한 존경심과는 완전히 다른 성격을 가진다. 이런 현상에 직면해 처음에 공포를 느끼다가 그 공포가 숭배의 감정으로 바뀐 사람들은 미학적으로 발달된 사람들일지는 모르지만 도덕적으로 잘 함양된 사람들은 아니다.[17]

생생하게 실현된 힘과 거대함의 관념이 우리 안에 산출하는 감정, 이 감정은 그 강한 정도에서는 고통에 가까운데, 우리가 이런 감정을 쾌락의 감정보다 선호하는 이유는 우리의 정신적 본성 가운데 상상력이 가진 능력 중 하나 때문이다. 그러나 우리는 이런 감정을 악한 힘에 대해서도 동일하게 느낄 수 있다. 사실 우리가 이런 감정을 가장 강하게 느낄 때는, 우주의 힘들이 악을 행할 수 있는 능력을 가장 생생하게 느낄 때이다. 이들 우주의 힘은 우리가 모방할 수 없는 엄청난 힘을 가지고 있고, 그 하나의 속성만으로도 우리를 압도적으로 두렵게 하기 때문에, 그것들의 다른 속성들을 우리가 모방해야 한다거나, 자연이 강력한 힘으로 보여준 예를 모범으로 삼아 우리의 작은 힘을 사용하는 것이 정당화된다고 추론하는 것은 큰 실수이다.

그렇다면 진실은 무엇인가? 이런 우주적 힘들의 거대함 다음에

---

17) 미적 카테고리로서 숭고의 발견은 이 시대의 큰 주제였다. 에드먼드 버크와 칸트의 미와 숭고에 대한 논의가 중요하다. 숭고감은 도덕감이 아니라는 밀의 주장은 칸트의 주장과도 일맥상통한다고 볼 수 있다.

있는 속성, 그것으로부터 눈을 돌리지 않는 사람에게 가장 강하게 충격을 주는 속성은 그것들이 완전히, 그리고 절대적으로 부주의하다는 것(recklessness)이다. 그것들은 자신들이 진행하는 도상에서 무엇 혹은 누구를 파괴하는지 고려하지 않고 그것들의 목표를 위해 그냥 내달린다. "존재하는 것은 옳다."라는 것을 증명하려 할 때, 낙관주의자들은 자연이 가는 길에서 우리를 짓밟아 파괴하는 것을 피하기 위해 자연이 우리를 우회해야 한다고 인간이 기대하는 것은 비합리적인 것이라고 주장해야만 한다.[18] "당신이 옆으로 지나갈 때 중력이 멈추어야만 하는가." 하는 포프(A. Pope)의 말은 자연으로부터 인간 도덕을 기대하는 어리석은 사람에 대해서는 정당한 응수일지 모른다.[19] 그러나 만일 그 질문이 사람과 자연 현상 대신에 두 사람 사이의 문제라면, 포프의 승리감에 찬 발언은 다른 사람을 전혀 배려하지 않는 비도덕성을 드러내는 발언으로 간주될 것이다. 다른 사람이 "옆으로 지나갈 때" 돌을 던지거나 대포를 계속 쏘아 그를 죽이고 나서, 자신의 무죄를 입증하기 위해 유사한 주장을 하는 사람은 살인죄와 관련해서 마땅히 유죄인 것이다.

진실을 말하자면, 자연은 사람들이 서로에게 행한다면 수감되거나 교수형에 처해지는 거의 모든 종류의 일을 매일 한다. 자연

---

18) Alexander Pope, *An Essay on Man*, I. 294.
19) *An Essay on Man*, IV. 128. 포프 자신이 자연을 따르라는 주장을 했다.

은 인간의 법에서 가장 나쁜 범죄 행위로 규정하는 살인을 모든 살아 있는 사람에게 한 번은 하는데, 그런 살인 중 많은 경우 우리가 책에서 읽은 괴물들만이 살아 있는 사람들에게 할 수 있는 방식으로, 즉 오랜 동안 잔인하게 고문하고 죽이는 방식으로 한다. 만일 우리가 인간 생명에 할당된 것으로 상정할 수 있는 시간을 줄이는 것만을 살인이라고 한다면, 자연은 아주 소수의 사람을 빼놓고는 모든 사람에게 살인을 저지르고, 그것도 모든 방식으로 하는데, 그 방식 중에는 가장 나쁜 인간들이 서로의 목숨을 빼앗는 폭력적이거나 교활한 모든 방식도 포함되어 있다. 자연은 사람들을 날카로운 창끝에 걸어서 죽이고, 바퀴로 부수어버리며, 짐승들이 잡아먹도록 집어던지고, 불 태워 죽이고, 최초의 기독교 순교자들처럼 돌로 때려죽이고, 굶겨 죽이고, 추위로 얼려 죽이고, 자연이 가지고 있는 빠르고 느린 독으로 독살하며, 그 외에도 스파르타의 폭군 나비(Nabi) 같은 자들이나 로마 황제 도미티안(Domitian)같이 잔인했던 인물들도 능가할 수 없는 수많은 다른 무서운 살인의 방식을 가지고 있다. 자연은 자비나 정의에는 하등의 관심을 가지지 않고 이 모든 일을 한다. 자연은 가장 비열하고 악한 자를 죽이는 것과 다르지 않게 가장 좋고 고귀한 자를 죽인다. 종종 자연은 인간 중에서 가장 높고 가장 고귀한 일을 하는 사람들을 죽이며, 마치 그런 고귀한 행위들에 대한 벌인 것으로 상상될 수 있도록, 마치 그런 고귀한 행위의 결과인 것처럼 살인한다. 자연은 그들의 죽음이 그들의 영향하에 있는 사람들에게 축복이 될 수 있기 때문에 우리가 양심의 가책을 느끼지 않고 죽일 수 있는 사람들의 목숨을 빼앗는 것처럼, 어떤 종족의 사람들의 복지, 아마도 미래 세대 인류의 장래가 걸려 있는 사람들의 목숨도 그렇게 빼앗는다. 이런 것이 자연이 인간의 생명을 다루는 방식이다. 자연이 죽이고자 의도하지 않을 때에도 자연은 아무런 주의도 기울이지 않고 동일한 고문을 가한다. 자연이 동물 각 개체들을 빨리 죽이기 때문에 필요하게 된 동물적 생명의 영속적인 재생을 위해 자연이 인간에게 제공하는 것은 충분한 것이 아니라 아주 심하게 부족한데, 한 인간은 다른 인간이, 즉 한 아기는 그 엄마가 문자 그대로 몇 시간 혹은 며칠 동안 출산대 위에서 고통을 겪어야지만, 때로는 산모가 죽는 것으로 끝나기도 하는 고통을 겪어야만, 세상에 태어날 수 있다.

생명을 죽이는 것 다음은 우리가 살아가기 위해 필요한 것들을 빼앗는 것인데, 어떤 높은 권위자에 의하면 이 둘은 같은 것이지만, 자연은 이것 역시도 가장 잔인한 무관심을 가지고 엄청난 규모로 한다. 태풍은 한 계절의 희망을 파괴하고, 메뚜기 떼나 홍수는 한 지역을 황폐화시키며, 식용하는 뿌리의 사소한 화학적 변화는 수백만의 사람들을 굶어 죽도록 한다.[20] 바다의 파도는 노상 강도들이 사람들의 옷을 빼앗고, 상처를 입히고, 죽이는 것처럼, 부자

---

20) 아일랜드의 감자 기근을 일으킨 감자 역병을 염두에 둔 듯하다.

가 가진 큰 부도 가난한 사람들이 가진 얼마 안 되는 것마저도 모조리 빼앗는다. 간략히 말해 자연은 가장 나쁜 인간들이 다른 사람들의 생명과 재산에 대해 하는 모든 나쁜 짓을 한 것보다 더 큰 규모로 나쁜 짓을 저지른다. 자연은 프랑스 혁명기의 공포 정치 시대에 무자비했던 카리에르(Jean Baptiste Carrier)가 많은 사람들을 물에 빠뜨려 죽인 것보다 더 많이 물에 빠뜨려 죽이고[21] 자연의 가스 폭발은 인간의 포병대보다 훨씬 더 파괴적이다. 자연의 흑사병과 콜레라는 르네상스 시대 이탈리아의 보르지아(Borgias) 집안의 독배를 훨씬 능가한다. 자연의 방식을 따르는 것이 "질서"에 대한 사랑이라는 것은 사실상 언어적인 모순이다. 자연의 방식에 정확하게 상응하는 것은 사람들이 "무질서"와 무질서의 결과라고 폄하하는 데 익숙한 것들이다. 무정부와 프랑스 혁명기의 공포 정치도 부정의, 파괴, 죽음의 면에서 허리케인과 전염병에 상대가 되지 않는다.

그런데 이런 자연의 나쁜 일들이 일어나는 이유는 현명하고 좋은 목적을 위함이라고 주장되기도 한다. 이에 관해 나는 우선 그것들이 정말 그런지는 논점을 벗어나는 것이라고 말할 수밖에 없다. 보이는 바와 달리 자연에 의해 행해진 이런 공포들이 좋은 목적을

---

21) 카리에르는 프랑스 혁명기의 공포 정치가로 낭트 항쟁 때(1793) 수천 명의 죄수들을 배에 묶어 태운 뒤에 루아르강에 침몰시켜 익사시켰다.

추구하는 것이 사실이라고 해도, 아무도 우리가 그런 예를 따름으로써 좋은 목적을 산출할 수 있다고 믿지 않기 때문에 자연의 방식은 우리가 모방해야 할 적절한 모범이 될 수 없다. 자연이 죽이기 때문에 우리도 죽이고, 자연이 고문하기 때문에 우리도 고문하고, 자연이 파괴하기 때문에 우리도 파괴하는 것이 옳든지, 아니면 우리는 자연이 무엇을 하는 것을 고려해야 하는 것이 아니라, 우리가 무엇을 하는 것이 좋은가를 고려해야만 한다.

만일 귀류법이 있다면 이것이 확실한 그 예이다. 만일 자연이 어떤 것을 하는 것이 우리가 그것을 하기 위한 충분한 이유라면, 왜 자연이 하는 다른 것에 대해서는 그렇지 않은가? 만일 자연이 하는 모든 것이 우리가 그런 것을 해야 할 충분한 이유가 되지 않는다면 왜 어떤 것은 그런가? 세계의 물리적 통치는 만일 인간이 그렇게 행동했다면 가장 극악무도한 것으로 평가될 것으로 가득 차 있기 때문에, 우리의 행위를 자연의 방식과의 유비를 통해 이끌어나가는 것은 종교적이거나 도덕적일 수 없다. 우리의 이 주장은, 선을 산출하는 이상한 속성이 우리가 보기에 가장 악한 자연의 사실들에 존재한다 하더라도 진리이다.

그러나 사실은 아무도 그런 이상한 속성이 존재한다는 것을 일관되게 믿지 않는다. 자연의 방식이 완전하다고 주장하는 구절들은 시적이거나 종교적인 감정의 과장이지 진지한 검토를 거치고자 의도된 것은 아니다. 종교적이든 비종교적이든 누구도 인간에게 피해를 주는 자연의 여러 작용들이 이성적 피조물인 인간들로 하여금 그것들에 대항해 투쟁하는 것을 일깨우는 외에, 다른 방법으로 좋은 목적을 산출한다고 믿지 않는다. 만일 우리가 그런 자연의 작용들이 자비로운 신에 의해서, 그런 자연 작용들이 존재하지 않았더라면 성취될 수 없는 현명한 목적들을 성취하는 수단으로서 선택된 것이라고 믿는다면, 이런 자연적 작용들을 방해하거나 그것들의 작용을 제한하는 경향을 가진 모든 것을 하는 것은, 예를 들어 늪지대의 물을 빼는 것으로부터 치통을 치료하거나 우산을 쓰는 것들은 불경한 것으로 간주되어야 하는데, 때로 마음속 깊은 곳에 그런 방향으로 흐르는 감정이 있음에도 불구하고, 사실 아무도 실제적으로는 그렇게 생각하지 않는다.

　오히려 반대로, 인류 중 문명화된 사람들이 자신들을 가장 자랑스럽게 생각하는 근거가 되는 발전은 자연적 재앙을 물리치는 것으로 이루어지는데, 만일 우리가 대부분 사람들이 믿는다고 고백하는 것을 진짜로 믿는다면 우리는 그런 자연적 재앙을 무한히 지혜로운 신이 우리의 삶을 위해 주신 약으로 소중히 여겨야 한다. 만일 이 이론이 맞다면, 각 세대가 자연적 악을 극복하는 면에서 그 전 세대를 훌쩍 뛰어넘는 정도만큼이나, 현재 우리의 조건은 무서운 재앙이 일어난 것으로 이해될 수 있고, 사실 우리가 제거하는 데 성공했던 자연적 악은 이런 무서운 재앙이 일어나는 것을 막기 위한 방부제로서 작용했던 것으로 이해되어야만 할 것이다. 그러나 만일 누군가가 이것이 사실인 것처럼 행동한다면 나는 그가 성인으로서 존경받기보다는 정신병자로서 감금되어야 한다고 생각한다.

선이 악으로부터 나온다는 것은 의심할 바 없는 매우 일상적인 사실이다. 그렇지만 첫째로, 그것은 자연적인 재앙에서 참인 것과 마찬가지로 인간 범죄에 대해서도 참이다. 런던의 건강에 아주 유익한 영향을 미친 것으로 믿어지는 1666년 런던 대화재는 만일 그것이 크리스토퍼 렌이 기념물에 새겨놓은 대로 진짜로 천주교도들에 의한 것이었다 하더라도 동일한 효과를 산출했을 것이다.[22] 폭군들이나 박해자들이 고귀한 대의를 가진 순교자들에게 가한 죽음은 만일 그들이 사고나 질병으로 죽었다면 얻어지지 않았을 혜택을 인류에게 주었다. 그러나 범죄로부터 어떤 우연적이고 기대하지 않은 혜택이 초래된다 하더라도, 그것은 범죄인 것이다. 그리고 두 번째로 만일 선이 자주 악으로부터 나온다면 그 반대의 사실, 즉 악이 선으로부터 나온다는 것 역시 마찬가지로 흔한 일이다. 공적이든 사적이든 발생하던 당시에는 유감스러운 것으로 간주되었던 일이 후대에는 그로부터 초래된 예측되지 않았던 좋은 결과 때문에 신의 섭리에 의한 것이었다고 주장되는 것과 마찬가

---

22) 크리스토퍼 렌은 당시 영국에서 활동하던 대표적인 건축가로, 그가 세운 원주 (둥근 기둥)에 로마 천주교 신자들이 대화재를 일으켰다고 새겨놓았다.

지로 그 발생하던 때에는 좋은 것으로 간주되었다가 그것이 혜택을 주는 것처럼 보이던 사람들에게 재앙이거나 치명적인 것으로 나중에 증명되는 일들도 있다. 시작과 끝 사이 혹은 그 사건과 기대 사이의 그런 충돌은 좋은 경우뿐만 아니라 고통스런 경우에도 자주 일어나고 주목을 받지만, 그것들에 대해 일반화하고자 하는 동일한 충동이 존재하지는 않는다. 고대인들은 그랬지만 현대인들은 그것들을 신의 목적을 드러내는 것으로 간주하지 않으며, 현대인들은 인간의 미래 예측 능력의 불완전함, 사건의 불확실성과 인간 기대의 헛됨에 대해 논하는 것으로 만족한다. 진실은 인간의 이익(interest)이라는 것이 아주 복잡하고, 어떤 사건이든 그것의 효과는 아주 다기해서 만일 그것이 인류에 영향을 미치면 그것의 영향은 대부분의 경우에는 좋은 면과 나쁜 면을 모두 가지고 있다. 만일 개인적 불행 중 많은 것들이 좋은 면을 가지고 있다면, 그것은 거의 어떤 행운도 그 행운이 일어나는 그 동일한 사람이나 다른 사람이 후회할 것을 동시에 주지 않고는 일어나지 않는다는 것이다. 그리고 불행히도 많은 불운들은, 비록 그런 불운들에 긍정적인 면이 있다 하더라도 그 불운이 너무 압도적이어서 긍정적인 면이 완전히 압도당해 거의 미미하게 되는 데 반해, 큰 행운(blessings)에 대해서는 그렇게 말할 수 없다. 모든 원인의 결과 역시 그런 원인에 우연적으로 수반하는 환경에 너무 많이 의존하기 때문에, 그 원인의 전체 결과가 그 주된 경향에 현저히 반하는 결과들이 일어나는 경우들이 많다. 그래서 악이 선한 면을 가지고 선이 악한 면을 가질 뿐만 아니라, 선이 종종 선보다 악이 더 우세한 결과를 낳기도 하고, 악이 종종 악보다 선이 우세한 결과를 낳기도 한다.

그러나 이것이 결코 각 현상의 일반적인 경향이라고 할 수는 없다. 오히려 선과 악은 자연적으로 그 자체와 같은 종류로 결과하는 경향이 있다. 즉 선이 선을 산출하고 악이 악을 산출하는 것이다. "가진 자는 더 갖게 되고, 갖지 못한 자는 그가 가진 것마저 빼앗기게 된다."는 것이 자연의 일반적인 규칙의 하나이며, 자연에 지속적으로 존재하는 부정의의 한 부분이다.[23] 선의 통상적이고 주된 경향은 보다 많은 선을 산출한다는 것이다. 건강, 정력, 부, 지식, 미덕은 그 자체로 좋을 뿐만 아니라 같은 종류와 다른 종류의 선을 획득하는 것을 용이하게 한다. 쉽게 배우는 사람은 이미 많이 알고 있는 사람이다. 건강에 가장 도움이 되는 것을 할 수 있는 사람은 약한 사람이 아니라 튼튼한 사람이다. 돈을 버는 것이 쉬운 사람은 가난한 사람이 아니라 부자이다. 건강, 정력, 지식, 재능은 모두 부를 획득하는 수단이지만 부는 자주 이런 것들을 획득하는 데 없어서는 안 될 수단이다.

악이 선으로 변하는 것에 대해 무슨 주장을 하건, 그와는 반대로 악의 일반적인 경향은 더 많은 악을 산출하는 것이다. 신체의 병은

---

23) 마태복음 25: 29; 마가복음 4: 25.

신체를 더 병에 취약하게 한다. 그것은 힘을 쓰지 못하게 하고, 어떤 경우에는 정신의 무능력, 그리고 종종 생존의 수단을 상실하는 결과를 가져온다. 모든 종류의 고통은 그것이 육체적이건 정신적이건 그 후에도 고통에 대한 취약성을 증진하는 경향이 있다. 빈곤은 수많은 정신적인 악과 도덕적 악의 근원이다. 더 나쁜 것은 상처받거나 모욕을 받거나 압제받는 것이 습관이 되면 인격의 전체적 기조가 낮아진다는 것이다. 하나의 나쁜 행동은 행위자 자신과, 그것을 지켜보는 사람들과, 그 행동에 의해 피해를 받는 사람들에 있어서 다른 나쁜 행동으로 이어지게 된다. 모든 나쁜 특징은 습관에 의해 강화되고 모든 부덕과 광기는 확산되는 경향이 있다. 지적인 결점은 도덕적인 결함을, 도덕적 결함은 지적 결함을 낳으며, 모든 지적이거나 도덕적 결함은 다른 결함들을 낳고 이런 것들이 끝없이 계속된다.[24]

나는 많이 찬양받는 자연신학에 관한 저자들이 완전히 자신들의 길을 잃고, 자신들의 이론의 중요한 두 명제가 언제 충돌한다는 것

---

24) 현대에 잘 알려진 사실은 사람들의 건강에 영향을 미치는 것이 사회적 결정 요인들이라는 것이다. 즉 경제적 지위와 사회적 지위가 높은 사람들이 그렇지 않은 사람들보다 건강하다는 것이다. 밀 자신이 이것을 알았을 뿐 아니라, 벤담의 조수였으며, 철학적 급진주의자 중 한 명으로 영국 공중 보건의 도대를 만든 채드윅(Edwin Chadwick)은 그래서 노동자들의 거주환경을 개선하고자 노력했다.

을 알 수 있는 사람들에게도 받아들여질 수 있는 유일한 논증 방식을 놓치고 있다고 감히 생각한다. 그들은 이 세상에 존재하는 고통이 더 많은 고통을 방지하기 위해 존재한다는 것을 그럴 듯하게 만들 수 있는 모든 궤변의 자원을 소진해 버렸다. 이 논지가 만일 잘 견지될 수 있다면, 그것은 자신의 의지대로 만들 수 없는 조건 아래에서 노동하도록 강요된 오직 제한된 존재인 인간의 일을 설명하고 정당화되는 데에만 쓰일 수 있고, 전능하다고 상정되는 신에게는 적용될 수 없는데, 만일 신이 이런 필연성에 자신을 굴복해야 한다면, 신은 자신이 굴복하는 필연성을 스스로 만든 것이 되기 때문이다. 만일 창조주가 그가 의지하는 모든 것을 할 수 있다면 그는 세상이 비참한 곳이 될 것을 의지해야 한다는 결론을 피할 수 없다.

"신이 인간을 대하는 방식을 옹호하는" 데 있어서 자격 요건을 갖추고 있다고 스스로 평가하는 사람 중 보다 일관된 사람들은 자신들의 마음을 굳게 하고 비참함이 악이 아니라고 함으로써 그 대안을 피한다.[25] 그들은 신의 선이 그의 피조물의 행복을 의지하는 데 있는 것이 아니라 그들의 덕에 있으며, 우주는 행복한 우주가 아니라 정의로운 우주라고 말한다. 이런 종류의 윤리학에 대한 다른 반론들을 차치한다 하더라도, 이런 윤리학도 그 어려움을 해결

---

25) *An Essay on Man*, I, 16.

하지 못한다. 만일 인류의 창조자가 인류는 모두 유덕해야 한다고 의지했다면 그의 자연의 설계는 마치 그가 모든 사람이 행복해야 한다고 의지했던 것처럼 완전히 실패한 것이다. 자연의 질서는 선행 (beneficence)의 요구보다 정의의 요구에 대해 신경을 덜 쓰면서 만들어진 것이다. 만일 전능한 신과 그의 정의가 모든 창조의 법칙이라면, 세계에 어느 만큼의 고통과 행복이 배분되건, 각 사람의 몫은 그 사람의 선행과 악행에 정확히 비례해야 할 것이다. 즉 어떤 사람도 보다 나쁜 응분(desert)의 결과에 의하지 않고는 다른 사람보다 나쁜 운명을 가져서는 안 될 것이다. 우연이나 편애는 그런 세계의 부분이 될 수 없고, 모든 인간의 삶은 완전한 도덕 교훈담처럼 구성된 드라마가 전개된 것이어야 할 것이다. 그러나 우리가 사는 세계가 이런 세계가 아니라는 사실에 대해 우리는 눈감을 수없다. 이런 균형을 회복하기 위한 필요가 죽음 후의 다른 삶을 위한 가장 중요한 논변 중 하나로 인정된다는 것은 현세의 삶에서 사물의 질서는 정의가 아니라 부정의하다는 것을 인정하는 것이다.[26]

만일 신이 선한 사람에 대한 보상으로 쾌락이, 악한 사람에 대한 처벌로서 고통이 적합하지 않고, 선한 사람에 대한 적합한 보상은 덕 그 자체이고, 악한 사람에 대한 적합한 처벌이 부덕이라고 판

---

26) 서상의 도덕철학사늘 사이에서는 상당히 공통적인 견해라 할 수 있다. 칸트 역시 도덕적 응분이 실현된 상태를 최고선의 상태로 본다.

단했다면,[27] 그렇다면 덕과 부덕은 사람들이 그것들을 마땅히 받기 위해 자신들이 행한 바에 따라 분배되어야 한다. 그렇지만 사실 많은 사람들은 자신들의 잘못이 아니라 그들의 출생의 운명으로 인해, 즉 그들 부모, 사회, 통제할 수 없는 환경의 잘못에 의해 모든 종류의 도덕적 결함을 가지게 된다.[28] 종교적이거나 철학적 광신주의에 의해 만들어진 선에 대해 가장 왜곡된 이론에 기초한다 하더라도, 자연의 작동 방식과 선하고 전지전능한 신이 하는 일 사이에 유비 관계가 성립한다는 주장은 성립될 수 없다.

신의 세계 창조에 관해 받아들일 수 있는 유일한 도덕 이론은 선의 원리가 단 한 번에 영원히 물리적이거나 도덕적인 악의 힘을 굴복시킬 수는 없고, 사람들을 악의를 가진 힘들과의 끝없는 투쟁의 필요로부터 완전히 해방시키거나, 그들을 그 투쟁에서 언제나 이기도록 할 수는 없으며, 다만 그들로 하여금 정력과 점차적으로 증가하는 성공률을 가지고 그 싸움을 계속할 수 있도록 만들 수 있으며 그렇게 해왔다는 이론이다. 자연 질서에 관한 모든 종교적인 설명 중에서 이 이론만이 그 자체로서 모순되지 않고 그것이 설명하고자 하는 사실과도 모순되지 않는 것이다. 이 이론에 따르면 인

---

27) 스토아주의의 입장이다.
28) T. 네이글은 이렇게 도덕적인 미덕이 운에 의해 결정되는 것을 '도덕적 운'이라고 부른다. 공리주의는 부분적으로 이런 이유 때문에 형벌에 관한 이론에서 보복주의를 부정하게 된다.

간의 의무는 단순히 저항할 수 없는 힘에 복종함으로써 자기 자신의 이익을 돌보는 데 있는 것이 아니라, 완전히 자비로운 존재를 위한 보조자 역할을 하는 데 있다. 신이 선의 창조주이기도 하지만 동시에 악의 창조주이기도 하다는 신에 대한 모호하고 일관되지 않은 믿음보다 이런 믿음이 인간으로 하여금 그런 분투를 계속할 수 있게 하는 힘을 주는 데 훨씬 적합한 믿음으로 보인다. 나는 우주를 주재하는 신에 대한 믿음으로부터 소중한 힘과 지지를 얻어온 모든 사람이 종종 의식하지는 못했겠지만 그런 믿음을 가지고 있었을 것이라고 생각한다. 사람들의 실천적인 믿음을 표현하기 위해 사용하는 용어 중 종교에서 사용되는 용어보다 부정확한 것은 없다. 많은 사람들은 자신들이, 전능하지만 변덕스럽고 독재적인 신이 가장 총애하는 사람들이라고 상상함으로써 기본적인 자신감을 얻었다. 그러나 강력하고 자비로운 세계의 통치자인 신이 주시는 공감하는 지지에 의지함으로써, 선을 행해온 사람들은 결코 그 신이 엄격한 의미에서 전능하다고 믿지 않았다고 나는 생각한다. 그들은 신의 전능함을 희생함으로써 신의 선하심을 구했다. 아마도 그들은 만일 신이 의지하신다면 신이 그들의 개인적인 길에서 모든 장애를 제거하실 수도 있겠지만, 그렇게 하기 위해서는 다른 사람에게 보다 큰 해를 끼칠 수도 혹은 일반적인 행복을 위한 보다 중요한 목표를 좌절시킬 수도 있을 것이라고 믿어왔다. 그들은 신이 의지한다면 그가 의지한 대로 어떤 한 일을 하실 수 있겠지만, 여러 가지 일들을 언제나 의지하는 대로 할 수는 없다고 믿어왔다. 즉 그들은 신의 통치도 인간의 통치와 같이 조정과 타협의 체계라고, 세계는 그의 의도에 반하여, 피할 수 없이 불완전한 것이라 믿어왔다.[29] 그리고 신이 이 세상을 가능한 한 가장 덜 불완전하게 만들기 위해 그의 모든 힘을 쏟았음에도 불구하고 현재보다 나은 세상을 만들지 못했기 때문에, 그들은 신의 힘이 인간이 평가하는 것을 넘어서 엄청나게 크지만 그럼에도 불구하고 유한할 뿐만 아니라 극히 제한된 것으로 간주할 수밖에 없었다. 그래서 그들은 신이 인간들을 위해 할 수 있는 최선은, 예를 들어 인간 중 엄청난 다수를 (그들 자신의 어떤 잘못도 없이) 파타고니아 사람들이나 에스키모나 거의 야만적이고 급이 낮은 존재로 태어나게 하지만, 그들에게 기본적인 능력을 주시는 것이다. 여러 세기 동안 이들의 수

---

29) [원주] 이 저항할 수 없는 믿음은 그들의 이해의 일반적인 명료함에 정확히 비례해 종교적인 철학자들의 저술에 나온다. 그것이 가장 잘 명확하게 빛나는 곳은 라이프니츠의 유명한 신정론인데, 이상하게도 낙관주의적 이론으로 잘못 이해되어서, 라이프니츠의 논증과 거의 관련 없는 근거 위에서 볼테르에 의해 풍자되고 있다. 라이프니츠는 이 세계가 모든 상상 가능한 세계 중에서 최고의 세계라는 것이 아니라 모든 가능한 세계 중에서 최선의 세계라는 것이고, 절대적으로 선한 신은 다른 것이 아니라 그것을 선택할 수밖에 없다고 논증한다. 라이프니츠는 이 저술의 모든 페이지에서 신의 권능으로부터 독립적인 추상적 가능성과 불가능성을 상정하며, 비록 그의 경건한 감정이 그로 하여금 그 힘을 전능함이라는 용어로 지시하지만, 그는 그 용어가 그런 추상적 가능성의 한계 내에 있는 모든 것에 연장되는 힘을 의미한다고 설명한다.

고와 고난을 통해 이런 능력이 개발되고, 그리고 그 종족의 가장 뛰어난 많은 사람들이 그런 능력이 개발될 수 있도록 희생한 후에, 마침내 충분히 개발된 능력은 그들 종족의 어떤 선택된 일부를 지금까지는 오직 극소수의 개인들만이 할 수 있었던 선을 실현할 수 있는 능력을 가진 더 좋은 사람들로 만드는 것이다. 플라톤과 같이 우리는 완전한 선이란, 물질의 통제 불가능성으로 인한 제한, 즉 모든 방향에서 제한되고 위축될 수밖에 없는 제한 내에서 가능한 모든 노력을 통해 이룰 수 있는 최선의 것이라고 믿을 수 있을 것이다.[30] 그러나 완전히 현명하고 선한 신이 물질에 대해 절대적인 힘을 가지고 있고, 그의 자발적인 선택에 의해 물질세계를 지금 있는 그대로 만들었다는 것을 인정하는 사람, 즉 도덕적 선과 악에 대해 가장 단순한 관념을 가진 사람에게는 이런 가능성이 불가능한 것으로 보일 것이다. 그렇지만 또한 만일 자연과 인간이 모두 완전히 선한 존재인 신의 작품이라고 믿는 사람들은 신이 자연을 인간이 모방해야 하는 틀이 아니라, 개선해야 할 틀로 의도하고 창조했다는 것을 믿지 않을 수 없을 것이다.

그러나 비록 자연 전체가 완전한 지혜와 자비를 갖춘 신의 디자인의 실현이라는 것을 믿는 것이 불가능하다고 해도 사람들은 최소한 자연의 어떤 부분이 인간 행동의 모범이거나 전형이라는 관념

---

30) 플라톤, 『공화국』 II.

을 기꺼이 버리려 하지 않을 것이다. 신의 작품 중 이 부분 혹은 다른 부분에 우리가 신이 가지고 있다고 믿어온 도덕적 속성의 이미지가 새겨져 있으리라는 것, 존재하는 모든 것은 아니지만 존재하는 것 중 어떤 것은 존재해야 할 것이 따라야 할 흠결 없는 모범이고 나머지를 바로잡는 데 우리의 가이드가 되고 기준이 되도록 의도됐다는 믿음을 버리려 하지 않을 것이다. 선을 촉진하는 경향이 있는 것을 우리 인간들은 모방하고 완전하게 만들어야 하고, 악을 산출하는 경향이 있는 것들을 우리 인간들이 고쳐야 한다고 믿는 것만으로는 충분치 않고, 그들은 신의 디자인에 관해서 보다 결정적으로 알려주는 것을 찾고자 하는데, 이런 것이 신이 창조한 세상 어딘가에 있다는 믿음을 가지고, 그런 것 중에서 그런 것들을 뽑고 선택하는 위험한 책임을 떠맡는다. 그런 선택을 하는 사람들은 단지 선한 것만을 의도하고 아무런 악도 의도하지 말라는 일반적 준칙을 따르는 이상을 넘어서서, 그의 선택은 필연적으로 완전히 자의적일 수밖에 없고, 만일 그런 선택이 그런 준칙으로부터 연역될 수 있는 것이 아닌 다른 결론에 이른다면, 즉 선만을 의도하는 것도 아니고 악을 피하려 하지도 않는 결론에 이른다면 그 다른 정도에 따라 치명적일 수밖에 없다.

자연 질서의 특정한 부분이 우리의 도덕적 가르침과 지도를 위해 디자인되었다고 할 수 있는가는 학계에서 인정받는 어떤 이론에 의해서도 확정되지 않았다. 따라서 어떤 사람의 개인적 선호나 그 순간의 편리함에 따라 자연 질서의 어떤 부분이 그가 바라는 실천적 결론과 유비적인 것으로서 선택되고 추천되어 왔다. 그러나 그것이 어떤 선택이든 다른 선택과 마찬가지로 잘못된 것인데, 신의 작품 중에서 어떤 것이 다른 것보다 그의 성격을 더 진정으로 표현하는 것인지 결정하는 것이 불가능하기 때문이다. 비도덕적인 결론에 이르지 않는 유일한 선택은 일반적인 선을 가장 많이 산출하는 것들을 선택하는 것인데, 다른 말로 하자면, 만일 모든 자연의 틀이 전능하고 일관성 있는 단일한 의지의 표현이라면 그런 의지에 의해 의도되지 않은 목표를 선택하는 것이다.

하지만 자연의 질서에는 신의 의지를 가리키는 특별한 지시를 찾고자 하는 사람들에게도 특히 적절한 것으로 보이는 요소가 하나 있는데, 그것은 인간과 다른 동물들의 활동적인 충동들(impulses)이다. 자연의 창조주가 단지 환경을 만들었을 때, 그는 그의 이성적 피조물이 그런 환경에 적응하는 방식만을 지시하기 위해 그런 환경을 만들지 않았을지 모르지만, 신이 인간으로 하여금 어떤 종류의 행동을 하도록 자극을 주는 적극적인 충동을 인간 자체에 심어놓았다면, 신이 그런 것들에 의해 실현되는 종류의 행위를 의도했다는 것을 의심하는 것은 불가능하다고 그들은 논증할 것이다. 이런 논증 방식이 일관되게 진행된다면 신은 인간이 하는 것은 무엇이나 의도하고 승인한다는 결론에 이르게 될 것인데, 왜냐하면 인간들이 하는 모든 것은 신이 그들에게 내려준 어떤 충동들의 결과이고, 모든 것은 신의 의지에 복종해 이루어지는 것으로 간주되어야 하기 때문이다. 이런 결론을 피하려면, 인간의 활동적 본성의 모든 것이 아니라 단지 어떤 부분만이 그들의 행동과 관련해 신의 특별한 의도를 지시한다고 주장하는 것이 필요하다. 이런 부분은 인간 자신의 손보다는 신의 손이 명백히 드러나는 부분이라고 상정하는 것이 자연스러운데, 따라서 '신이 만든 대로의 인간'과 '인간 자신이 만든 인간'이 대립되는 것으로 나타난다. 어떤 사람이 숙고를 하고 나서 하는 행동은 그가 갑작스런 충동에 의해 한 행동보다, 더 그 사람 자신이 한 행동 같으며, 더 큰 책임이 있는 것으로 인정되기 때문에, 인간 행동의 숙고적인 부분은 '인간 자신이 만든 인간'이 하는 것으로, 그렇지 않은 부분은 '신이 만든 인간'이 하는 것으로 정해지기 쉽다. 그 결과는 이성을 희생하고 본능을 찬양하는 입장으로 이 입장은 철학적인 고대인들에게는 안 알려졌지만 현대 세계에서는 아주 유행하는 것이다. 게다가 이 입장을 주장하는 사람들은 즉각적으로 사람을 행동하게 하는 거의 모든 감정이나 충동이 본능이라는 견해도 함께 가지고 있기 때문에, 숙고하지 않고 계산하지 않는 대부분의 충동은 신성한 것으로 치부된다. 그러나 충동이 일어나는 순간에는 숙고하지 않지만, 그 이전의 숙고의 습관으로부터 나온 충동들은 명백히 본능적인 것이 아니어서 신성한 것으로 여겨지지 않는다. 따라서 모든 생각 없는 충동에는 이성을 능가하는 권위가 주어지지만, 아마도 가장 옳을 개연성이 있는 이전의 숙고로부터 나온 충동들은 그렇지 않을 것이다.

　나는 물론 이런 종류의 판단이 일관되게 내려진다고 주장하는 것이 아니다. 만일 우리 인생에서 충동이 통제되어야 하고 이성이 우리의 행동을 조정해야 한다는 것이 인정되지 않는다면 우리 삶은 계속될 수 없다. 그런 주장은 이성으로 하여금 배의 키를 조정하지 못하게 하려는 것이 아니라, 이성을 결박해 키를 특정한 방식으로만 조정할 수 있도록 하려는 것이다. 본능이 통치하지는 않지만 이성은 본능의 뜻을 우선적으로 존중해야만 한다. 인간의 본능이 신의 목적을 명백히 드러내는 것으로서 보는 견해는 비록 일관적인 일반 이론의 형태로 만들어지지는 않았지만, 이성의 명령이 행동을 규제하는 권위를 갖지 못하는 경우 그것은 언제나 이성에 대한 적대감을 불러일으킬 수 있는 언제나 존재하는 편견이다.

　나는 여기서 무엇이 본능이고 무엇이 본능이 아닌지 하는 어려운 심리학적 문제를 다루지는 않을 것인데, 그 문제를 다루기 위해서는 한 권의 책이 필요할 것이다. 논쟁이 되는 이론적인 문제를 건드리지 않고도, 인간 본성의 본능적인 부분을 인간 본성의 주된 탁월성으로서, 그리고 신의 무한한 선과 지혜의 손길이 특히 잘 드러나는 부분으로 간주하는 것이 얼마나 가치 없는 것인지를 보여주는 것이 가능하다. 어떤 사람이 본능이라고 주장하는 모든 것을 본능이라고 인정하더라도, 인간 본성의 존경받을 만한 거의 모든 속성이 본능의 결과가 아니라 본능에 대한 승리의 결과라는 것이 진리이다. 자연적인 인간에게 가치 있는 것이라고는 능력들 외에는 거의 없는데, 이런 가능한 능력들이 실현되기 위해서는 특별히 인위적인 훈련에 의존해야만 한다.

도덕적 선이 자연적이라는 관념은 오직 아주 고도로 인위적인 인간 본성의 조건에서만 생겨나는데, 그 이유는 오직 오랜 동안의 인위적 교육을 받은 후에야 선한 감정이 습관이 되고, 선한 감정이 악한 감정을 완전히 압도해 그런 선한 감정을 필요로 하는 기회가 오면 무엇에 촉발되지 않아도 선한 감정이 저절로 생기기 때문이다.[31] 인류가 자연 상태에 가까웠을 시기에, 교양 있는 관찰자들은 자연적 인간을 주로 꾀가 많다는 점에서만 다른 야생 동물과 구별되는 야생 동물의 일종으로 보았고, 인격의 모든 가치는 길들임의 결과로 보았다. 사실 길들인다는 용어는 가축을 길들인다는 등의 용법에 쓰이지만, 고대 철학자들은 인간에 대한 적절한 훈련에 대해서도 이 용어를 사용했다. 사실 인간 본성에 속하는 탁월함 중에 인간 본성의 교육받지 않은 감정에 결정적으로 거부감을 일으키지 않는 것은 거의 없다.

미개 상태에서 우리가 발견하리라 예상할 수 있고 실제로 찾을 수 있는 덕은 용기의 미덕이다. 그러나 이 미덕도 처음부터 끝까지

---

31) 덕이 습관이 되어야 한다는 것은 아리스토텔레스의 중요한 주장인데, 많은 학자들은 밀이 아리스토텔레스의 견해를 받아들였다고 본다.

인간 본성의 가장 강력한 감정 중 하나를 누르고 획득된 승리이다. 만일 다른 모든 감정보다 인간에게 보다 자연스러운 감정이나 속성이 있다면 그것은 공포이다. 인위적인 훈련의 강력함을 증명하는 여러 증명 중에서, 그런 인위적 훈련이 어느 시대에서나, 그리고 어느 곳에서나 그렇게 강하고 보편적인 감정인 공포를 정복해 왔다는 것보다 강력한 증명은 없다. 이 미덕을 획득하는 데 있어서 그것을 쉽게 하는 사람과 어렵게 하는 사람 사이에 큰 차이가 있다는 점에서는 의심의 여지가 없다. 타고난 기질의 차이가 이렇게까지 큰 인간 탁월성의 영역은 거의 없다. 그러나 우리는 어떤 인간이 자연적으로 용기 있는지 물어볼 수 있다. 많은 사람들이 자연적으로 호전적이거나 화를 잘 내거나 열광적인데, 이런 감정들이 강하게 촉발된다면, 이런 감정들이 그들을 공포에 무감각하게 만들 수도 있을 것이다. 그러나 공포와 충돌하는 이런 감정들이 사라지면, 공포가 다시 주도권을 쥐게 된다. 일관적인 용기는 언제나 함양의 결과이다. 비록 일반적이지는 않지만 야만 부족 중에서 종종 발견되는 용기는 스파르타나 로마인들의 용기처럼 교육의 결과이다. 그런 모든 부족에서 부족원들의 공적 감정이 여러 경로를 통해 표현하는 것은, 용기가 명예의 대상이 되고 비겁은 경멸과 조롱의 대상이 된다는 것이다. 이런 감정의 표현이 있다는 것은 그 표현 이전에 그런 감정이 이미 존재하고 있었다는 것을 전제하는 것처럼, 젊은이들이 용감하도록 교육되기 위해서는, 그 이전에 이미 용기 있는 사람들이 있었다는 것을 전제하는 것이다. 모든 사람이 공포를 가지고 있었지만, 그중에 어떤 사람들은 다른 사람들보다 그런 공포를 정복할 정신의 힘과 의지가 있었을 것이고, 그래서 용기라는 덕을 가지게 되었을 것이다. 그렇게 용기라는 덕을 가진 사람들은 영웅들에 속하는 영향력을 얻었을 것이고, 명백히 유용한 그런 것들이 사람들에 의해 계속적으로 숭배되었을 것이다. 그리고 용기 있는 이 사람들은 아마도 부분적으로 이런 숭배를 통하여, 그리고 부분적으로 그들 자신이 다른 사람들에게 불러일으키는 공포에 의해 입법자의 권력을 차지하고 그들이 좋아하는 관습을 수립할 수 있었을 것인데, 사실 모든 좋은 관습은 이런 방식으로 수립된다고 할 수 있다.

다음에는 인간과 대부분의 하위 동물 사이에 있는 도덕적 구별 중 가장 눈에 띄고, 가장 근본적인 성질 중 하나, 다른 무엇보다 그것이 없으면 인간을 동물과 같이 만드는 특질인 청결함을 고려해보자. 이것보다 더 인위적인 것이 있는가? 어린이들과 대부분 사회의 하층 계급들은 실제로 더러움을 좋아하는 것처럼 보인다. 인류의 대다수는 그것에 무관심하다. 다른 면에서는 문명화되고 교양 있는 나라의 사람들도 가장 나쁜 형태의 더러움에 대해 관용적이기도 하고 오직 아주 소수의 사람들의 그것에 대해 일관되게 참지 못한다. 사실 이 문제에 대한 보편적 법칙은 청결하지 못함은 그것에 익숙하지 않은 사람들에게만 문제가 되어서, 그런 인위적인 청결한 환경에 살아온 사람들만이 모든 형태의 더러움을 싫어한다. 모든 덕 중에서 이것이 가장 명백하게 본능적인 것이 아니라 본능을 누른 승리에 기인한 것이다. 확실히 청결함도, 청결함을 좋아하는 것도 인간에게 자연적인 것이 아니라 청결함을 좋아하는 능력만이 자연적인 것이다.

우리가 지금까지 든 예들은 개인적인 덕들 혹은 벤담이 "자기와 관련된 미덕(self-concerning virtues)"이라고 부른 것들이었는데 그 이유는 그런 미덕들이 교양 없는 사람들에게조차 좋은 것으로 생각될 수 있겠기 때문이다. 사회적 미덕들에 관해 논하자면, 인류의 모든 경험이 이기심은 자연적이라는 판결을 내렸다는 것을 말할 필요는 거의 없을 것이다. 이기심이 자연적이라고 말한다고 해서, 내가 공감 능력[동정심] 역시 자연적이라는 것을 부정하려 하는 것은 아니다. 오히려 나는 공감 능력이 자연적이라는 그 중요한 사실에 선과 고귀함을 배양할 가능성과 선과 고귀함을 고양시킬 수 있다는 희망이 놓여 있다고 믿는다. 그러나 공감하는 성격들이 만일 함양되지 않고 그냥 공감하는 본능에 맡겨진다면, 그런 성격들도 다른 성격들과 동일한 정도로 이기적이다. 그 차이는 단지 이기심의 종류에 있는데, 그들의 이기심은 혼자만의 이기심이 아니라 공감하는 이기심으로, 예를 들어 두 명, 세 명, 네 명 사이의 이기주의가 있을 수 있으며, 그들은 자신들이 공감하는 사람들에게는 사랑스럽고 즐거울 수 있지만 세계의 나머지에 대해서는 현저히 부정의하고 무정할 수 있다. 가장 공감할 수 있고 가장 공감을 요구하는 섬세한 신경을 가진 사람들은 자신들의 섬세함으로부터 모든 종류의 보다 강한 충동을 가져서, 그들은 보다 냉정한 본성을 가진 사람들의 이기심의 예들보다 덜 혐오스럽기는 하지만 가장 충격적인 이기심의 예들을 제공한다. 스승들, 친구들, 책의 가르침으로부터 영향을 받지도 않고, 이상에 따라 자신을 형성하려는 모든 의도적인 노력을 하지 않은 사람으로서, 자연적 자비심이 이기심보다 강한 사람이 존재하는가 하는 것은 결정되지 않은 문제이다. 그러나 모든 사람은 그런 경우가 매우 드물다는 것을 인정하는데, 이 논증을 위해서는 그것만으로 충분하다.

그러나 이제 다른 사람들의 이익을 위해 자기를 통제하는 것에 대해서는 더 이상 논하지 않고 자기 자신의 이익을 위한 가장 상식적인 자기 통제, 즉 멀리 놓여 있는 대상을 위해 현재의 욕망을 희생하거나, 개인의 행동을 자신의 이익에 대한 자신의 개념에 일치하도록 하기 위해 꼭 필요한 일반적인 목적을 위해 현재의 욕망을 희생하는 가장 흔한 미덕인 자기 통제에 관해 논해 보자.[32] 그런데 이런 덕조차도 훈련받지 않은 인간에게는 가장 비자연적인 것이라는 것을 다음과 같은 예에서 잘 볼 수 있다. 어린이들은 오랜 훈련을 통해서만 그것을 얻을 수 있고, 권력을 가지고 태어나서 자신들

---

32) 자기 절제는 그리스의 4주덕, 즉 지혜, 용기, 절제, 정의 중 하나이다.

의 뜻이 거의 저항 없이 이루어졌던 사람들과, 어려서부터 많이 욕망을 충족해 온 모든 사람은 이런 미덕을 아주 불완전한 방법으로만 습득할 수 있으며, 야만인, 군인들과 선원들에서 이런 덕이 현저히 없고, 우리나라와 다른 많은 나라들의 가장 가난한 계층의 대부분의 사람들은 이런 덕을 아주 적게만 가지고 있다. 이 덕과 앞서 언급한 다른 덕들 사이의 주된 차이는 이 덕도 다른 덕들과 같이 가르침의 과정이 필요하기는 하지만, 다른 덕들보다 스스로를 교육할 수 있는 여지가 더 많다는 것이다. 자기 통제는 경험을 통해서만 배울 수 있다는 것이 공리이다. 따라서 자기 통제의 덕은 개인적 경험이 외부로부터의 자극이 없어도 그것을 산출하는 경향이 있다는 면에서 우리가 지금까지 논의해 온 다른 덕들보다 자연적인 것에 가깝다. 자연 스스로는 다른 덕과 마찬가지로 이 덕도 그냥 주지 않는다. 그러나 자연은 그 덕을 기르는 보상과 처벌을 내리는데, 다른 덕들의 경우에 이런 보상과 처벌은 명백한 목적을 위해 인위적으로 만들어져야 한다.

모든 덕 가운데 진실함(veracity)이 가장 합당하게 자연적이라고 말할 수 있는 것처럼 보이는데, 그 이유는 그 반대되는 동기가 없을 때 사람들은 통상 사실에 합치되게 말을 하고 최소한 의도적으로 사실로부터 벗어나지 않기 때문이다. 그래서 루소 같은 저술가들은 이 덕을 가지고 야만인들이 삶을 멋지게 장식하고, 문명 사회의 배신과 책략과 비교하여 이 덕이 야만인들의 삶의 장점이라고 말하는 데에 기쁨을 느낀다. 그러나 불행히도 이것은 야만적 삶에 대한 단지 공상적인 그림에 불과하지 전혀 사실이 아니다. 야만인들은 언제나 거짓말쟁이들이다. 그들은 진실함이라는 덕의 관념을 전혀 가지고 있지 않다. 그들도 그들이 특별한 의무로 연결되어 있는 사람들에 대해, 즉 그들의 추장, 그들의 손님, 아마도 혹은 그들의 친구들에 대해서는 배신을 하지 않아야 된다는, 그리고 그들을 배신하는 것은 자신에게 해가 된다는 관념을 가지고 있다. 그런데 이런 의무의 감정도 야만 상태의 특징적인 환경에서부터 생겨난 야만상태의 도덕을 배운 결과로 생긴 것이다. 그러나 진실 자체를 위해 진실을 존중하는 명예의 중요성에 대해 그들은 전혀 모르는데, 그런 면에서 동양 전체 또는 유럽의 많은 나라들 정도보다 더 알지 못한다. 그런 명예의 중요성을 알 정도로 충분히 발전된 소수의 나라들에서도 그런 명예의 중요성은 소수에만 국한되어 있고, 그들만이 진짜 유혹의 상황에서 그것을 행한다.

　"자연적 정의(natural justice)"라는 표현이 일반적으로 사용되기 때문에, 정의가 자연에 의해 우리의 마음속에 심어진 덕이라고 생각될 수 있을 것이다. 그러나 나는 정의의 감정은 전적으로 인위적인 원천을 가진다고 믿는데, 자연적 정의의 관념은 관습적 정의 개념에 앞서는 것이 아니라 그 뒤를 따르는 것이다. 우리가 (구약성서를 포함해) 아주 오랜 과거 시대를 살펴보거나, 아니면 과거 시대보다 진보하지 않은 현재 존재하는 일부 인류를 고려함으로써, 우리가 인류의 초기 사고방식을 살펴보면 볼수록, 우리는 사람들의 정의의 관념이 실제적으로 존재하는 법에 의해 정의되고 제한된다는 것을 더욱더 완전하게 발견하게 된다. 한 사람의 정의로운 권리는 법이 그에게 준 권리를 의미하고, 정의로운 사람은 다른 사람들의 법적인 재산이나 다른 법적인 권리를 결코 침해하지 않고, 침해하려고도 하지 않는 사람이다. 이른바 법적 정의보다 상위의 정의 개념이 존재한다고 주장되며, 이런 상위의 정의에 실정법들 자체도 연결되어 있고, 양심도 매어져 있다고 주장되지만, 사실 상위의 정의의 개념은 법적 정의의 개념에 의해 제시되고 법적 정의와 유비 관계를 가지면서 후대에 법적 정의의 개념이 연장된 것으로서, 그런 상위의 정의 개념은 법적 정의와 관련된 감정들과 평행하게 관련되어 있으며, 그 용어들도 거의 법적 정의로부터 빌린 것이다. 정의를 가리키는 라틴어 단어 justus와 justitia는 법(jus)이라는 용어로부터 기원한 것이며 정의의 궁전[법원](courts of justice), 정의의 집행[법집행]은 언제나 법정을 의미한다.[33] 이 모든 덕의 싹이 인간 본성에 원래 심어져 있었음에 틀림없고, 만일 그렇지 않았더라면 그런 덕을 얻을 수 없으리라고 주장한다면, 나는 약간의 설명이 필요하기는 하지만, 사실이라고 인정할 것이다. 그러나 같은 땅[인간 본성]에는 이런 덕의 싹들만 있는 것이 아니라 이런 덕의 싹들

---

33) 밀은 공리주의 5장에서 같은 주장을 한다.

을 위협하는 잡초들도 있는데, 이런 잡초들은 이미 싹이 아니라 무성하게 자란 것들이어서, 만일 인류가 이런 좋은 싹들을 소중히 키우는 것이 인류의 중요한 이익이기 때문에, 다른 면에서와 같이 인류의 지성은 불완전하지만 인류의 지성이 허용하는 한에서 그것들을 잘 돌보지 않는다면, 그런 잡초들은 천 번에 한 번 정도를 제외하고는 거의 언제나 그 덕의 싹들을 완전히 말라 죽일 것이다. 오직 그런 싹들의 배양이 일찍 시작되고, 나쁜 영향을 이겨내어야만, 인간 중에 운 좋은 환경에 처한 표본들[사람들]에게, 인간이 가질 수 있는 가장 고양된 감정들이 두 번째 본성이 되고, 이 두 번째 본성은 첫 번째 본성을 굴복시키는 것이 아니라, 그것을 자신과 합치도록 함으로써 첫 번째 본성보다 강하게 된다.

다른 사람들로부터 이런 교육을 받은 사람이 아니라, 스스로의 자기 수양을 거쳐 동일한 덕을 획득한 재능 있는 사람들조차 그런 덕을 동일한 방식으로 얻었다고 할 수 있는데, 그 이유는 책을 통해 전해진 인간의 일반적인 감정으로부터, 그리고 실제로 존재했던 훌륭한 인격들과 이상적으로 훌륭한 인격들에 대한 명상으로부터 얻어지는 도움이 없었다면, 자기 함양이 불가능했을 것이기 때문이다. 우리가 청소년을 비롯해 모든 사람에게 따르도록 권유할 수 있는 유일한 자연(본성)은 이렇게 인위적으로 창조된 자연 본성이거나, 최소한 인위적으로 자기 함양을 통해 완전해진 가장 좋고 고귀한 사람들의 자연(본성)이다. 그렇지만 이런 본성조차 행위의 기준으로 세워질 수 없는데, 그 이유는 그런 본성이 훈련과 함양의 결실로, 이런 훈련과 함양의 방식은 이미 존재하는 기준에 의해 선택되었기 때문이다. 즉 이미 존재해 온 기준이 행동의 기준으로 세워져야 한다는 것이다.

지금까지의 간단한 논의만으로도, 인간이 자신의 자연 본성에 대해 가지는 의무는 다른 모든 것의 자연 본성에 관해 가지는 의무와 같다는 것, 즉 자연 본성을 따르는 것이 아니라 그것을 개선하는 것이 의무라는 것을 증명하기에 충분하다. 그러나 본능이 이성에 복종하도록 해야 된다는 것을 부정하지 않는 사람 중에도 일부는 여전히 자연을 우선적으로 존중(deference)해야 한다고 생각해서, 우리 인간이 가진 모든 자연적 본능에 대해 자연이 허용하는 어떤 행동의 영역이, 그런 자연적 본능의 만족을 위해 자연이 남겨진 어떤 여지가 있다고 주장한다. 그들은 인간이 가진 모든 자연적인 욕망은 어떤 목적을 위해 우리 안에 심어져 있음에 틀림없다고 말하는데, 이 논증은 우리가 자주 듣게 되는 다음과 같은 논증, 즉 우리가 가진 욕망 중에서 자연적인 것이라고 생각될 수 있는 모든 욕망에 대해 자연의 질서는 그런 욕망을 만족시킬 수 있는 무엇을 제공한다는 논증으로 나아간다. 예를 들어 많은 사람들은 우리가 죽은 후에도 영원히 살았으면 하는 욕망을 가진다는 사실 자체가 우리가 죽은 후에도 삶이 실제로 계속되리라는 것을 증명하는 데 충분한 것이라고 믿는다.

나는 사람들이 신의 디자인을 성취하는 것을 돕기 위해, 신의 디자인이 구체적으로 무엇인지를 발견하려는 모든 노력이 근본적으로 이치에 맞지 않는다고 본다. 자연 질서의 특정한 것으로부터 신이 이것이나 저것을 의도했다고 주장하는 사람들은 창조주가 자신이 의지한 모든 것을 할 수 있거나 그렇지 않다고 믿는다. 만일 첫 번째 가정이 채택되면, 즉 만일 신이 의지한 것을 모두 할 수 있다면, 즉 전능하다면 신은 일어나는 모든 일을 의도한 것이고, 그것이 일어난다는 사실이 신이 그것을 의도했다는 것을 증명한다. 만일 그렇다면 인간이 할 수 있는 모든 것은 신에 의해 미리 결정되어 있는 것이고 그런 것을 하는 것뿐이다.

　그러나 만일 보다 종교적인 이론에서처럼, 신이 일어나는 모든 것을 의도한 것이 아니라 오직 좋은 것만을 의도했다면, 그렇다면 인간은 그의 자발적인 행동에 의해 신의 의도를 도울 수 있는 힘을 그 자신 안에 가지고 있는 것이다. 그러나 인간은 신의 이런 의도를 인간이 자연적 경향성을 가진 것이 무엇인지를 고려하는 것이 아니라, 무엇이 일반적인 선을 증진하는 경향이 있는가를 고려함으로써만 그 의도를 알 수 있는데, 왜냐하면 이 이론에 의하면 신의 힘이 제한되어 있기 때문에, 신이 인간들을 충족되지 않는, 그리고 결코 충족되지 말아야 할 욕망을 가지고 창조했을 수도 있기 때문이다. 사람들이 태어날 때부터 부여된 자연적 경향들은 신의 의지 표현이 아니라 신의 의지의 자유로운 활동을 막는 족쇄일 수도 있는데, 그런 것으로부터 우리 자신의 행동의 규제를 위한 힌트를 끌어내는 것은 적이 쳐놓은 덫에 걸리는 것일 수도 있다. 무한히 선한 신이 바라는 것은 모두 다 이 우주에 실현되거나, 최소한 우리 인간은 그것이 그렇지 않다고 결코 말하거나 생각하지 말아야 한다고 주장하는 사람들은, 신이 결코 속임을 당할 수 없는 존재이고, 모든 거짓을 혐오하는 존재라고 고백하면서도, 동시에 자신들의 노예적인 공포로 인해 그런 신에 대해 거짓된 경의를 표하는 사람들이다.

인간에게 있어서 충분히 즉각적이고 보편적이어서 본능으로 간주될 수 있는 인간의 모든 경향성(propensities)들을 포함해 모든 인간의 자연적 충동들이 선한 목적을 위해 존재하고, 따라서 이런 것들은 규제되기만 하면 되고 억압되어서는 안 된다는 이런 가설은 많은 충동들에 대해서는 참일 것인데, 만일 그런 충동의 대부분이 인간의 보존을 위해 필요하거나 유용한 것이 아니라면 인류는 생존하지 못했을 것이기 때문이다. 그러나 우리는 우리의 본능 중에는 나쁜 본능도 있으며, 교육의 목적은 이런 나쁜 본능을 규제할 뿐만 아니라 제거하거나 본능을 사용치 못하게 함으로써 없애버리는 것이라는 것을 인정해야 한다.

본능의 수를 늘리고 싶은 사람들은 보통 그런 본능의 목록에 인간의 파괴성의 본능, 즉 파괴 자체를 위해 파괴하는 본능을 포함시킨다. 그러나 나는 이런 본능을 보존할 좋은 이유를 생각할 수 없는데, 사실 이렇게 보존할 좋은 이유가 없는 본능은 파괴성의 본능 뿐만 아니라 여러 가지이다. 이런 나쁜 본능 중 하나는 지배의 본능으로, 독재를 하는 데에서, 즉 다른 사람들을 자신의 의지에 복종하게 하는 데에서 기쁨을 느끼는 본능이다. 한 사회에서 권력이나 권위는 일반적인 선을 증진하기 위한 목적으로 창설되고 어떤 사람들에게 부여되는데, 만일 그런 사람들이 그런 권력이나 권위의 목적과 관련 없이, 단지 그런 권력이나 권위를 사용하는 데서 즐거움을 느낀다면, 그런 사람들은 그 사회가 그들의 손에 권위를 맡기지 말아야 할 사람들이다. 또 다른 나쁜 본능의 예로 다른 사람들에게 고통을 가하면서 혹은 고통을 가하는 것을 보는 데서 즐거움을 느끼는 성격상 잔인한 사람들인데, '자연적으로 잔인한' 사람들이다. 이런 종류의 잔인함은 단지 무정하거나, 동정심이 없거나, 양심의 가책이 없거나 하는 소극적인 것이 아니라 적극적인 것으로 잔인함으로부터 특별한 종류의 육감적인 흥분을 느끼는 잔인함이다. 동양과 남유럽은 이런 잔인한 성향을 가진 사람들의 예들을 많이 제공해 왔고 아마 아직도 그럴 것이다. 나는 이런 자연적 경향들은 억누르는 것이 잘못이 아니라는 것이 인정된다고 생각한다. 그래서 그와 관련된 유일한 질문은 그런 성격을 억누르기 위해서는, 그런 성격을 가진 사람 자신을 억눌러야 하는가 하는 것이다. 교육을 통해 그런 성격을 가진 사람들의 성격만을 고치려고 하는 것이 아니라, 그것을 넘어 그런 성격을 가진 사람의 자유를 제한해야 하는가 하는 것이 더 고려해야 할 문제이다.

그러나 인간 본성의 기본적인 본능들은 어느 것이건 좋은 면을 가지고 있고, 충분한 정도의 인위적인 훈련을 거치면 해롭기보다는 유용하게 된다는 주장이 진실이라 하더라도, 만일 그런 훈련을 거치지 않는다면 인간의 모든 본능이, 게다가 인간의 보전을 위해 필요한 본능들조차도, 폭력과 전제의 악취가 진동하는 동물의 세계보다는 어느 면에서 낫겠지만 그와 상당히 유사하게 인간 세계를 비참함으로 가득 채울 것이라는 것이 인정된다면 도대체 그런 주장의 실질적인 내용이 무엇이란 말인가?

사실 자연 세계에서 창조주의 목적을 읽는다고 자부하는 사람들은 만일 그들이 일관적이라면, 자신들이 그로부터 피하고자 하는 추론의 근거를 보았음에 틀림없다. 만일 그들이 주장하는 대로 세계가 신이 특별히 디자인한 것이라면, 그런 디자인된 것 중에 가장 명백하게 디자인된 것은 많은 동물들이 평생 동안 다른 동물들을 해치고 잡아먹는다는 것이다. 동물들은 그런 목적에 필요한 도구들을 충분하게 가지고 있다. 그것들의 가장 강한 본능이 그렇게 하도록 충동하고 그중 많은 동물들은 다른 방식으로는 생존할 수 없게 디자인되어 있다. 만일 그런 주장을 하는 사람들이 모든 자연 세계에서 창조주의 자비로운 성격을 증명하기 위한 증거를 수집하는 데 쏟은 수고의 10분의 1만이라도, 창조주의 성격을 자비롭지 않게 하는 증거를 수집하는 데 쏟았더라면, 동물들이 잡아먹는 동물들과 잡아먹히는 동물들로 나누어지고, 수천 가지 질병에 취약하지만 자신들을 보전하기에 필요한 능력을 가지지 못한 하급 동물들 전부에 대해 무슨 말을 할 수 있겠는가? 만일 우리가 동물의 세계를 악마가 창조한 것이라고 믿을 의무가 없다면, 그 이유는 우리가 그것이 전능한 존재에 의해 만들어졌다고 상정할 필요가 없기 때문이다. 그러나 이 경우에 만일 자연에 드러난 창조주의 의지를 모방하는 것이 인간이 따라야 할 행동의 규칙이라면, 인간 중 가장 나쁜 인간이 저지른 가장 나쁜 짓마저도 강한 동물이 약한 동물을 잡아먹어도 된다는 동물 세계에 대해 드러난 신의 명백한 의도에 의해 정당화될 것이다.

지금까지의 우리의 논의가 인간의 행동과 성품에 대한 윤리적 평가의 요소로서 자연을 따르라는 개념을 도입하는 거의 무한한 종류의 방식과 기회들을 다 살펴본 것과는 거리가 아주 멀다. 그런데 앞에서 논의된 경우들에서 자연이란 개념에 호의적인 판단이 뒤따랐는데, 이와 동일하게 자연(본성)이라는 용어가 인간 본성의 다른 부분들과 대비되는 특정한 부분을 가리키는 의미로 사용되는 많은 경우에, 호의적인 판단이 뒤따른다. 지금까지 우리는 이들 용법 중 하나에만 집중해 왔는데, 우리의 정신적·도덕적인 본성에서 획득된 것과 대비해서, 내재적인 것으로 상정되는 그런 부분들을 가리키는 것으로 사용되는 경우였다. 예를 들면, '자연'이 '교육'과 대비되거나, 법, 예술 혹은 지식이 없는 야만 상태가 '자연 상태'

라고 불리거나, 자비심 혹은 도덕적 감정이 자연적이냐 획득된 것이냐, 혹은 어떤 사람들은 자연에 의해 시인이나 웅변가인 데 반해 다른 사람들은 그렇지 않은가 하는 식 등으로 사용되는 경우였다.

그러나 자연이란 용어는 이런 의미보다 느슨한 의미로 사용되기도 하는데, 예를 들어 어떤 사람들이 자신들의 행동거지를 특별히 연습한다거나 의도하지 않으면서 자연적인 우아함을 가지고 움직이거나 말할 때, 혹은 사람들이 자신들의 매너나 성격을 통제하거나 위장하려고 하지 않고 자기를 자연스럽게 드러낼 때, 우리는 그들의 행동거지가 자연스럽다고 말한다.

자연이라는 용어는 위의 의미보다 더 느슨한 의미로 사용되기도 하는데, 우리는 "어떤 사람이 자연적으로는 무지했는데, 연구와 꾸준한 훈련을 통해 지성적이 되었다.", "그는 자연적으로 명랑했으나 불행 때문에 우울해졌다. 그는 자연적으로는 야심에 가득 찼으나 기회의 부족으로 사기가 떨어졌다."고 말한다. 이런 용법은 어떤 사람에게 있어서, 어떤 특별한 원인이 그에게 작용하기 전까지는, 혹은 그런 원인이 제거될 경우에, 그의 행동이나 성품이 자연스럽다는 의미를 가지고 있다.

마지막으로 우리는 '자연적'이라는 단어를 인간의 감정이나 행위에 적용해 '그 사람의 감정이나 행동이 자연스럽다.'고 말하는데, 이럴 때 우리가 의미하는 것은 그 사람의 그런 감정이나 행동이 그가 처한 상황에서 다른 사람들도 통상적으로 가지는 감정이나 행동이라는 것이다.

위에서 고려한 자연이라는 용어의 의미들에서, 자연적이라고 불리는 성질은 그것과 대비되는 성질과 비교해 가끔은 더 나쁜 성질이라고 주장되기도 하는데, 우리가 어떤 성질을 자연적이라고 부를 때, 그 성질이 거의 언제나 좋은 것이라고 칭찬하는 것으로 인정되는 경우가 있을까? 나의 경우에 자연 혹은 자연적이라는 용어가 사람에게 적용되었을 때, 진짜 칭찬하는 의미로 쓰이는 유일한 경우는 사람의 본성이나 사람의 행동거지가 가식이 없다는 의미로 사용될 때뿐이다. 가식은 자신이 아닌 다른 어떤 것으로 보이고자 하는 노력으로 정의될 수 있을 터인데, 따라서 속임과 관련이 있다고 할 수 있다. 속임은 다른 사람들뿐만 아니라 종종 속이는 사람 자신에게도 시도되는데, 어떤 사람이 자신이 가지고 싶은 어떤 속성을 자신이 가지고 있다고 자신에게 설득시키고자 하는 희망을 가지고 그런 속성의 외양을 모방하는 경우가 그런 경우이다. 기만, 자기기만, 혹은 두 개 사이에 존재하는 어떤 것의 형태로건 가식이나 가식적인 것은 아주 정당하게 비난받을 만하며, 가식 없음의 반대인 자연스러움은 장점으로 간주된다. 그러나 좋게 평가받아야 할 이런 성질을 표현하는 보다 적절한 용어는 신실성(sincerity)일 것인데, 이 용어는 원래의 높은 의미로부터 추락해서, 대중적으로는 그것이 이전에 지칭했던 주된 미덕 중 종속적인 한 가지 덕만을 지칭하게 되었다.

그런데 어떤 사람이 가식이 없기에 [자연적이기에] 칭찬하는 것은 적극적인 칭찬이라기보다는 소극적인 칭찬인데, 그것은 어떤 사람이 긍정적인 속성을 가졌기 때문에 칭찬하는 것이 아니라, 부정적인 속성을 안 가졌기 때문에 칭찬하는 것이기 때문이다. 그런데 이와 달리 어떤 사람들이 진짜로 칭찬받을 만한 행동을 할 때, 그들 중 어떤 사람들의 경우에 우리는 그들이 그런 행동을 하는 것은 부자연스럽지만, 어떤 사람들이 그런 행동을 하는 것이 자연스럽다고 말하는데, 이때 우리는 앞의 사람들은 어느 정도 비난하는 것이고, 뒤의 사람들은 진짜로 칭찬하는 것이다. 여기서 우리가 이런 식으로 말하는 것의 의미는 앞의 사람들에게서 덕으로 보이는 것은 일시적인 흥분의 결과이거나 평소의 자기와는 다른 모습인 데 반해서, 뒤의 사람들의 경우에는 그들의 습관적인 성격으로부터 기대되는 결과라는 것이다. 이런 표현 방식은 비난할 수 없는데, '자연적'이 여기서는 단지 한 사람의 일반적인 성품을 표현하는 용어이고, 만일 그 사람이 칭찬을 받는다면 그 이유는 그가 자연적이기 때문이 아니라 그가 자연적으로 좋기 때문이다.

자연을 따르는 것은 옳고 그름과는 전혀 관련이 없다. 그런 개념은 비난받을 만한 성질(culpability)의 정도의 문제가 아니었더라면 윤리적 논의에 적절하게 들어올 수 없었을 것이다. 이 점을 설명하기 위해 자연의 개념과 관련되어, 사람들의 행동이나 성품을 심하게 비난할 때 사용하는 '비자연적'이라는 용어를 고려해 보자.[34]

그러나 어떤 것이 비자연적이라는 것은 어떤 정확한 의미에서 그것이 비난받을 만하다는 논변이 될 수 없는데, 왜냐하면 가장 나쁜 범죄도 인간들에게는 대부분의 덕과 마찬가지로 비자연적인 것이 아니기 때문이다. 모든 세대에 걸쳐 덕을 습득한다는 것은 노력을 통한 아주 어려운 일로 간주되어 왔지만, 범죄를 저지르고 지옥으로 내려가는 것은 반대로 아주 쉬운 것으로 간주되어 왔다.[35] 대부분의 사람들에게 있어서 현저하게 덕을 갖추는 것이 극단적으로 악해지는 것보다 더 많은 자연적 경향성을 확실하게 정복할 것을 요구한다. 그러나 만일 이와는 다른 근거에서 행동이나 품성이 비난받을 만한지의 여부가 결정된다면, 그 근거 중의 하나는 그 행동이나 품성이 인간들이 가지고 있는 어떤 강한 감정에 비자연적인가, 즉 그 감정에 심한 불쾌감이나 혐오감을 주는가 하는 것이다. 즉, 그 강한 감정에 불쾌감이나 혐오감을 주면 비자연적이고 부도덕한 것이다. 왜냐하면 나쁜 성향은 그것이 무엇이건, 그런 대부분의 사람들이 가지는 나쁜 성향에 대한 불쾌한 감정이나 혐오감을 극복함으로써 그것이 강하고 뿌리 깊다는 증거를 보여주기 때문이다. 물론 이런 가정은 그 개인이 나쁜 행동이나 성향에 대해 혐오

---

34) 성적 소수자에 대한 전형적인 비난 중 하나가 그들의 성적 행동 방식이 비자연적이라는 것이다.

35) *Aeneid*, Vi. 126.

감을 가지고 있지 않다면 실패한다. 그리고 이 논증은 그런 행동에 의해 혐오감을 느끼게 되는 감정이 정당화될 뿐만 아니라 합당해야(reasonable) 하고, 그런 감정을 가지지 않으면 비난받을 만한 것이 아니라면 주장하기에 적합하지 않다.[36]

이와 상응해서, 어떤 나쁜 행동이 자연적이거나 그것이 자연적 감정에 의해 충동되었다면, 그 행동의 비난받을 만한 점이 경감되어야(extenuation) 한다는 탄원도 결코 허용되어서는 안 된다고 나는 생각한다. 지금까지 행해져 온 나쁜 행위 중에서 완전히 자연적이지 않고 그 동기가 완전히 자연적 감정이 아닌 나쁜 행동은 거의 없었다. 따라서 이성의 눈에서 이것은 정당한 변명이 아니지만, 이것이 대중들의 눈에는 그럴 것이라는 것은 아주 "자연적"인데, 그 이유는 그들이 그 나쁜 짓을 한 사람에게 동료 의식(fellow feeling)을 갖기 때문이다. 대중들이 자신들도 비난할 수밖에 없다고 인정하는 나쁜 짓에 대해 "자연적"이라고 말할 때, 그들이 의미하는 바는 그들 자신도 그런 짓을 범할 유혹을 느낄 가능성을 상상할 수 있다는 것이다. 대부분의 사람들은 어떤 사람이 어떤 나쁜 짓을 저질렀을 때, 자신들이 그런 짓을 어떻게 저지를 수 있는지를 전혀 이해하지 못하는 경우에는 이런 나쁜 짓에 대해 엄격한 반면, 다른 어

---

36) 밀의 이 논증은 동정심이 도덕의 기초라고 주장한 루소에 대한 칸트의 비판과 같은 취지를 가지고 있다.

떤 사람이 나쁜 짓을 저질렀을 때, 자신들의 내부에서 그 행위의 가능한 원천을 느낄 수 있으면, 다른 사람이 저지른 행위에 대해 상당한 정도로 관용적이다. 만일 어떤 사람의 어떤 행동이 그들에게 그것을 저지른 사람이 자신들과 완전히 다른 사람이라는 것을 종종 아주 적절치 않은 근거 위에서 확신시키면, 그들은 그 행동에 대한 적절한 비난의 정도를 검토하는 것에 대해 거의 신경 쓰지 않으며, 더군다나 그것에 대해 비난을 적용하는 것이 적절한지조차 신경 쓰지 않는다. 그들은 유죄의 정도를 그들이 가지는 반감의 강도로 측정하는데, 그래서 의견의 차이, 그리고 취미의 차이마저 가장 나쁜 범죄만큼이나 강렬한 도덕적 혐오의 대상이 되어온 것이다.

이 에세이의 주요한 결론을 몇 마디로 정리하는 것이 유용할 것이다.

자연이라는 단어는 주요한 두 가지 의미를 가진다. 하나는 존재하는 모든 것의 속성과 함께 그 존재하는 모든 것을 가리키고, 다른 하나는 인간의 개입이 없을 때 그것들이 존재했을 방식으로 존재하는 것들을 가리킨다.

첫 번째 의미에서 사람이 자연을 따라야 한다는 교설은 무의미하다. 왜냐하면 사람들은 자연을 따르는 일 외에는 다른 어떤 것도 할수 없고, 인간의 모든 행동은 자연의 물리적 법칙이나 정신적 법칙 중 어떤 것을 통하거나, 그런 법칙에 복종해서 일어나기 때문이다.

두 번째 의미에서 사람이 자연을 따라야 한다는, 혹은 사물들의 자발적인 질서를 그의 의도적인 행동의 모델로 삼아야 한다는 교설 역시 마찬가지로 비합리적이고 비도덕적이다.

그것이 비합리적인 이유는 모든 인간의 행동은 그것이 무엇이건 자연의 자발적인 질서를 변화시키는 것으로, 모든 유용한 행동이 자연의 자발적 질서를 개선하는 것으로 이루어지기 때문이다.

그것이 비도덕적인 이유는 자연적 현상들의 방식은 그것이 사람들에 의해 행해진다면 가장 혐오를 받을 만한 것들로 가득하기 때문에, 그래서 어떤 사람이 행동할 때 사물의 자연적 질서를 모방하고자 노력한다면 보편적으로 그는 가장 사악한 사람으로 간주되고 인정될 것이다.

자연의 틀은 그 전체로 보았을 때 인간이나 다른 유정적 존재들의 선을, 그것의 유일하거나 주된 목적으로 가질 수 없다. 자연의 틀이 인간이나 유정적 존재에게 가져다줄 수 있는 선은 주로 인간들의 노력의 결과이다. 자연은 자비로운 신이 인간에게 혜택을 주기 위해 디자인한 것임을 알려주는 표지가 자연에 있다면, 그 표지가 증명하는 것은 단지 이런 신의 혜택은 오직 제한된 힘으로 무장되어 있다는 것이다. 따라서 인간의 의무는 이런 제한된 혜택과 협조하는 것인데, 그러기 위해서는 자연의 질서를 모방하는 것이 아니라 그것을 계속적으로 개선하고자 노력하면서, 우리가 통제를 가할 수 있는 부분이 정의와 선의 보다 높은 기준에 가까워지도록 하는 것이다.

19세기 영국의 대표적 철학자인 존 스튜어트 밀(1806-1873)은 단지 철학자가 아니라 학문적으로는 르네상스적 인간이라 할 수 있을 뿐만 아니라, 그의 『자서전』에서 잘 드러나는 것처럼 인간적으로도 흥미롭고 풍부해서, 영어권에서 많은 학자들의 존경과 연구의 대상인데, 한국에서는 반드시 그렇다고 말하기 어렵다.

밀은 『공리주의』, 『자유론』, 『대의정부론』, 『여성의 종속』 등의 저서를 통해 공리주의자, 자유주의자, 민주주의자, 그리고 여성주의의 선구자 등으로 알려져 그의 다양한 면모를 어느 정도 짐작할 수 있다. 그런데 한국에서 밀은 무엇보다 공리주의자로, 그것도 제러미 벤담(1748-1832)의 공리주의를 계승 발전시킨 공리주의자로 알려져 있다. 그렇지만 밀이 벤담의 공리주의를 어떤 면에서 계승하고 어떤 면에서 발전시켰는지, 벤담의 공리주의와 밀의 공리주의 차이가 무엇인지는 잘 이해되지 않고 있다. 벤담과 밀의 공리주의의 차이에 대해 우리가 통상 듣게 되는 얘기는 벤담은 양적 공리주의를, 밀은 질적 공리주의를 주장했다는 것이다. 물론 이런 양적 공리주의와 질적 공리주의의 구별은 밀 자신이 『공리주의』에서 명백히 밝힌 것이기에 중요하기는 하지만, 이 구별은 벤담과 밀의 공리주의의 차이점 중 일부만을 보여줄 뿐이고 보다 중요한 많은 차이점들을 보여주지 못하는데, 이런 중요한 차이점들을 이해하기 위해서는 그의 정신적 발전에 대한 이해가 필요하다.

우리는 밀의 『자서전』에 근거해 공리주의자로서 밀의 인생을 성장기, 전환기, 성숙기로 나누어 볼 수 있을 것이다. 성장기 동안에 밀은 자신의 아버지 제임스 밀과 제러미 벤담에 의해 영재 교육을 받아 벤담주의자(Benthamite)가 되었고, 10대 후반에 이미 공리주의 선전가로서 입지를 굳혔다. 전환기는 밀이 20대 초반에 겪은 정신적인 위기로부터 시작되는데, 밀은 공리주의가 여전히 옳다고 믿고, 공리주의가 가장 좋은 의미에서 자신의 종교이기도 하지만, 지금까지 원했던 모든 공리주의의 이상이 실현된다 하더라도 자신은 행복하지 않을 것이라고 고백하고 있다. 밀은 이런 정신적 고갈 상태에서 벗어나기 위해 자신의 정신세계를 넓히게 되는데, 워즈워드와 괴테의 문학, 미슐레, 기조 같은 역사학과 헤르더의 역사철학, 그리고 콩트와 토크빌의 사회정치철학, 그리고 캄라일, 콜리지 및 프랑스 이론가들을 통해 간접적으로 알게 된 독일 철학이 이에 포함된다. 이런 전환기에 나온 대표적인 저술이 「벤담」과 「콜리지」이며, 비록 「'자연을 따르라'는 윤리」는 그의 사후 출판되기는 했지만 이 시기의 문제의식을 담고 있다.

밀은 자신을 폭넓게 성장시킨 이런 전환기를 거쳐 성숙기에 이르는데, 이런 성숙기의 대표적인 저작들이 『자유론』, 『공리주의』, 『여성의 종속』, 『대의정부론』 등이다. 그런데 이런 성숙기의 저작들에는 전환기의 경험이 반영되어 있어 이들 저작을 적절히 이해하기 위해서는 전환기의 저작에 대한 이해가 필요한데, 이제 이 세 편의 에세이에 대해 간략히 설명하겠다.

밀은 「벤담」과 「콜리지」를 짝을 이루는 논문으로 썼다. 밀은 두 논문의 서두에서 동일하게 벤담과 콜리지를 당대 영국 지성계 사상의 두 가지 원천으로 제시한다. 즉 벤담은 사회의 급진적 개혁을 추진하는 진보주의를 대표하고, 콜리지는 사회 제도의 보전을 추구하는 보수주의를 대표하는 철학자라는 것이다. 밀은 진보주의자로서 벤담이 기존에 존재하는 것들에 의문을 제시하는 방법을, 보수주의자로서 콜리지가 기존에 존재하는 것들의 의미와 그것이 원래 실현하고자 했던 이념이 무엇이었는가를 묻고 그 이념을 어떻게 실현할 것인가를 질문하게 했다고 밝히고 있다.

밀에 의하면 벤담과 콜리지, 그리고 이들을 추종하는 사람들이 두 학파를 형성하는데, 이 두 학파는 서로를 대립적인 입장으로 보고 각자의 입장이 전적으로 옳으며, 상대방의 입장은 전적으로 틀리다고 맹렬하게 비난한다. 그런데 진리를 발견하기 위해서는 대립적인 사고방식(antagonist modes of thought) 간의 대화 혹은 변증법적 사고방식이 중요하다. 이들 학파는 자신들이 모든 진리를 가지고 있다고 말하지만 사실은 절반의 진리만을 가지고 있으며, 이들에게 필요한 것은 서로의 절반의 진리를 받아들이는 것이다.

자신이 벤담과 같이 진보주의 진영에 속한다고 밝히면서, 밀은 이 두 학파를 설득시키기 위해 벤담이 주장하는 진리가 단지 절반의 진리라는 것을, 그리고 콜리지가 중요한 나머지 절반의 진리를 가지고 있음을 보여주려 한다. 그런데 밀이 이 두 철학자를 논하는 데 배경이 되는 것은 18세기 프랑스 철학자들(philosophes)이 제시한 계몽주의 철학과 그 철학의 결과로서 프랑스 혁명과 혁명 이후 프랑스의 사회 정치적 불안정이다. 이런 계몽주의 철학을 대표하는 철학자들이 엘베시우스, 콩디야크, 달랑베르, 볼테르 등인데, 밀은 벤담을 계몽주의 철학을 계승한 철학자로, 콜리지를 이런 계몽주의 철학을 반대하는 철학자로 간주한다.

「벤담」에서 밀은 벤담의 철학을 실체적 내용과 방법론 면에서 평가한다. 밀은 벤담이 실제적 내용이 아니라 방법론에서 철학의 혁명을 이루어낸 것으로 평가한다. 벤담의 방법은 복잡한 문제를 부분들로 나누며, 일반적인 것을 구체적인 것으로, 추상적인 것을 실재하는 것으로 분석하는 방법이다. 그런데 벤담이 자신의 방법과 달리 당대에 유명했던 도덕 감정 이론, 직관주의, 자연법 이론 등은 모호한 일반화(vague generality)에 그치고 있다고 비판한다.

밀은 벤담의 방법을 '구체적 분석의 방법(method of detail)'이라고 부르는데, 이 방법이 소크라테스, 플라톤에 의해 시작 발전되었고 베이컨에 의해서도 시사되었지만 벤담이 이런 방법론을 충분한 정도로 발전시켰고, 벤담의 업적은 이 방법론을 특정한 주제들에 엄격하게 적용했다는 데 있다고 말한다.

밀은 벤담이 이런 훌륭한 방법론을 가지고 실체적 내용 면에서 무엇을 이루었는지를 평가한다. 그런데 밀에 의하면 모든 실천철학의 출발점은 인간 본성에 대한 올바른 이해이고, 이런 이해를 갖기 위해서는 철학자 자신이 인간 본성에 깊은 이해를 가지고 있거나, 다른 사람들로부터 그런 이해를 위한 도움을 받을 수 있어야 하는데, 벤담은 이 두 가지 면에서 모두 실패한다. 벤담은 다양한 인간의 감정들을 몰랐고, 공감 능력과 자의식이 결여되어 있었으며, 자신이 진리로 보는 것 외에는 다른 진리를 보지 못했기 때문에 자신과 다른 방식으로 사고하는 사람들에게서 도움을 얻지 못했다.

인간 본성에 대한 이런 제한된 이해 때문에 벤담은 윤리학 분야에서나 사회철학 분야에서 적절한 이론을 제시하지 못했다. 그렇지만 벤담이 위대한 승리를 거둔 분야가 있는데 바로 법철학이다. 밀은 벤담이 야만 상태의 영국 법에 이성의 빛을 비춘 영웅이며, 그가 본성상, 그리고 훈련에 의해 법철학에 전념하게 된 것은 영국과 영국민의 행운이라고 말한다. 이 분야에서 벤담은 자신의 천재성을 유감없이 발휘했으며, 그 한 예로 벤담이 남긴 『증거론』은 거의 더 이상의 발전 여지를 남기지 않을 만큼 발달된 이론이라고 말한다. 그러나 법철학 분야에서도 벤담에 대한 밀의 평가는 무조건적인 찬양이 아니다. 벤담은 국가의 정체 문제와 관련해 제한 없는 대중 민주주의를 지지했는데, 밀은 토크빌처럼 이런 대중 민주주의가 다수의 전제를 가져올 우려가 있기 때문에 개선되어어 한다고 보았다.

콜리지는 워즈워드와 더불어 낭만주의 운동을 대표하는 시인이다. 그렇지만 그는 벤담, 밀과 마찬가지로 정치 평론가이며 철학자로서, 철학적으로는 독일 철학을 수용하고 정치적으로는 보수주의적이었다. 밀은 이런 콜리지의 철학, 밀 자신의 용어로는 '독일적–콜리지(Germano-Coleridge)'의 철학을 18세기 프랑스 철학에 대한 반작용이었다고 본다. 이 독일적 콜리지 철학은 18세기 철학에 대한 인간 정신의 반항을 표현한다. 밀은 「콜리지」에서 다음과 같이 말했다. "18세기 철학이 경험적이었기 때문에 이 철학은 존재론적이고, 그 철학이 혁신적이었기 때문에 이 철학은 보수적이며, 그 철학의 많은 부분이 무신론적이었기 때문에 이 철학은 종교적이고, 그 철학이 추상적이고 형이상학적이었기 때문에 이 철학은 구체적이고 역사적이며, 그 철학이 너무 사실적이고 산문적이었기 때문에 이 철학은 시적이다."

밀은 벤담을 평가하는 방식과 마찬가지로 콜리지를 평가하는 데에서도, 그의 인식론과 방법론을 먼저 평가하고 실질적 내용을 평가한다. 콜리지의 인식론 및 방법론과 관련해 밀은 경험주의 인식론과 선험주의 인식론 사이의 대립을 기술한 후, 별다른 논증 없이 경험주의 인식론이 옳다고 결론짓는다. 그렇다고 독일적-콜리지적인 방법론 전체가 잘못되었다고 평가하는 것은 아니며, 밀은 이들의 선험적인 방법이 잘못되었지만, 인간 사회를 이해하는 데 역사적인 접근 방법은 옳다고 본다.

콜리지는 독일 철학의 이런 역사적 접근법을 수용하면서 과거의 전통이 존재하는 근본적인 원리가 무엇인지를 찾고 그런 원리를 시대에 맞게 실현하는 것이 참된 보수의 길이라고 주장했다. 그래서 그는 국가와 관련해서도 국가의 참된 이념을, 종교와 관련해서는 교회의 참된 이념을 찾아 그런 이념을 시대에 맞도록 구현하는 것이 옳다고 보았다.

콜리지에 의하면 영국 역사에서 국가의 이념은 다양한 이익이 조화를 이루는 공동체인데, 이런 이익 중 대표적인 것이 '항구성'과 '진보'의 이익이다. 항구성은 사회의 안정을 담보하고, 진보는 사회가 보다 나은 방향으로 발전하게 하는 역할을 하는데, 이런 항구성의 이익은 전통적인 지주 및 귀족 계급에 의해, 진보의 이익은 지식인들을 포함한 신흥 계급에 의해 잘 대변된다. 콜리지는 이런 국가 공동체 이념에 근거해 토지 소유 계급은 토지에 대한 배타적인 독점권을 주장하지 말고 오히려 사회가 자신들에게 토지를 신탁한 것이라고 보아야 하며, 지식인들을 비롯한 신흥 계급은 이런 지주 및 귀족 계급의 이익을 박탈하려 하기보다는 존중하면서 보다 인간적인 사회를 발전시켜 나가야 한다고 보았다.

그리고 이런 국가 공동체의 이념에 근거해 콜리지는 당대에 유행한 자유방임주의 이론을 비판하며 적극적인 복지국가 이론을 지지한다. 콜리지는 국가의 적극적인 목적으로 첫째, 각 사람이 생존의 수단들을 좀 더 쉽게 얻을 수 있게 해주는 것, 둘째, 국민 각자에게 그의 조건이나 그의 자녀들의 조건을 개선시킬 수 있다는 희망을 보장하는 것, 셋째, 인간성에 본질적인 능력들, 즉 그의 이성적이고 도덕적인 존재에 본질적인 능력들의 발달을 돕는 것을 들면서 국가가 이런 적극적인 목적을 실현해 나가야 한다고 촉구한다.

종교와 관련해 콜리지는 영국 교회의 이념이 국민 문화의 창달이라고 주장하며, 영국 교회는 특정 종교를 옹호하는 종교 기관이 아니라, 학문을 연구하고 교육하는 기관이 되어야 하며, 기독교의 교리 문제와 관련해서도 성서 문자 우상주의를 타파하고, 성서에 대해 이성적·비판적으로 접근하는 것을 허용해야 한다고 주장한다.

밀은 콜리지의 이런 보수주의적 주장이 벤담의 전투적 급진주의가 놓친 절반의 진리들이며, 자신 같은 급진주의자들이 수단으로서가 아니라 내재적 가치를 가진 것으로 배워야 하고, 이런 보수주의자들이야말로 자신 같은 진보주의자들과 같은 길을 가고 있는 동료 개혁가라는 것을 깨달아야 한다고 촉구한다.

「'자연을 따르라'는 윤리」는 자연, 윤리, 종교의 관계를 다룬다. 벤담은 종교를 비합리적인 것으로서, 영국 교회를 성직자들의 사익을 채우기 위한 책략이 난무하는 곳으로 매도하며 전투적으로 반종교적이었다. 이런 반종교주의가 이론적으로 적절한지도 문제가 되지만, 영국 교회, 복음주의, 이신론 등 종교적 영향력이 여전히 강했던 영국에서 공리주의 수용에도 장애가 되었다. 밀은 전환기에 콩트를 비판적으로 연구하며, 종교적 주장이 문자 그대로 맞지는 않는다 하더라도 인간적 진리를 담고 있다고 보았고, 콩트가 주장한 인류의 일반적 행복을 추구하고 도덕성 고양을 목표로 하는 인간성의 종교(religion of humanity)에 대해 조건부로 동의했다.

밀은 이 에세이에서 자연을 따르라는 도덕원리가 참인지를 검토하겠다고 한다. 서양 사상사에서 "자연을 따르라.(Natura sequi.)"는 주장은 고대의 스토아학파나 에피쿠로스학파, 로마 시대의 자연법 이론가들, 근대의 자연법 이론가들에 의해 전해져 왔다. 또한 밀의 당대에 영향력이 컸던 이신론적(deist) 도덕주의자들도 자연에 신성(divinity)이 깃들어 있음을 주장하고, 이렇게 상상된 자연의 명령을 따르는 것이 올바른 행동의 규칙이라고 주장했다.

밀에 의하면 자연을 따르라는 도덕원리가 참인지 거짓인지를 검토하기 위해서는 우선 자연의 의미가 무엇인지를 밝혀야 한다.

자연이라는 단어는 두 개의 주된 의미를 가지는데, 첫 번째 의미에서 자연은 인간 외부의 세계나 인간 내부의 세계에서 존재하는 모든 힘과 그런 힘들에 의해 일어나는 모든 것을 의미하고, 두 번째 의미에서 자연은 일어나는 모든 것이 아니라 인간의 의지적이고 의도적인 행위 주체 작용 없이 일어나는 것만을 의미한다.

이처럼 자연이 두 가지 의미를 가진다고 할 때, 첫 번째 의미에서 사람이 자연을 따라야 한다는 교설은 무의미하다. 왜냐하면 사람들은 자연을 따르는 일 외에는 다른 어떤 것도 할 수 없고, 인간의 모든 행동은 자연의 물리적 법칙이나 정신적 법칙 중 어떤 것을 통하거나, 그런 법칙에 복종해서 일어나기 때문이다.

두 번째 의미에서 사람이 자연을 따라야 한다는 주장은 비합리적이고 비도덕적이다. 비합리적인 이유는 모든 인간의 행동은 그것이 무엇이건 자연의 자발적인 질서를 변화시키는 것으로, 모든 유용한 행동은 자연의 자발적 질서를 개선하는 것으로 이루어지기 때문이고, 비도덕적인 이유는 자연적 현상들이 일어나는 방식은 만일 사람들이 그것을 모방한다면 비도덕적인 것들로 간주될 것으로 가득하기 때문이다.

밀에 의하면 자연의 틀은 그 전체로 보았을 때 인간이나 다른 유정적 존재들의 선을 주된 목적으로 해서 디자인된 것으로 볼 수 없다. 만일 신이 존재해 자연의 틀을 디자인했다면, 신은 전선하지만 전능하지는 않아서, 신이 세계를 인간에게 가장 적합한 세계로 디자인하지 않았기 때문에, 우리 인간이 자연을 따라서 살아가는 것은 비합리적이거나 비도덕적이다. 오히려 우리 인간이 해야 할 바는 신을 도와 자연과 인간 본성을 개선해 나가는 것이며, "우리가 통제를 가할 수 있는 부분이 정의와 선의 보다 높은 기준에 가까워지도록 하는 것이다."

밀의 이 에세이는 그 내용도 흥미롭지만, 밀이 높게 평가하고 자신도 받아들인 벤담의 '구체적 분석의 방법'이 실제로 어떻게 적용되는가를 보여주는 좋은 예이다.

박상혁

서울대학교 지리교육과에서 학사학위를, 동 대학원 미학과에서 석사학위를, 미국 캔자스대학교에서 철학박사학위를 받았다. 그 후 계명대학교 철학윤리학과 전임강사, 조교수를 거쳐 현재 동아대학교 철학생명의료윤리학과 부교수로 재직하고 있고, 한국윤리학회 회장을 역임했다. 전문 분야는 윤리기초론, 사회정의론, 의료정의론으로, 이들 분야에서 다수의 논저를 발표해 왔다.

존 스튜어트 밀의 윤리학 논고

「벤담」, 「콜리지」, 「'자연을 따르라'는 윤리」

대우고전총서 053

1판 1쇄 찍음 | 2020년 11월 16일
1판 1쇄 펴냄 | 2020년 11월 30일

지은이 | 존 스튜어트 밀
옮긴이 | 박상혁
펴낸이 | 김정호
펴낸곳 | 아카넷

출판등록 2000년 1월 24일(제406-2000-000012호)
10881 경기도 파주시 회동길 445-3
전화 031-955-9510(편집) · 031-955-9514(주문) | 팩스 031-955-9519
책임편집 | 이하심
www.acanet.co.kr

ISBN 978-89-5733-706-6 94190
ISBN 978-89-89103-56-1 (세트)

이 도서의 국립중앙도서관 출판시도서목록(CIP)은
서지정보유통지원시스템 홈페이지(http://seoji.nl.go.kr)와
국가자료공동목록시스템(http://www.nl.go.kr/kolisnet)에서 이용하실 수 있습니다.
(CIP제어번호: CIP2020045877)